Manoel Benedito Rodrigues

Desenho Geométrico
Caderno de Atividades
8º ano

2011

Coleção Vestibulares

Matemática nos Vestibulares – vol. 4 e 5
História nos Vestibulares – vol. 3 e 4
Geografia nos Vestibulares – vol. 1

Coleção Exercícios de Matemática

Volume 1: Revisão de 1º Grau
Volume 2: Funções e Logaritmos
Volume 3: Progressões Aritméticas e Geométricas
Volume 4: Análise Combinatória e Probabilidades
Volume 5: Matrizes, Determinantes e Sistemas Lineares
Volume 6: Geometria Plana

Caderno de Atividades

Números Complexos
Polinômios e Equações Algébricas
Trigonometria – vol. 1 e 2
Geometria Espacial – vol. 1, 2 e 3
Geometria Analítica – vol. 1 e 2
Matemática – 6º ano – vol. 1 e 2
Matemática – 7º ano – vol. 1 e 2
Álgebra – 8º ano – vol. 1 e 2
Álgebra – 9º ano – vol. 1 e 2
Geometria Plana – 8º ano
Geometria Plana – 9º ano
Desenho Geométrico – 8º ano
Desenho Geométrico – 9º ano

Digitação, Diagramação e Desenhos: Sueli Cardoso dos Santos - e-mail: suly.santos@gmail.com

www.editorapolicarpo.com.br / contato@editorapolicarpo.com.br

Dados Internacionais de Catalogação, na Publicação (CIP)
(Câmara Brasileira do Livro, SP, Brasil)

Rodrigues, Manoel Benedito.

Matemática/ Rodrigues, Manoel Benedito.
São Paulo: Editora Policarpo, 2 ed. 2011.
ISBN: 978-85-87592-76-7

1. Matemática 2. Desenho Geométrico 3. Ensino fundamental

I. Rodrigues, Manoel Benedito. II. Título.

Índices para catálogo sistemático:

Todos os direitos reservados à:
EDITORA POLICARPO LTDA
Rua Dr. Rafael de Barros, 175 - Conj. 01- São Paulo - SP - CEP: 04003-041
Tel./Fax: (11) 3288-0895
Tel.: (11) 3284-8916

Índice

I — INTRODUÇÃO 1
A – Ponto, reta e plano 1
B – Postulados e teoremas 1
C – Semirreta e Semiplano 4
D – Geometria Plana e Desenho Geométrico 4
E – Segmento de reta 5
F – Retas coplanares 8
G – Ângulos 10
H – Circunferência e círculo 17
I – A régua 18
J – O compasso 18
K – Triângulos 19
L – Paralelogramos 24
M – Primeiros lugares geométricos (l.g.) 27
N – Primeiras construções 31
EXERCÍCIOS *40*

II — TRIÂNGULOS 71
A – Revisão 71
B – Alturas e ortocentro de um triângulo 71
C – Mediatrizes e circuncentro de um triângulo 72
D – Bissetrizes e incentro de um triângulo 73
E – Medianas e baricentro de um triângulo 73
F – Ex-incentro 74
G – Base média de um triângulo 74
H – Propriedade do Baricentro 75
I – Triângulo órtico 76
J – Desigualdades no triângulo 76
K – Propriedades 77
L – Reta de Euler 78
M – Círculo dos nove pontos 78
EXERCÍCIOS *79*

III — CIRCUNFERÊNCIA 111
A – Circunferência 111
B – Elementos 111
C – Posições relativas 112
E – Lugares geométricos 116
EXERCÍCIOS *119*

IV — QUADRILÁTEROS 163
A – Quadriláteros convexo e quadrilátero côncavo 163
B – Elemento de um quadrilátero 163
C – Soma dos ângulos 164
D – Trapézios 164
E – Paralelogramos 165
F – Propriedades dos trapézios 166
G – Alturas de quadriláteros notáveis 168
H – Construção de quadriláteros 169

EXERCÍCIOS *170*

Capítulo - 1   INTRODUÇÃO

A – Ponto, reta e plano

O **ponto**, a **reta** e o **plano** são conceitos primitivos, isto é, são aceitos sem definição. Devemos apenas ressaltar que a reta é um conjunto de pontos e que um plano é um conjunto de pontos.

Embora a reta e plano sejam infinitos, costumamos representá-los, no papel (ou na lousa), por uma parte deles e esta parte representada chamamos de reta e de plano.

Representamos, no papel no qual estamos desenhando, um ponto, uma reta e um plano da seguinte maneira:

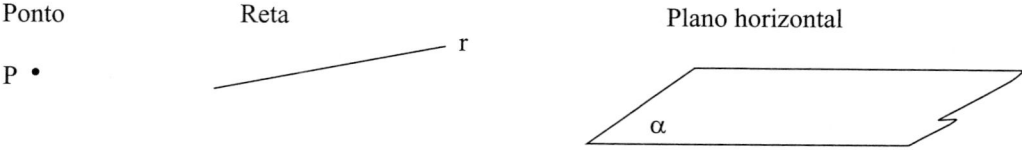

Para nomear
ponto usamos letras latinas maiúsculas: A, B, C ...., P,
reta usamos letra latinas minúsculas: a, b, c, d, ..., r, s,...
plano usamos letras gregas minúsculas: $\alpha, \beta, \gamma, \delta, ...$

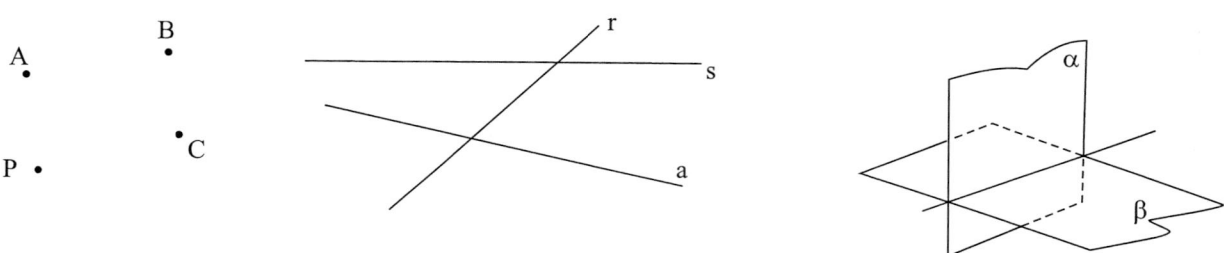

B – Postulados e teoremas

As propriedades da geometria que mediante uma argumentação coerente conseguimos provar (demonstração), são chamadas **teoremas**. As propriedades iniciais, aquelas que necessariamente aceitamos sem demonstração, são chamadas postulados.

Enunciaremos em seguida alguns postulados e teoremas

Postulado: Em uma reta, assim como fora dela há infinitos pontos.

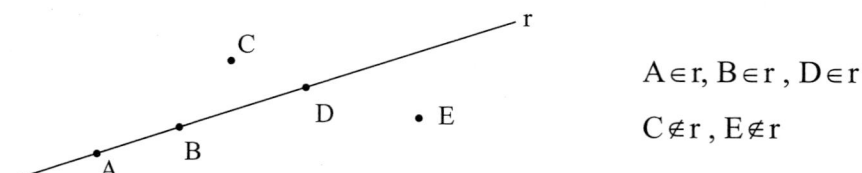

$A \in r, B \in r, D \in r$

$C \notin r, E \notin r$

Obs:

1)   *$A \in r$ significa: "O ponto A **pertence** à reta r.*
     *$E \notin r$ significa: "O ponto E **não pertence** à reta r.*

2)   *Se um ponto pertence a uma reta, dizemos que a reta passa por este ponto. Na figura dizemos que a reta r passa pelo ponto A, passa por B, passa por D e que a reta r não passa pelo ponto C e não passa pelo ponto E.*

3)   *Se três ou mais pontos estão em uma mesma reta, dizemos que eles são alinhados ou que eles são **colineares**. Na figura, os pontos A, B e D **são colineares** (estão na reta r), A, B e E **não são colineares** (não estão em uma mesma reta).*

Postulado: Em um plano, assim como fora dele, há infinitos pontos.

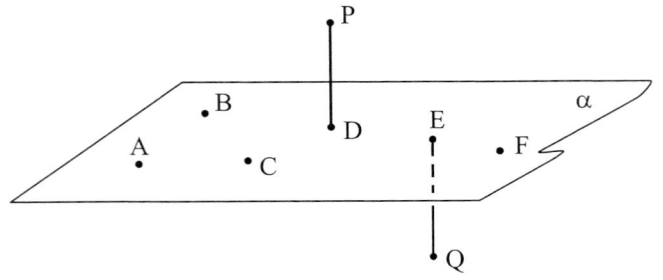

$A \in \alpha$, $B \in \alpha$, $C \in \alpha$, $D \in \alpha$
$E \in \alpha$, $F \in \alpha$
$P \notin \alpha$, $Q \notin \alpha$
$\{A, B, C, D, E, F\} \subset \alpha$
$\{P, Q\} \not\subset \alpha$, $\alpha \supset \{C, D, E\}$
$\alpha \not\supset \{E, F, Q\}$

Obs.:
1) *Se um ponto pertence a um plano dizemos que este plano passa por este ponto. Na figura, o plano α passa pelo ponto A, pelo ponto B e também por C, D, E e F e o plano **α** não passa pelo ponto P e não passa por Q.*
2) *Se quatro ou mais pontos estão em um mesmo plano, dizemos que estes pontos **são coplanares**. Na figura, A, B, C e D são coplanares e C, D, E e P **não são coplanares**.*
3) *Símbolos:* $\subset$ = *está contido*, $\not\subset$ = *não está contido*
   $\supset$ = *contém*, $\not\supset$ = *não contém*

Postulado – Determinação de retas

Se dois pontos são distintos, então existe uma única reta à qual eles pertencem.
(Dois pontos distintos determinam uma única reta).

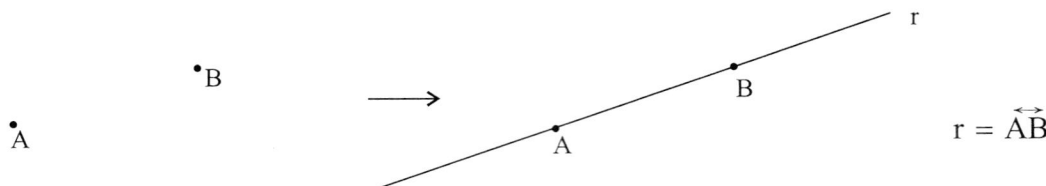

Obs.:
1) *Usamos a notação $\overleftrightarrow{AB}$ para a reta determinada pelos pontos distintos A e B.*
2) *Dois pontos distintos são sempre colineares: estão sempre na reta que eles determinam.*

$\{A, B\} \subset \overleftrightarrow{AB}$ ⇒ *A e B são colineares*

3) *Se duas retas r e s são determinadas pelos pontos distintos A e B, então r e s são coincidentes, pois dois pontos distintos determinam uma única reta:*

$r = \overleftrightarrow{AB}$, $s = \overleftrightarrow{AB}$ ⇒ $r = s$

Postulado – Determinação de planos

Se três pontos não são colineares (não estão em uma mesma reta), então existe um único plano ao qual eles pertencem.
(Três pontos não colineares determinam um único plano).

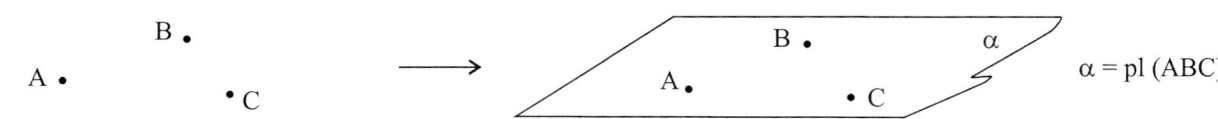

Obs.:
1) *Usamos a notação pl (ABC) para o plano determinado pelos pontos não colineares, A, B e C.*
2) *Três pontos não colineares (não alinhados) são sempre coplanares: estão sempre no plano que eles determinam.*

3) Se dois planos α e β são determinados por três pontos não colineares, A, B e C, então eles são coincidentes.
α = pl (ABC) e β = pl (ABC) ⇒ α = β

Postulado: Se dois pontos distintos de uma reta estão em um plano, então esta reta está contida neste plano:

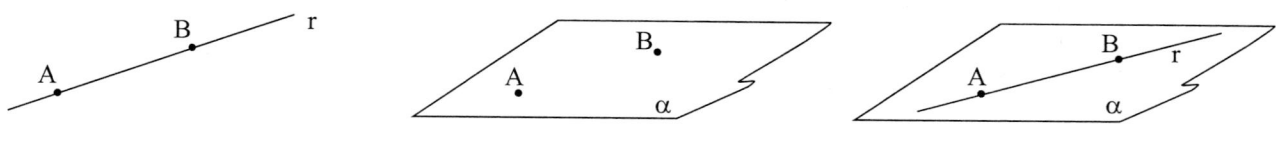

A ≠ B, {A,B} ⊂ r, {A,B} ⊂ α ⇒ r ⊂ α

Obs.: Quando uma reta está contida em um plano, dizemos que o plano passa pela reta. Na figura, o plano α passa pela reta r.

Postulado – Separação da reta

Cada ponto de uma reta separa esta reta em duas partes que têm apenas este ponto em comum.
Cada parte desses (ou cada um desses subconjuntos da reta) é chamada de semireta de origem neste ponto.

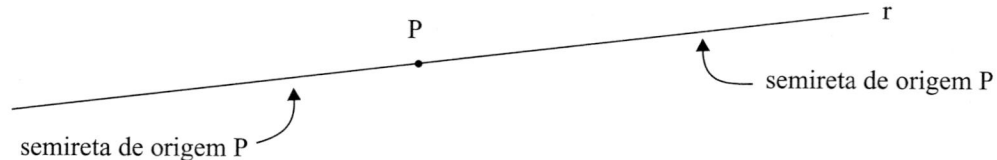

Postulado – Separação do plano

Cada reta de um ponto (reta determinada por dois pontos distintos, pertencentes ao plano) separa este plano em duas partes que têm apenas esta reta em comum.
Cada parte dessas (ou cada um desses subconjuntos do plano) é chamada de semiplano com origem nesta reta.

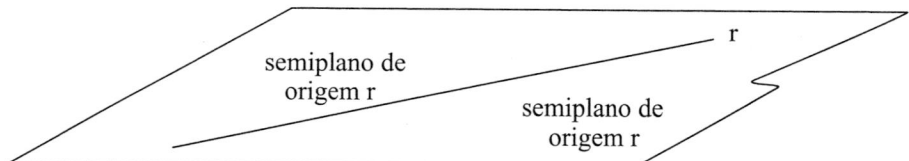

Os teoremas enunciados a seguir não serão demonstrados aqui, mas é fácil gravar as propriedades contidas neles.
Teorema: Por um ponto passam infinitas retas.

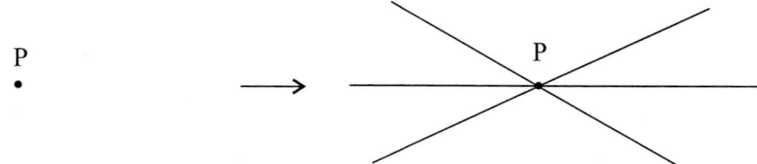

Obs.: Dado um ponto, podemos obter tantas reta quantas quisermos, todas passando por este ponto.
Teorema: Se duas retas distintas tem um ponto em comum, então elas têm apenas este ponto em comum.

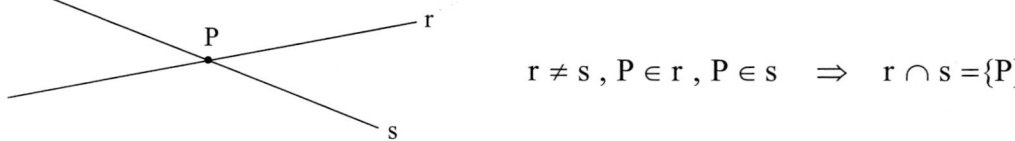

r ≠ s, P ∈ r, P ∈ s ⇒ r ∩ s = {P}

3

Teorema: Em um plano qualquer há infinitas retas.

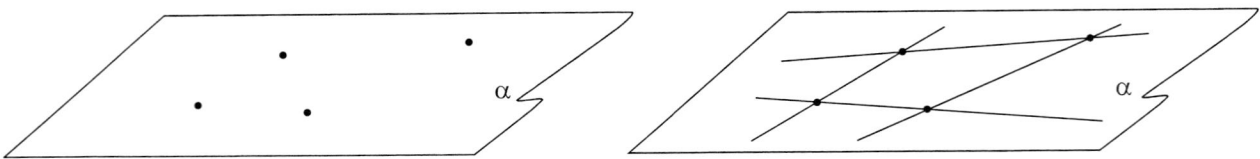

Obs.: Dado um plano, podemos obter tantas retas quantas quisermos, todas contidas neste plano.

C – Semireta e Semiplano

C1) Semireta

Um ponto P de uma reta r determina nesta reta dois subconjuntos cuja união é r e a intersecção é {P} que são chamados, cada um deles, semireta de origem P.

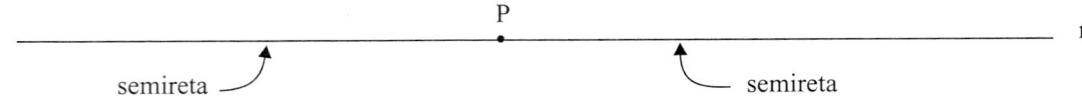

Obs.:
1) Dois pontos distintos A e B de uma reta determinam nela 4 semiretas.
A semireta de origem A que não contém B.
A semireta de origem B que não contém A.

A semireta de origem A que passa por B. Notação: $\overset{\leftrightarrow}{AB}$

A semireta de origem B que passa por A. Notação: $\overset{\leftrightarrow}{BA}$

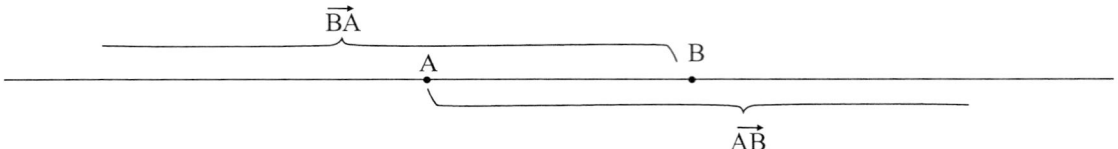

*2) As semiretas determinadas em uma reta por um de seus pontos são chamadas **semiretas opostas**.*

C2) Semiplano:

Uma reta r de um plano α determina neste plano dois subconjuntos cuja união é α e a intersecção é r que são chamados, cada um deles, semiplano de origem r.

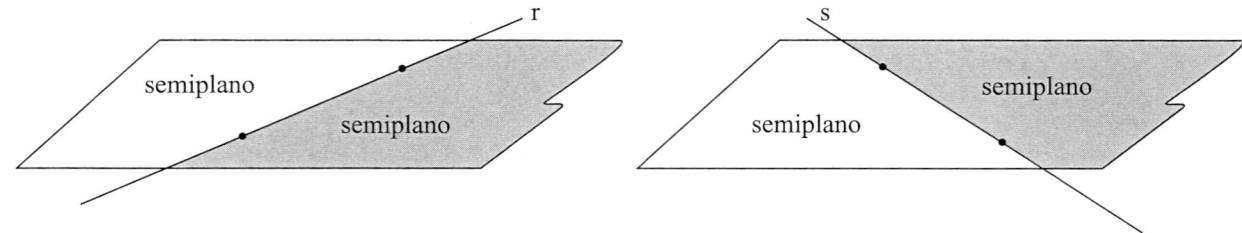

Obs.: As retas de um plano determinam nele infinitos semiplanos.

D – Geometria Plana e Desenho Geométrico

D1) Geometria Plana

Na geometria plana estudamos as propriedades das figuras planas, figuras formadas por conjuntos de pontos que são subconjuntos de um mesmo plano.

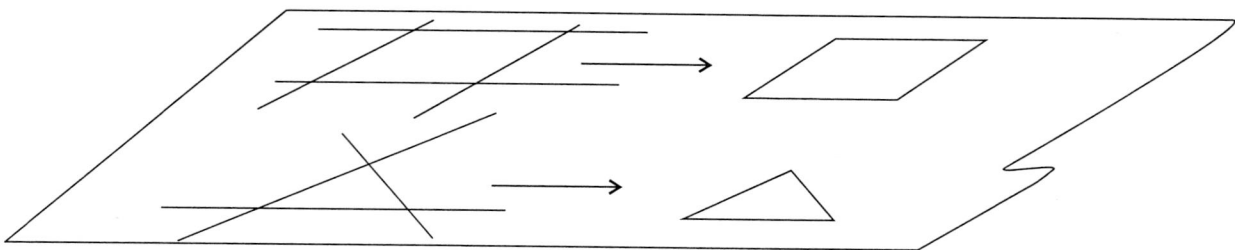

D2) Desenho Geométrico

É a disciplina na qual construímos com régua e compasso, quando possível for, as figuras planas. As figuras serão desenhadas na folha de papel que representa o plano que contém as figuras planas em questão.

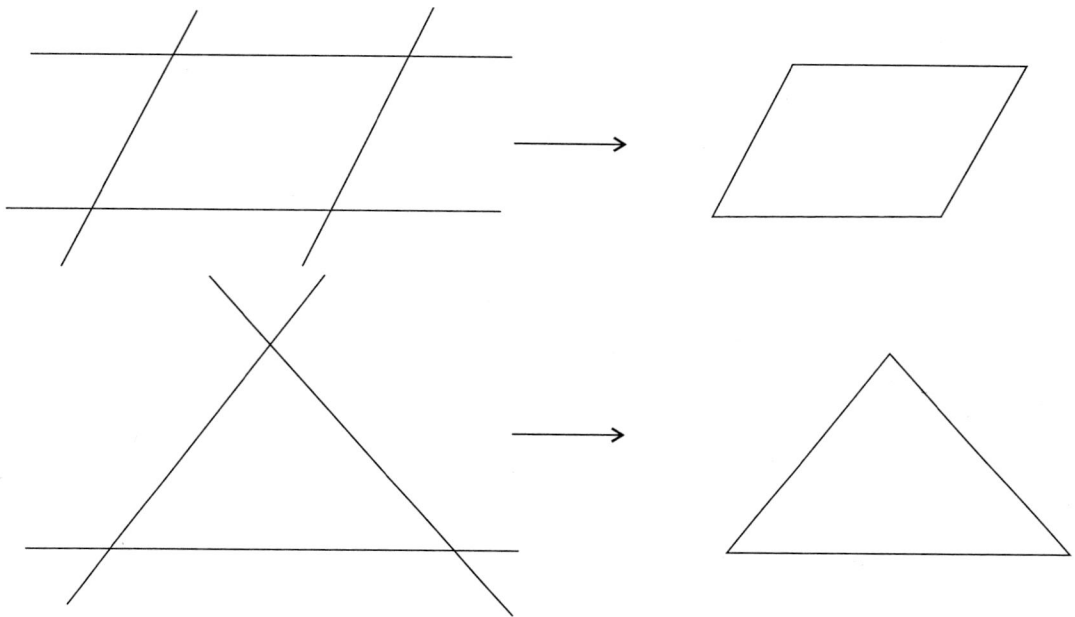

*Obs.: Em **desenho geométrico** quando nos referirmos a conjuntos de pontos, esses conjuntos são subconjuntos de um mesmo plano.*

E – Segmento de reta

Dados dois pontos distintos **A** e **B** sabemos que eles determinam a reta $\overleftrightarrow{AB}$ e também 4 semiretas contidas nela. O conjunto dos pontos comuns às semiretas $\overrightarrow{AB}$ e $\overrightarrow{BA}$ é chamado segmento de reta AB, que indicamos por $\overline{AB}$.

Os pontos **A** e **B** são chamados extremidades do segmento AB.

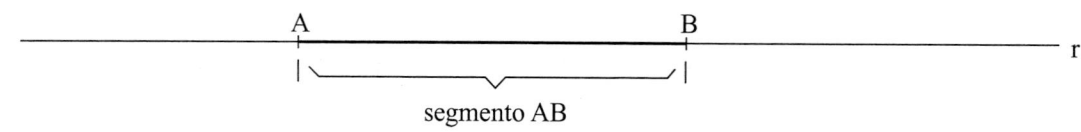

$$\overline{AB} = \overrightarrow{AB} \cap \overrightarrow{BA}$$

Obs.:
1) Se A e B forem pontos coincidentes, o segmento AB é chamado segmento nulo.

$A = B \Rightarrow \overline{AB}$ é segmento nulo

2) Se um ponto P pertence ao segmento AB (P ∈ $\overline{AB}$) e P é distinto de A e de B, dizemos que P está entre A e B.

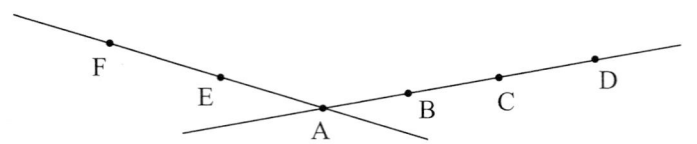

$P \in \overline{AB}, P \neq A, P \neq B \Leftrightarrow$ P está entre A e B

E1) Segmentos colineares

Dois ou mais segmentos são colineares se, e somente se, estão contidos na mesma reta.

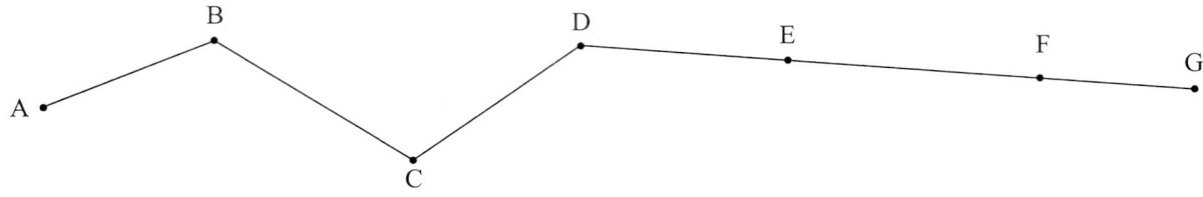

$\overline{AB}, \overline{BC}$ e $\overline{CD}$ são colineares

$\overline{AE}$ e $\overline{AF}$ são colineares

$\overline{EF}$ e BC não são colineares

E2) Segmentos consecutivos

Dois segmentos são consecutivos se, e somente se, têm uma extremidade em comum.

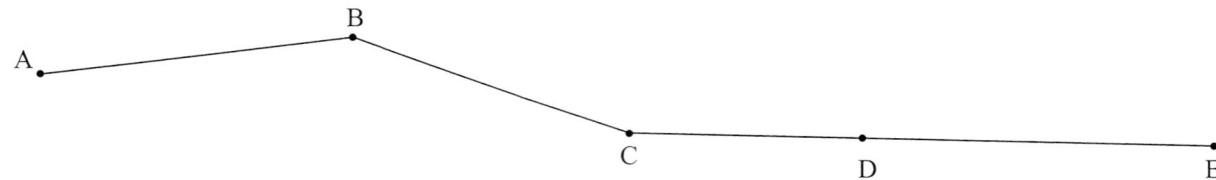

$\overline{AB}$ e $\overline{BC}$ são consecutivos, $\overline{DE}$ e $\overline{FG}$ não são consecutivos.

$\overline{DE}$ e $\overline{DF}$ são consecutivos, DE e EF são consecutivos e colineares.

E3) Segmentos adjacentes

Dois segmentos são adjacentes se, e somente se, têm uma extremidade em comum e apenas este ponto em comum (se, e somente se, a intersecção deles é um conjunto unitário cujo elemento é uma das extremidades deles).

Note que se dois segmentos são adjacentes, então eles são também consecutivos.

$\overline{AB}$ e $\overline{BC}$ são adjacentes (Note que $\overline{AB} \cap \overline{BC} = \{B\}$)

$\overline{CD}$ e $\overline{DE}$ são colineares e são adjacentes e são consecutivos.

$\overline{CE}$ e $\overline{ED}$ são colineares, são consecutivos e **não** são adjacentes.

E4) Medida de um segmento e segmentos congruentes

Para sabermos o que é a medida de um segmento devemos entender os seguintes conceitos:

1) Escolhida uma unidade padrão (metro, polegada, etc) para medir um segmento, dados dois pontos A e B, existe um único número real α que expressa na unidade escolhida, a medida do segmento AB.

A medida de um segmento AB será indicada por m($\overline{AB}$) ou por AB. Se a unidade escolhida for o metro (m) escrevemos:

$$m(\overline{AB}) = \alpha m \quad \text{ou} \quad AB = \alpha m$$

2) Dados um número real não negativo α e uma semireta de origem P, existe um único ponto Q sobre esta semireta de modo que
$$PQ = \alpha m$$
Medir um segmento AB é comparar este segmento com outro, não nulo, escolhido como padrão.

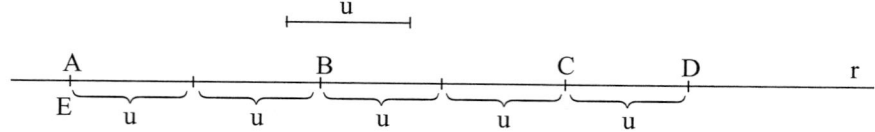

Escolhida a unidade u para os segmentos contidos em r, note que

m($\overline{AB}$) = AB = 2u, CA = 4u, BD = 3u, DA = 5u e AE = 0u.

Note que, em qualquer unidade u escolhida, a medida de um segmento nulo é 0u.

3) Dizemos que dois segmentos AB e CD são congruentes se, e somente se, eles têm a mesma medida. O símbolo para congruente é ≅. Então:

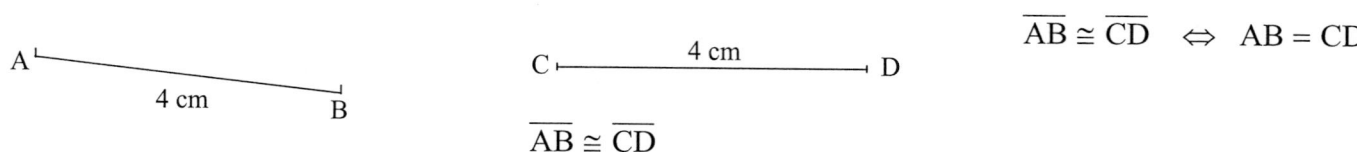

$\overline{AB} \cong \overline{CD} \Leftrightarrow AB = CD$

4) Postulado do Transporte

Dado um segmento AB e uma semireta de origem P, existe um único ponto Q sobre esta semireta de modo que $\overline{PQ} \cong \overline{AB}$.

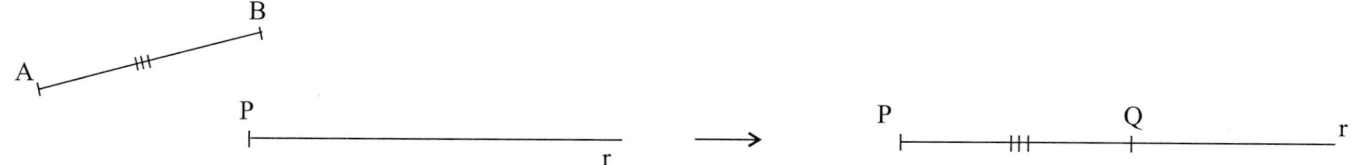

E5) Distância entre dois pontos

Dados dois pontos A e B, o segmento AB ou qualquer segmento congruente a ele é chamado **distância geométrica entre A e B** e a medida de $\overline{AB}$ é chamada **distância métrica entre A e B**.

Indicando a distância entre A e B por $d_{A,B}$, temos:

$$d_{A,B} = \overline{AB} \quad \text{ou} \quad d_{A,B} = AB$$
$$\underbrace{\phantom{d_{A,B} = \overline{AB}}}_{\text{distância geométrica}} \quad \underbrace{\phantom{d_{A,B} = AB}}_{\text{distância métrica}}$$

E6) Comparação de segmentos

Dados dois segmentos AB e CD, vamos considerar sobre uma semireta de origem P os pontos M e N de modo que $\overline{PM} \cong \overline{AB}$ e $\overline{PN} \cong \overline{CD}$. Temos:

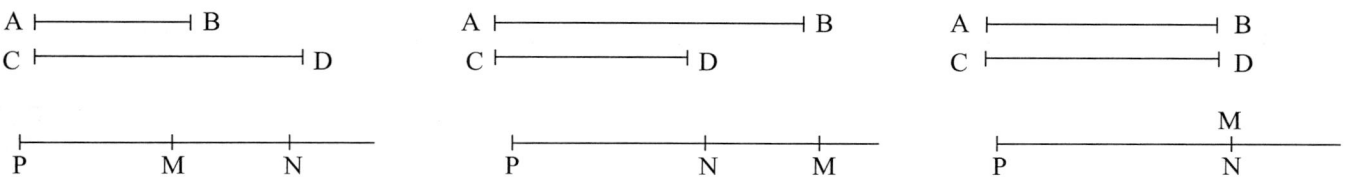

1º) M está entre P e N $\Rightarrow \overline{PM} < \overline{PN} \Rightarrow \overline{AB} < \overline{CD}$

2º) N está entre P e M $\Rightarrow \overline{PM} > \overline{PN} \Rightarrow \overline{AB} > \overline{CD}$

3º) M = N $\Rightarrow \overline{PM} = \overline{PN} \Rightarrow \overline{AB} \cong \overline{CD}$

E7) Ponto médio de um segmento

Dado um segmento AB não nulo, o ponto M pertencente a $\overline{AB}$ é chamado ponto médio de AB se, e somente se, $\overline{AM}$ e $\overline{MB}$ são congruentes.

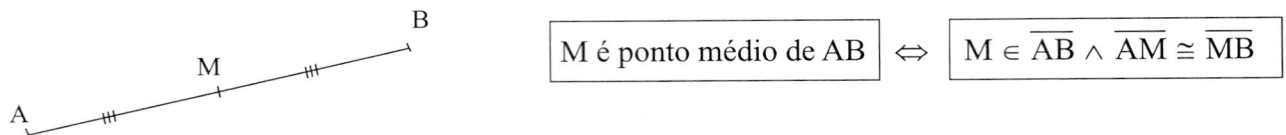

$$\boxed{\text{M é ponto médio de AB}} \Leftrightarrow \boxed{M \in \overline{AB} \wedge \overline{AM} \cong \overline{MB}}$$

Obs.:

1) Se M é ponto médio de $\overline{AB}$, então $\overline{AM} \cong \overline{MB}$ e AM = MB.

2) Prova-se que cada segmento tem um único ponto médio.

E8) Soma de segmentos

Dados dois segmentos AB e CD não nulos, o segmento PQ com S entre P e Q e $\overline{PS} \cong \overline{AB}$ e $\overline{SQ} \cong \overline{CD}$ é chamado soma de $\overline{AB}$ com $\overline{CD}$.

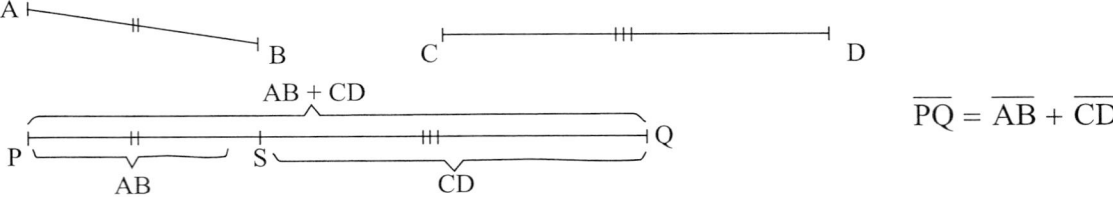

$$\overline{PQ} = \overline{AB} + \overline{CD}$$

E9) Diferença de segmentos

Dados dois segmentos AB e CD não nulos, com $\overline{AB} > \overline{CD}$, o segmento QS com Q entre P e S onde $\overline{PS} \cong \overline{AB}$ e $\overline{PQ} \cong \overline{CD}$ é chamado diferença entre $\overline{AB}$ e $\overline{CD}$.

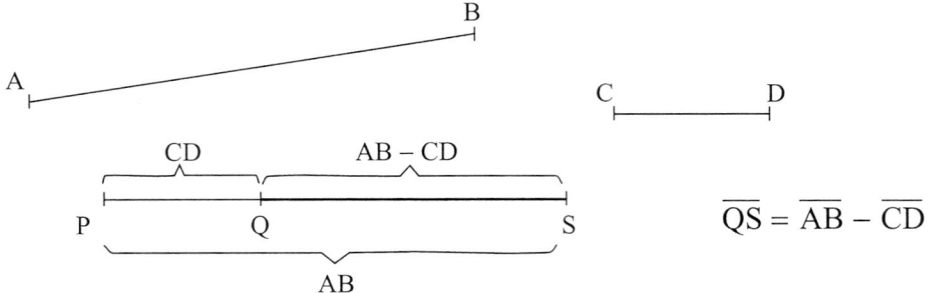

$$\overline{QS} = \overline{AB} - \overline{CD}$$

F – Retas coplanares

F1) Retas coincidentes

Duas retas são coincidentes se, e somente se, todo ponto de uma é também ponto da outra.

$$\boxed{\text{r e s são coincidentes}} \Leftrightarrow \boxed{r = s}$$

Obs.:
1) *r e s estão no plano que contém dois pontos distintos delas, então são coplanares.*
2) *Duas retas coincidentes também são ditas **paralelas** (r//s).*

F2) Retas paralelas distintas

Duas retas são paralelas distintas se, e somente se, são coplanares e não têm ponto em comum.

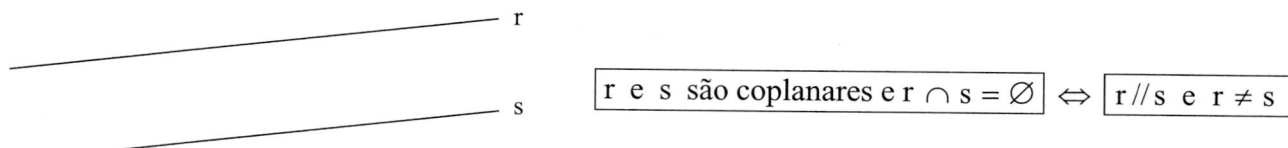

$$\boxed{r \text{ e } s \text{ são coplanares e } r \cap s = \varnothing} \Leftrightarrow \boxed{r // s \text{ e } r \neq s}$$

Obs.: Note que, por definição, retas paralelas distintas são coplanares.

Definição de retas paralelas: Duas retas são paralelas se, e somente se, são coincidentes ou são coplanares e não têm ponto em comum.

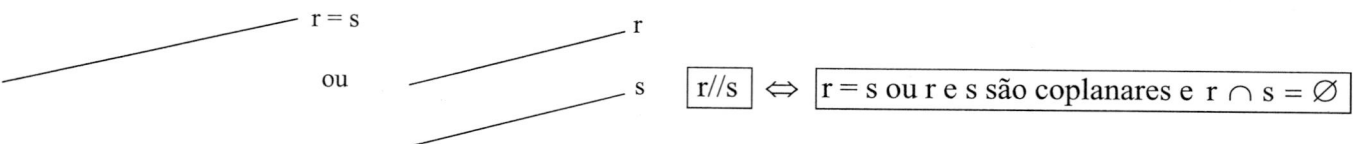

$$\boxed{r // s} \Leftrightarrow \boxed{r = s \text{ ou } r \text{ e } s \text{ são coplanares e } r \cap s = \varnothing}$$

F3) Retas concorrentes

Duas retas são concorrentes se, e somente se, têm um único ponto em comum.

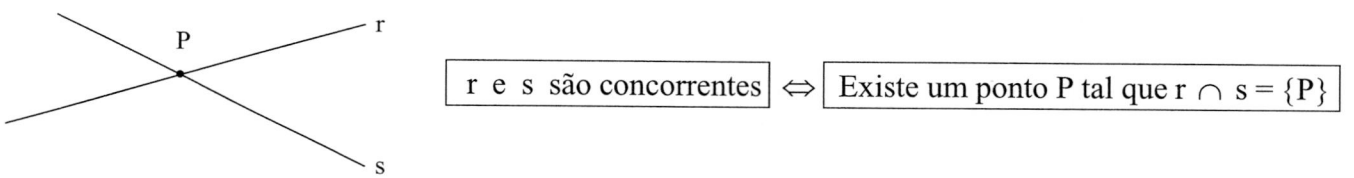

$$\boxed{r \text{ e } s \text{ são concorrentes}} \Leftrightarrow \boxed{\text{Existe um ponto P tal que } r \cap s = \{P\}}$$

Obs.: Note que o plano determinado pelos seguintes três pontos não colineares: P, um outro ponto de r e um outro ponto de s, contém r e s, pois contém dois pontos distintos de cada uma delas. Então duas retas concorrentes são coplanares.
Em desenho geométrico quando desenhamos duas retas, ou elas são paralela. (coincidentes ou distintas) ou elas são concorrentes. Não há outro caso.

F4) Transitividades de retas paralelas no plano

Teorema: Se duas retas são paralelas a uma terceira, então elas são paralelas entre si.

$$a // r, b // r \Rightarrow a // b$$

G – Ângulos

G1) Definição

Ângulo é a união de duas semiretas distintas não opostas de mesma origem

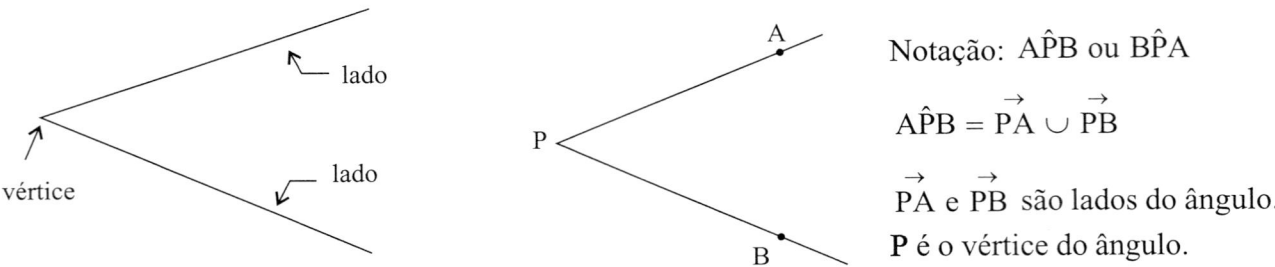

Notação: $A\hat{P}B$ ou $B\hat{P}A$

$A\hat{P}B = \vec{PA} \cup \vec{PB}$

$\vec{PA}$ e $\vec{PB}$ são lados do ângulo.
P é o vértice do ângulo.

Obs.:
*Embora a definição de ângulo diz que os lados (semiretas) não podem ser coincidentes nem opostas, é consagrado pelo uso chamar duas semiretas coincidentes de **ângulo nulo** e semiretas opostas de **ângulo raso**.*

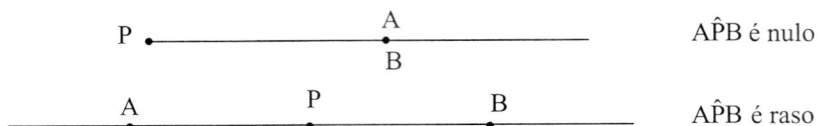

$A\hat{P}B$ é nulo

$A\hat{P}B$ é raso

G2) Região convexa e região côncava

Uma região é chamada **convexa** se, e somente se, todo segmento que tem extremidades nesta região está contido nela.

Uma região é chamada **côncava** se, e somente se, existir segmento com extremidades nela, que não esteja contido nela.

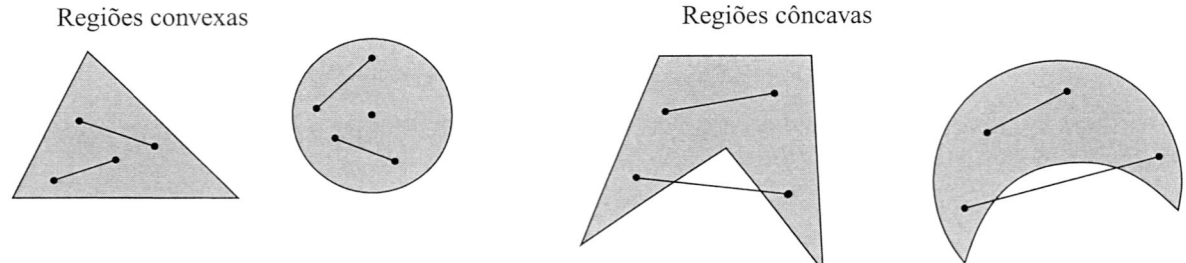

G3) Interior e exterior de um ângulo

Dos semiplanos abertos (semiplano menos a reta que é a sua origem) determinados pelas retas que contêm os lados de um ângulo considere aqueles que contêm pontos do ângulo. O conjunto-intersecção desses semiplanos é chamado **interior do ângulo** e o conjunto complementar, em relação ao plano do ângulo, da união de um ângulo com o seu interior é chamado **exterior do ângulo**.

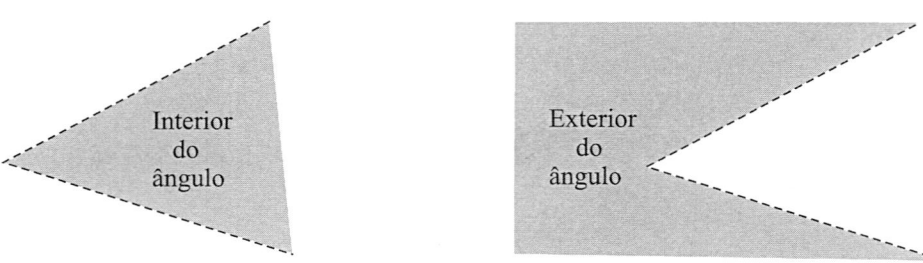

Obs.: *Note que a região interna de um ângulo é uma região convexa e que a região externa é uma região côncava.*

G4) Setor angular

A união de um ângulo com a sua região interna é chamada **setor angular**

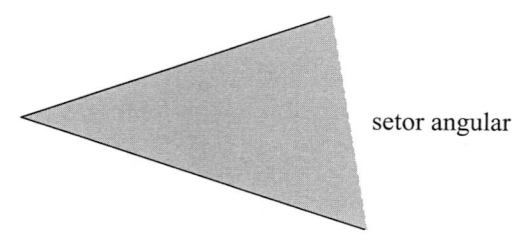

setor angular

G5) Ângulos consecutivos

Dois ângulos são consecutivos quanto têm o mesmo vértice e um lado em comum.

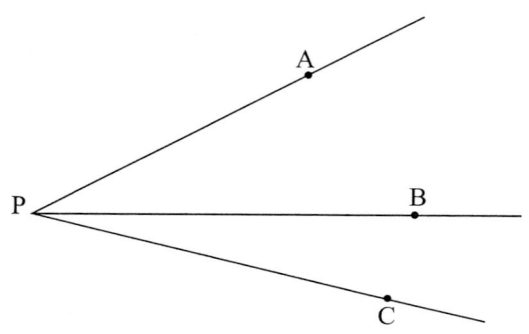

AP̂B e BP̂C são consecutivos

AP̂C e BP̂C são consecutivos

(Note que AP̂C e BP̂C além de um lado têm pontos internos em comum).

G6) Ângulos adjacentes

Dois ângulos são adjacentes quando são consecutivos e não têm pontos internos em comum.

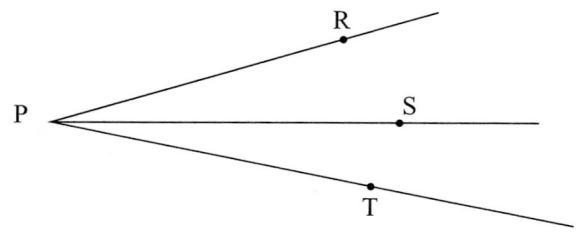

RP̂S e SP̂T são adjacentes

(Têm apenas $\vec{PS}$ em comum)

RP̂T e SP̂T são consecutivos mas não são adjacentes.

G7) Medida de um ângulo (em graus)

Dado um ângulo AP̂B, existe um único número α entre 0° e 180° que é a medida de AP̂B em graus. Indicação m(AP̂B) = α

O instrumento usado para medir ângulos chama-se **transferidor**.

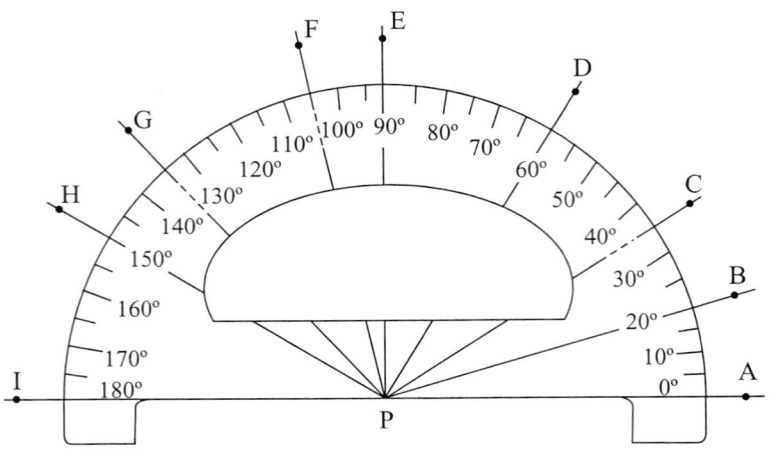

Exemplos:
m(APB) = 20°,
m(APC) = 30°,
m(APD) = 60°,
m(APE) = 90°,
m(APF) = 105°,
m(APG) = 135°,
m(APH) = 150°,
m(BPC) = 20°,
m(BPC) = 15°,
m(BPD) = 40°,
m(CPE) = 55°,
m(DPH) = 90°.

Obs.:

1) *Quando não houver motivo para confusão indicaremos a medida de* APB *por* P̂.
2) *Costumamos, em uma figura indicar a medida de um ângulo, no interior do ângulo, próximo a um arco centrado no vértice do ângulo.*

m(APB) = 30° ou P̂ = 30°

3) *Dados dois ângulos* APB *e* MRS *temos:*

a) m(APB) = m(MRS) ⇔ APB ≅ MRS   b) m(APB) < m(MRS) ⇔ APB < MRS

c) m(APB) > m(MRS) ⇔ APB > MRS

G8) Ângulos congruentes

Dois ângulos são congruentes se, e somente se, tem a mesma medida.

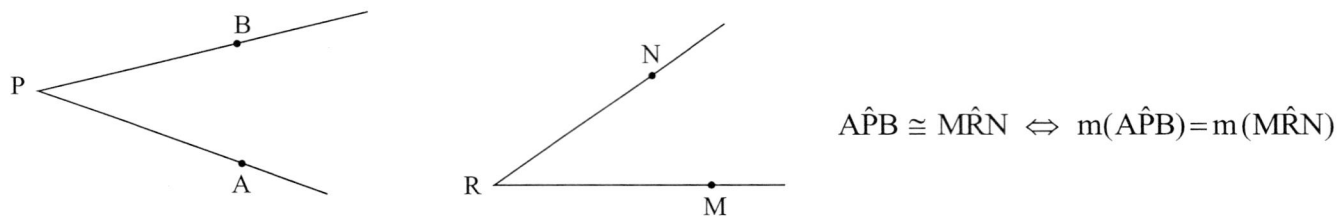

APB ≅ MRN ⇔ m(APB) = m(MRN)

G9) Bissetriz de um ângulo

Bissetriz de um ângulo é uma semirreta interna ao ângulo, com origem no vértice do ângulo, que determina com os lados do ângulo dois ângulos adjacentes congruentes.

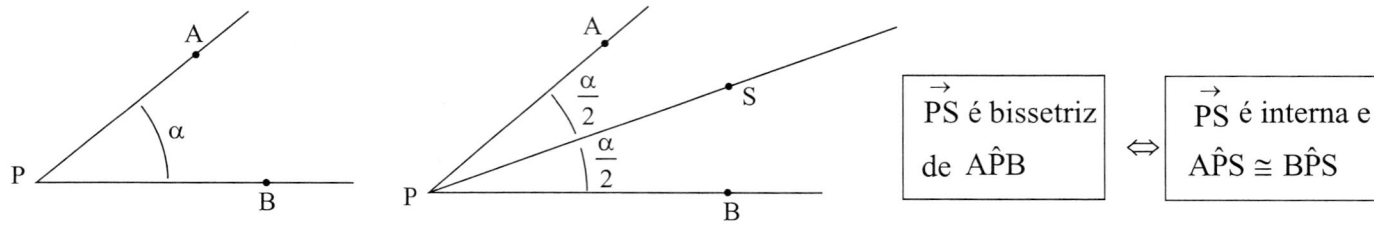

$\overrightarrow{PS}$ é bissetriz de APB ⇔ $\overrightarrow{PS}$ é interna e APS ≅ BPS

G10) Postulado do Transporte

Dado um ângulo $A\hat{P}B$, um semiplano de origem em uma reta **a** e uma semireta $\vec{RM}$ contida em **a**, então existe uma única semireta $\vec{RN}$ deste semiplano de modo que $M\hat{R}N$ seja congruente a $A\hat{P}B$.

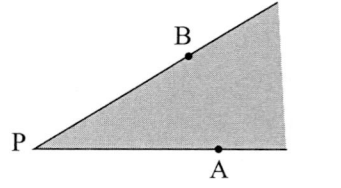 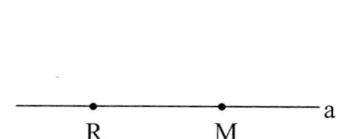 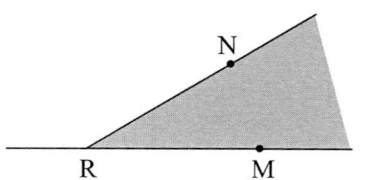

G11) Retas perpendiculares e ângulo reto

O ponto de intersecção de duas retas concorrentes determinam nelas 4 semiretas que formam 4 pares de ângulos adjacentes. Se dois desses ângulos adjacentes forem congruentes, essas retas são chamadas **retas perpendiculares** e cada um dos 4 ângulos assim determinados é chamado **ângulo reto**.

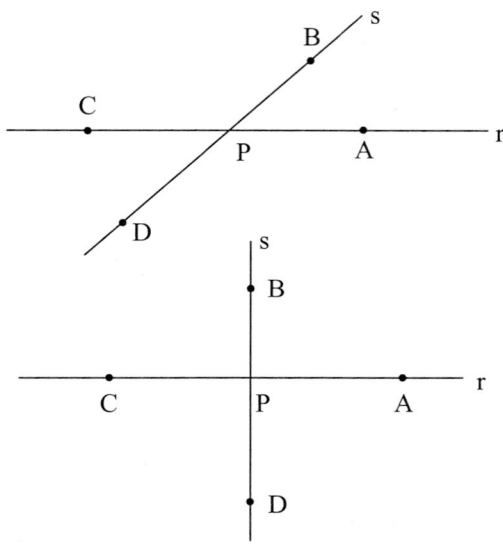

$A\hat{P}B$ e $B\hat{P}C$ são adjacentes

$B\hat{P}C$ e $C\hat{P}D$ são adjacentes

$C\hat{P}D$ e $D\hat{P}A$ são adjacentes

$D\hat{P}A$ e $A\hat{P}B$ são adjacentes

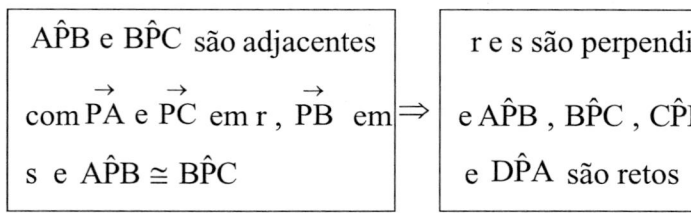

Obs:

1) *Para indicarmos que duas retas r e s são perpendiculares usamos a seguinte notação* $r \perp s$.
2) *Para indicarmos, na figura, que um ângulo é reto, colocamos um "quadradinho" com um ponto no centro, com dois lados sobre os lados do ângulo.*
3) *Um grau pode ser definido como* $\frac{1}{90}$ *(medida de um ângulo reto).*

$1° = \frac{1}{90}\alpha$ (α = medida de um ângulo reto). Então: $\alpha = 90°$

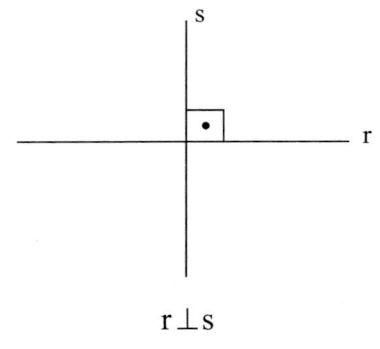 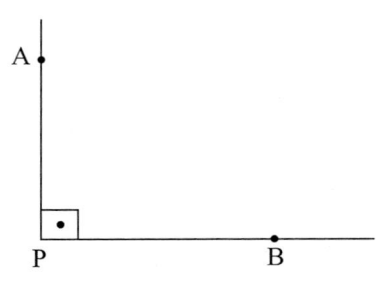

$r \perp s$ $\qquad$ $A\hat{P}B$ é reto $\Leftrightarrow$ $m(A\hat{P}B) = 90°$

G12) Ângulo agudo e ângulo obtuso

Se um ângulo não nulo for menor que um ângulo reto (a medida dele for menor que 90°), ele é chamado **ângulo agudo** e se um ângulo não raso for maior que um ângulo reto (a medida dele está entre 90° e 180°), ele é chamado **ângulo obtuso**.

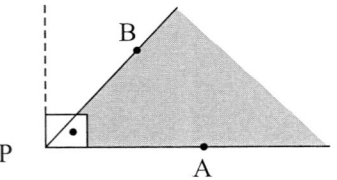 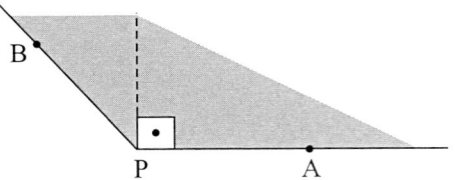

A$\hat{P}$B < ângulo reto ⇔ A$\hat{P}$B é agudo   A$\hat{P}$B > ângulo reto ⇔ A$\hat{P}$B é obtuso

Obs: Quando estivermos considerando um ângulo A$\hat{P}$B e nenhum outro que tem o mesmo vértice que ele, costumamos indicar este ângulo por $\hat{P}$.

E para simplificar os enunciados de problemas costumamos indicar o ângulo e a sua medida pelo mesmo símbolo.

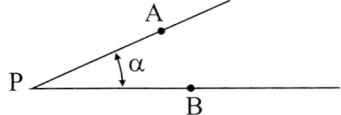

A$\hat{P}$B ou apenas $\hat{P}$

m(A$\hat{P}$B) = α   ou $\hat{P}$ = α

Resumindo: $\hat{P}$ < 90° ⇔ $\hat{P}$ é agudo. $\hat{P}$ > 90° ⇔ $\hat{P}$ é obtuso.

G13) Soma e diferença de dois ângulos

Soma: Dados dois ângulos quaisquer, cuja soma das medidas seja menor que 180°, construímos dois ângulos adjacentes congruentes a eles.

O ângulo obtido na construção, que contém os outros, é chamado de soma dos ângulos dados.

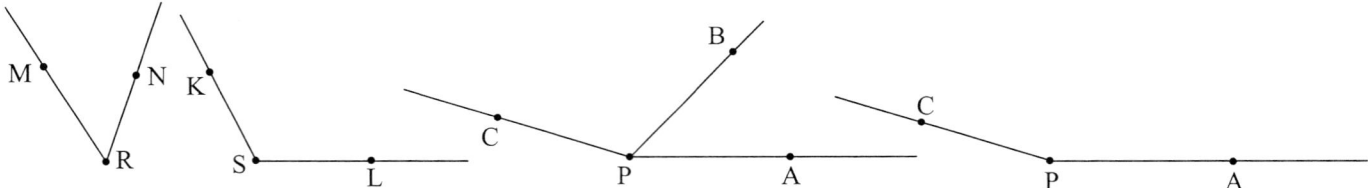

A$\hat{P}$B e B$\hat{P}$C *são adjacentes,* A$\hat{P}$B ≅ M$\hat{R}$N, B$\hat{P}$C ≅ K$\hat{S}$L ⇒ A$\hat{P}$C = M$\hat{R}$N + K$\hat{S}$L

Diferença: Dados dois ângulos quaisquer, não congruentes, construímos dois ângulos consecutivos não adjacentes (um contido no outro) congruentes a eles.

O ângulo obtido na construção, que não contém o lado comum dos ângulo consecutivos não adjacentes construidos é chamado diferença dos **ângulos** dados.

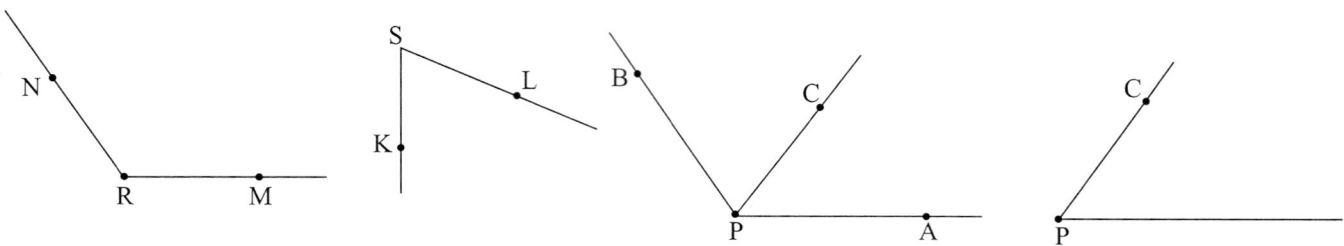

A$\hat{P}$B e B$\hat{P}$C são adjacentes não suplementares
A$\hat{P}$B ≅ M$\hat{R}$N e B$\hat{P}$C ≅ K$\hat{S}$L } ⇒ APC = M$\hat{R}$N − K$\hat{S}$L

G14) Ângulos complementares e ângulos suplementares

Ângulos complementares: Dois ângulos são complementares quando a soma das suas medidas for 90°. Cada um deles é chamado **complemento** do outro.

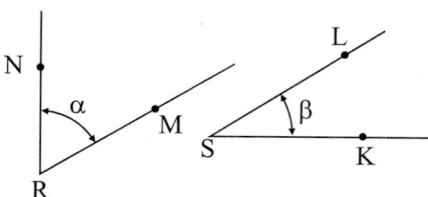

$\alpha + \beta = 90° \Leftrightarrow M\hat{R}N$ e $K\hat{S}L$ são complementares

$M\hat{R}N$ é o complemento de $K\hat{S}L$ e reciprocamente.
Mesmo sendo α e β as medidas dos ângulos, costumamos dizer que α é o complemento de β e que β e o complemento de α.

Ângulos adjacentes complementares: Dois ângulos são adjacentes complementares quando são adjacentes e a sua soma é um **ângulo reto**.

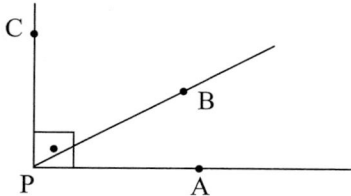

$A\hat{P}B$ e $B\hat{P}C$ são adjacentes
$A\hat{P}C$ é reto
$\Rightarrow$ $A\hat{P}B$ e $B\hat{P}C$ são adjacentes complementares

Ângulos suplementares: Dois ângulos são suplementares quando a soma das suas medidas for 180°. Cada um deles é chamado suplemento do outro.

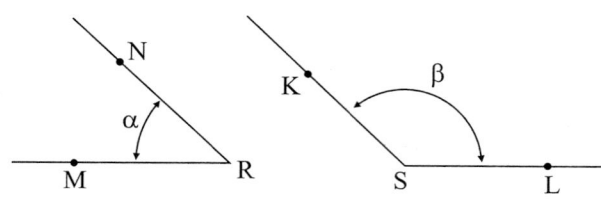

$\alpha + \beta = 180° \Leftrightarrow M\hat{R}N$ e $K\hat{S}L$ são suplementares

$M\hat{R}N$ é o suplemento de $K\hat{S}L$ e reciprocamente. Mesmo sendo **α** e **β** as medidas dos ângulos, costumamos dizer que α é o suplemento de β e que β é o suplemento de α.

Ângulos adjacentes suplementares: Dois ângulos são adjacentes suplementares quando são adjacentes e os lados que são apenas lados de um deles são semiretas opostas.

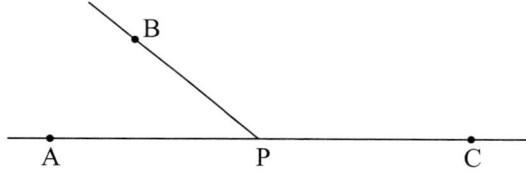

$\vec{PA} \cup \vec{PC} = \overleftrightarrow{AC} \Leftrightarrow A\hat{P}B$ e $C\hat{P}B$ são adjacentes suplementares

G15) Ângulos opostos pelo vértice (O.P.V)

Se dois ângulos são determinados por duas retas concorrentes e não são adjacentes, eles são chamados **opostos pelo vértice**.

Duas retas concorrentes determinam dois pares de ângulos opostos pelo vértice.

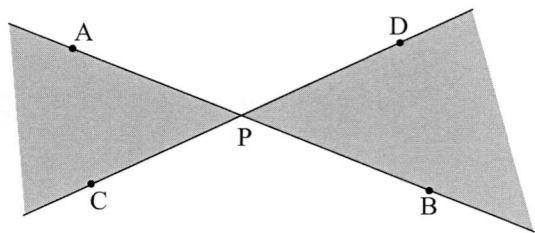

$A\hat{P}C$ e $B\hat{P}D$ são o.p.v.

$A\hat{P}D$ e $B\hat{P}C$ são o.p.v.

Teorema: Se dois ângulos são opostos pelo vértice, então eles são congruentes.

$A\hat{P}C$ e $B\hat{P}D$ são o.p.v $\Rightarrow$ $A\hat{P}C \cong B\hat{P}D$

$A\hat{P}C$ e $B\hat{P}D$ são o.p.v $\Rightarrow \alpha = \beta$

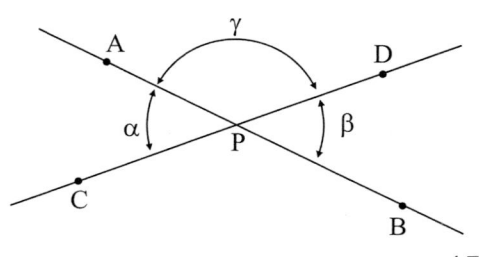

15

G16) Unicidade da perpendicular

Teorema: Dadas uma reta r e um ponto P, pertencente a r ou não, existe uma única reta que passa por P e é perpendicular à r.

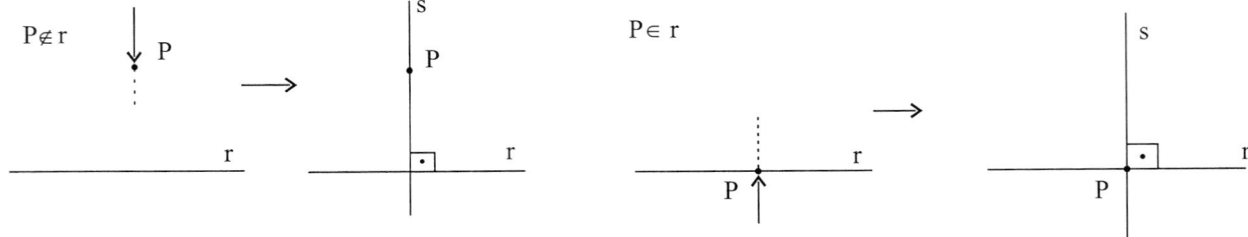

G17) Distância entre o ponto e reta

Dados um ponto P e uma reta r, a distância entre o ponto P e a reta r é o segmento PP', onde P' é o pé da reta perpendicular à r por P.

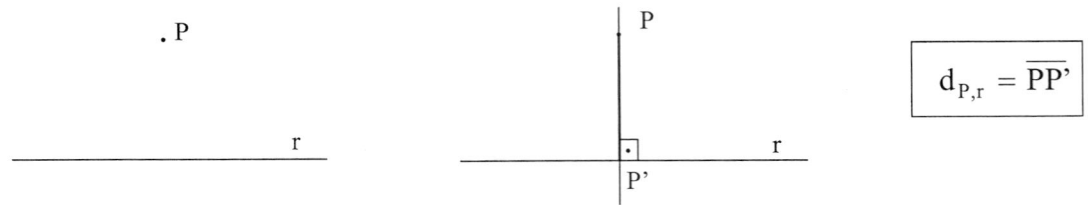

$$d_{P,r} = \overline{PP'}$$

Obs: Se um ponto pertence a uma reta, a distância entre ele e a reta é nula.

G18) Relação entre paralelismo e perpendicularismo no plano

Teorema: Se duas retas são paralelas, então toda reta que for perpendicular à uma será também perpendicular à outra.

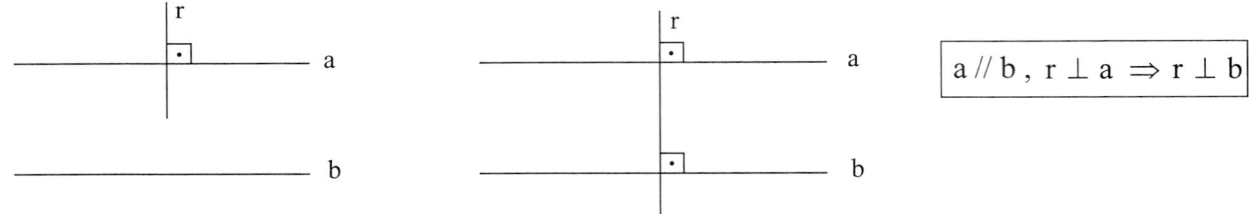

$$a \,//\, b\,,\, r \perp a \Rightarrow r \perp b$$

Teorema: Se duas retas são perpendiculares a uma terceira, então elas são paralelas.

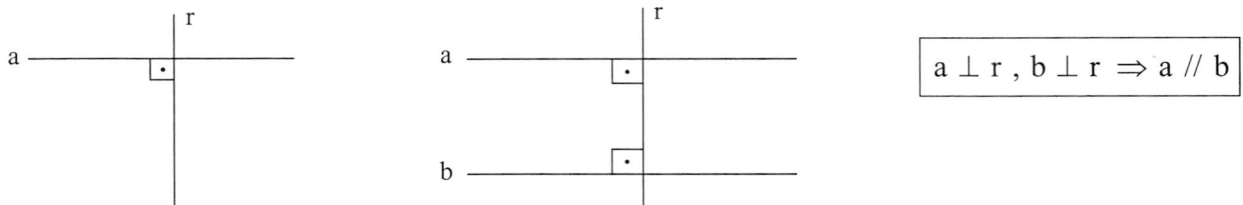

$$a \perp r\,,\, b \perp r \Rightarrow a \,//\, b$$

G19) Distância entre retas paralelas

Dadas duas retas paralelas, a distância entre elas é igual à distância entre um ponto qualquer de uma e a outra.

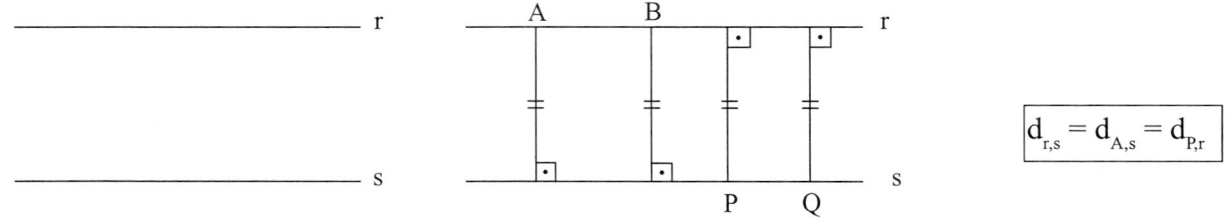

$$d_{r,s} = d_{A,s} = d_{P,r}$$

G20) Mediatriz de um segmento

Dado um segmento AB, mediatriz do segmento AB é a reta que passa pelo ponto médio de $\overline{AB}$ e é perpendicular a ele.

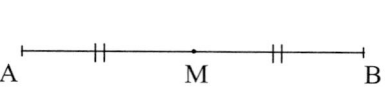 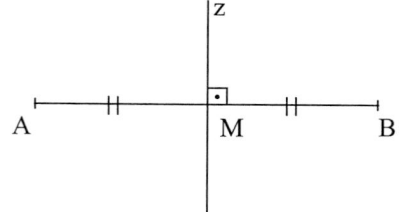

$\left(M \in \overline{AB}, AM = MB, M \in z, z \perp \overline{AB}\right) \Rightarrow$ z é mediatriz de $\overline{AB}$

H – Circunferência e círculo

Definição: Dado um ponto O e uma distância r entre dois pontos distintos A e B (r = AB), o conjunto de todos os pontos cuja distância até O é igual a r é chamado circunferência de centro O e raio r.

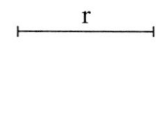 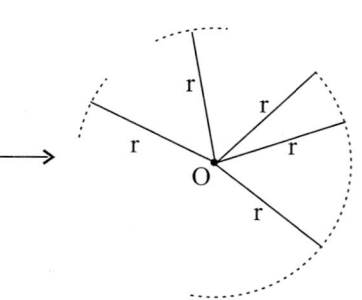

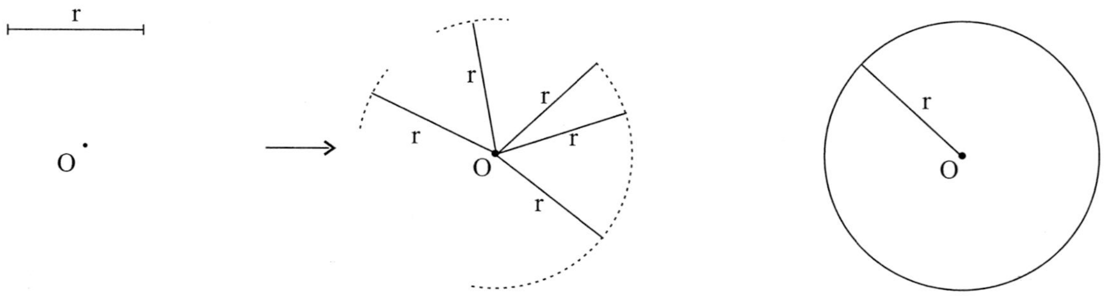

Notação: Indicamos uma circunferência C (ou f, ou g, etc) de centro O e raio r por

C (O, r)   ou   f (O, r)   ou   g (O, r)

Interior: O conjunto dos Pontos P tais que PO < r é chamado interior da circunferência de centro O e raio r.

Exterior: O conjunto dos pontos E tais que EO > r é chamado exterior da circunferência de centro O e raio r.

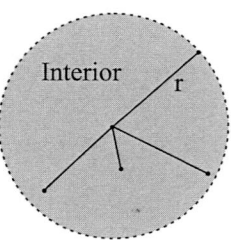 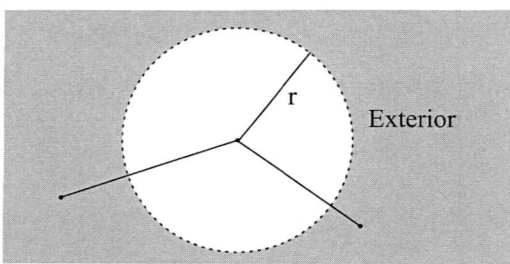

Círculo: A união de uma circunferência de centro O e raio r com o seu interior é chamado círculo de centro O e raio r.

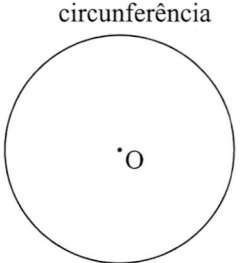 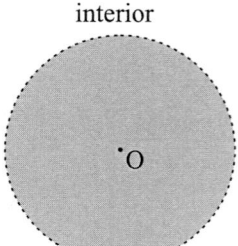 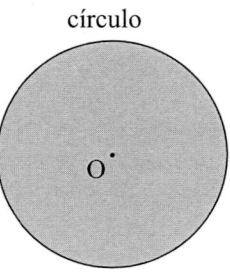

circunferência   interior   círculo

Obs: *Em geometria plana e também em desenho geométrico, quando falarmos em conjunto de **todos os pontos**, os pontos a serem considerados devem estar todos em um mesmo plano.*

*O conjunto de todos os pontos do espaço que distam r de um ponto O é chamado **superfície esférica**.*

I – A régua

Em desenho geométrico usamos a régua para representarmos no plano, do papel onde fazemos os desenhos, o seguinte:

1) Uma reta qualquer, que pode ser a reta suporte de uma semireta ou de um segmento ou de um ponto.

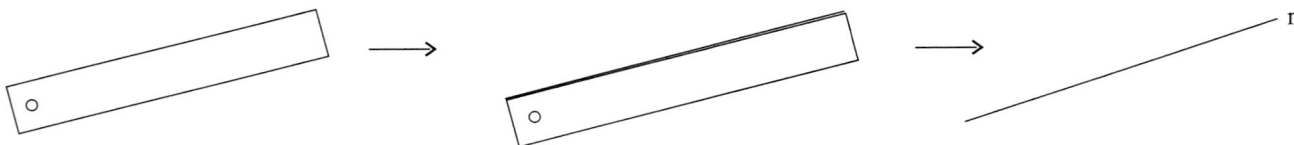

2) Uma reta qualquer que passa por um ponto dado.

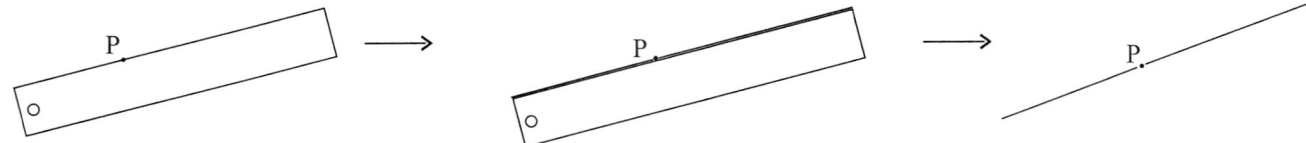

3) A reta determinadas por dois pontos distintos.

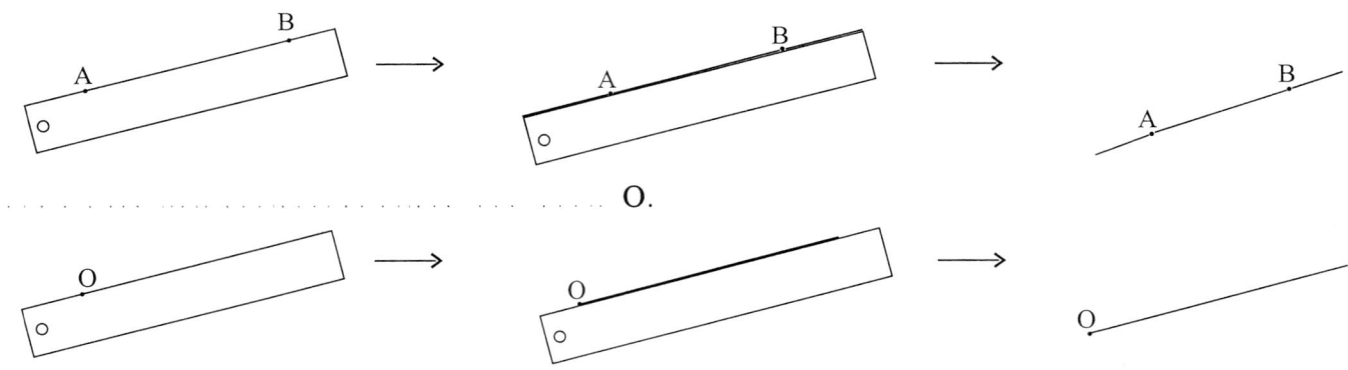

5) A semireta $\vec{AB}$.

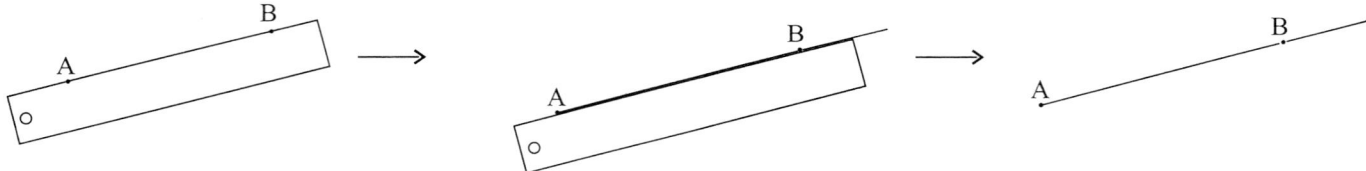

6) O segmento de reta $\overline{AB}$.

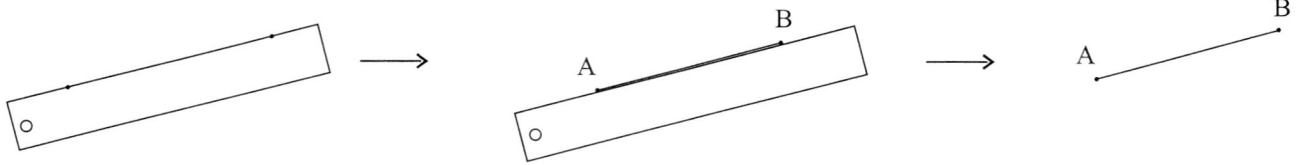

*Obs: Como a reta é infinita, deve ficar claro que quando falamos em **desenhar uma reta**, estamos sempre pensando em **desenhar uma parte dela**. O mesmo vale para **semireta**.*

J – O compasso

Em desenho geométrico usamos o compasso para representarmos no plano, do papel onde fazemos os desenhos, o seguinte:

1) Uma circunferência de centro O e raio r.

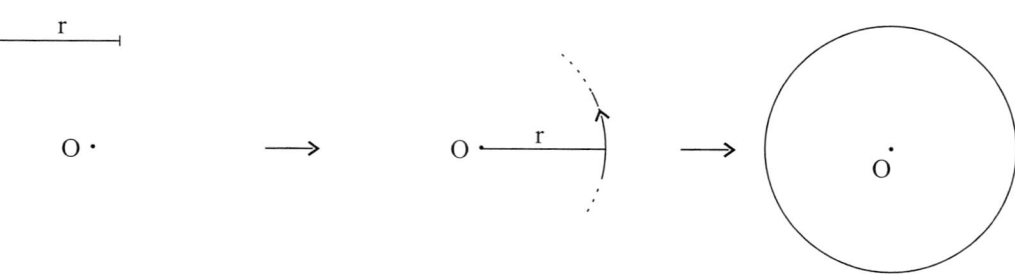

2) Uma circunferência de centro **O** e que passa pelo ponto **A**.

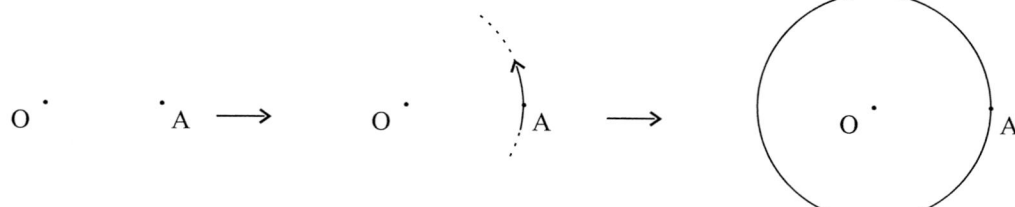

3) Traçar um arco de circunferência qualquer, com centro e raio quaisquer.

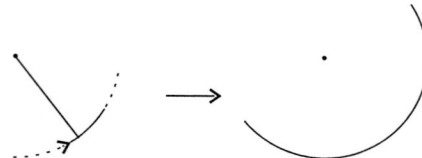

4) Obter sobre uma reta (ou circunferência) dada, os pontos, se existirem, que distam uma distância **r** dada de um ponto **A** dado.

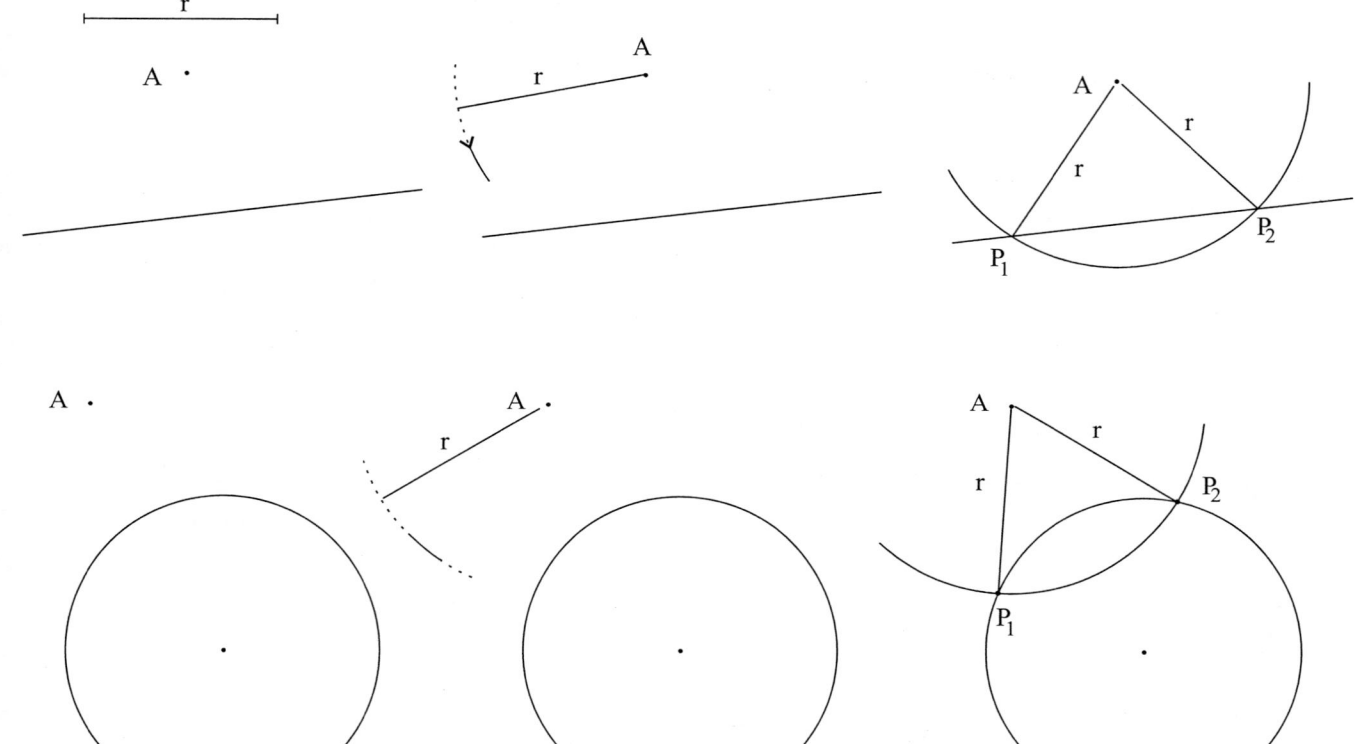

K – Triângulos

K1) Definição:

Dados três pontos A , B e C , não colineares (não alinhados ou não de uma mesma reta), o conjunto união dos segmentos $\overline{AB}$, $\overline{BC}$ e $\overline{AC}$ é chamado **triângulo ABC** e indicamos por $\triangle ABC$.

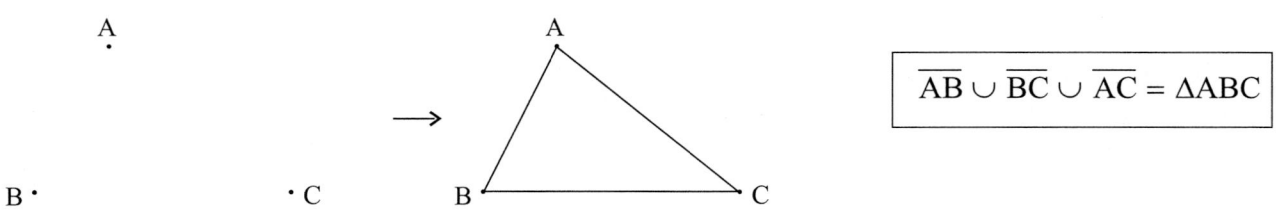

$$\overline{AB} \cup \overline{BC} \cup \overline{AC} = \triangle ABC$$

K2) Elementos:

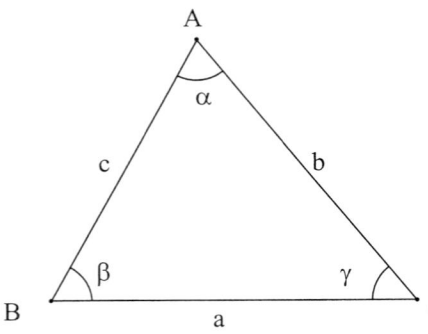

Vértices: São os pontos A, B e C da definição

Lados: são os segmentos $\overline{AB}$, $\overline{AC}$ e $\overline{BC}$ que costumamos nomeá-los de a, b e c, isto é, $\overline{BC} = a$, $\overline{AC} = b$ e $\overline{AB} = c$.

Ângulos internos: Os ângulos $B\hat{A}C$, $A\hat{B}C$ e $A\hat{C}B$ determinados pelos pontos A, B e C da definição são chamados **ângulos internos** ou apenas **ângulos** do triângulo. Podemos representá-los por $\hat{A}$, $\hat{B}$ e $\hat{C}$ ou, respectivamente, por α, β e γ.

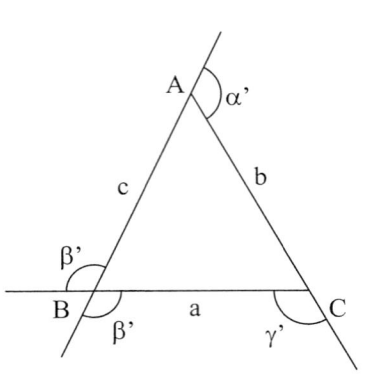

Ângulos externos: Os adjacentes suplementares dos ângulos internos do triângulo são chamados ângulos externos do triângulo. Há dois em cada vértice (olhe no vértice B). Na figura eles estão indicados como α', β' e γ'.

Perímetro: A soma dos lados (ou das medidas dos lados) de um triângulo é chamada perímetro do triângulo (ou medida do perímetro do triângulo). Costumamos indicar o perímetro de um triângulo por **2p**.

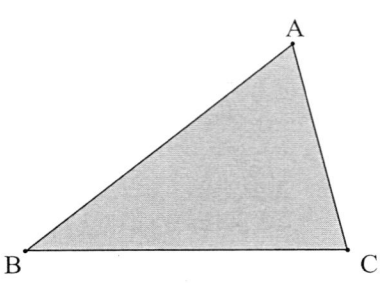

Então: $\boxed{2p = a + b + c}$

Região triangular: O conjunto dos pontos comuns aos setores angulares dos ângulos do triângulo é chamdo região triangular (É a união dos lados com os pontos da região interior do triângulo).

K3) Classificação quanto aos lados

Equilátero: É o triângulo cujos lados são congruentes entre si. Os lados têm medidas iguais.
Isósceles: É o triângulo que tem dois lados congruentes. Dois lados têm a mesma medida.
Escaleno: É o triângulo que não tem dois lados congruentes. As medidas dos lados são diferentes entre si.

Equilátero   Isósceles   Escaleno

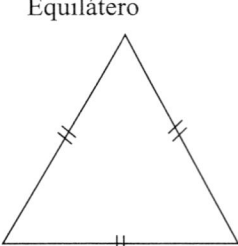 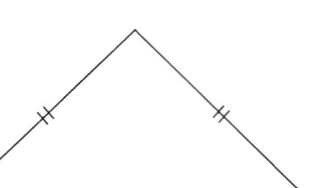 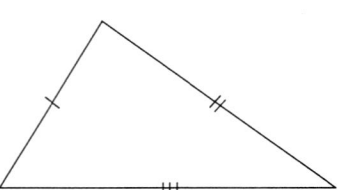

Obs:
1) *De acordo com a definição, todo triângulo equilátero é também isósceles.*

2) *Quando um triângulo for isósceles, o ângulo formado pelos lados congruentes é chamado ângulo do vértice e o lado oposto a ele é chamado base do triângulo.*

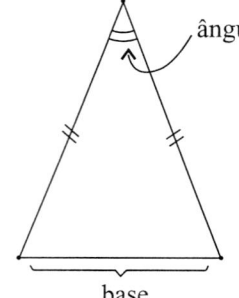  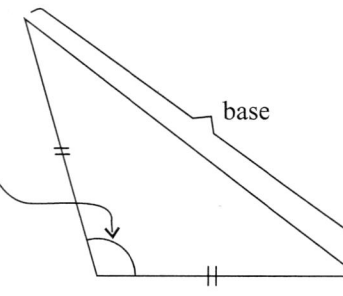

K4) Classificação quanto aos ângulos

Acutângulo: O triângulo cujos três ângulos são agudos é chamado **triângulo acutângulo**.
Retângulo: O triângulo que tem um ângulo reto é chamado **triângulo retângulo**.
Obtusângulo: O triângulo que tem um ângulo obtuso é chamado **triângulo obtusângulo**.

acutângulo   retângulo   obtusângulo

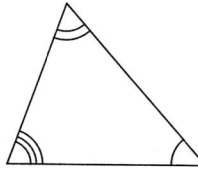 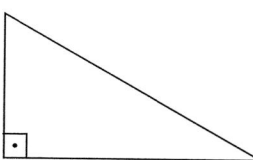 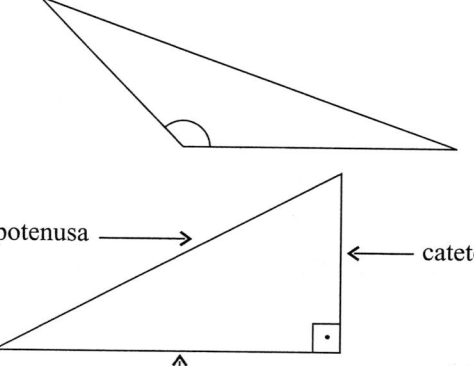

Obs:
1) *No triângulo retângulo, os lados que formam o ângulo reto são chamados catetos do triângulo e o oposto ao ângulo reto é chamado hipotenusa.*

2) *Os triângulos retângulo e obtusângulo podem ser escaleno ou isósceles mas não podem ser equiláteros.*

    Triângulo retângulo   *Triângulo obtusângulo*

Isósceles   Escaleno   Isósceles   Escaleno

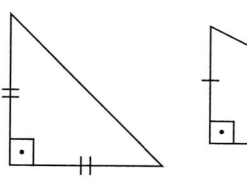 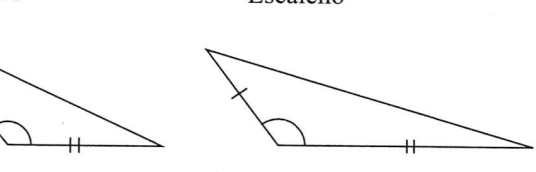

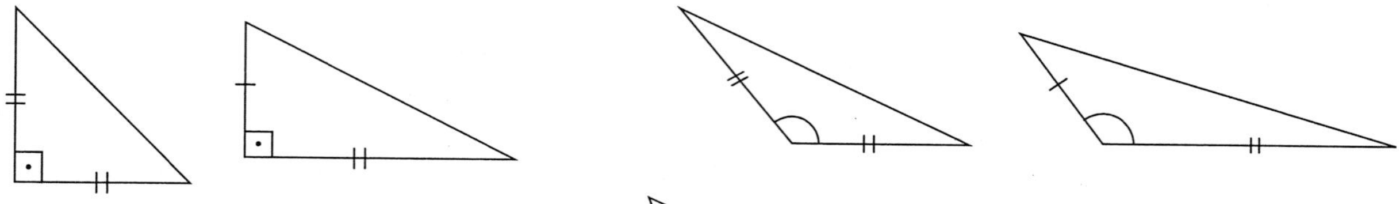

3) *O triângulo obtusângulo tem dois ângulos agudos.*

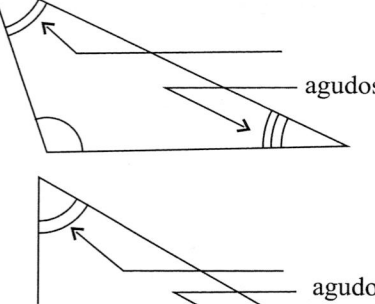

4) *O triângulo retângulo tem dois ângulos agudos.*

K5) Congruência de triângulos

Dois triângulos são congruentes se, e somente se, for possível estabelecer uma correspondencia entre vértices e lados de um e os vértices e lados do outro, de modo que ângulos de vértices correspondentes sejam congruentes e lados correspondentes sejam congruentes.

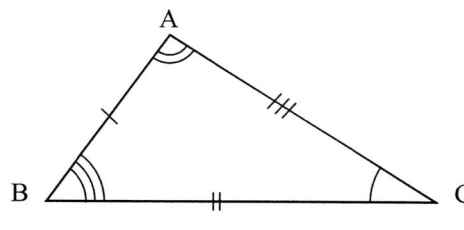   Notação: $\triangle ABC \cong \triangle PQR$ 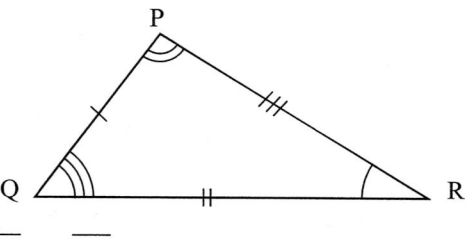

$$\triangle ABC \cong \triangle PQR \iff \begin{cases} \hat{A} \cong \hat{P} & \overline{AB} \cong \overline{PQ} \\ \hat{B} \cong \hat{Q} \quad \wedge & \overline{AC} \cong \overline{PR} \\ \hat{C} \cong \hat{R} & \overline{BC} \cong \overline{QR} \end{cases}$$

Não é necessário verificar as congruências entre os seis elementos de um e os seis elementos do outro para podermos afirmar que os triângulos são congruentes. Se confirmarmos as congruências de três desses elementos, convenientemente escolhidos, podemos afirmar que os outros três serão congruentes, e então, que os triângulos são congruentes. Para isso há os casos de congruência: LLL, LAL, ALA e LAA$_O$.

1º caso **LLL** Se três lados de um triângulo são congruentes aos três lados de outro, então esses triângulos são congruentes.

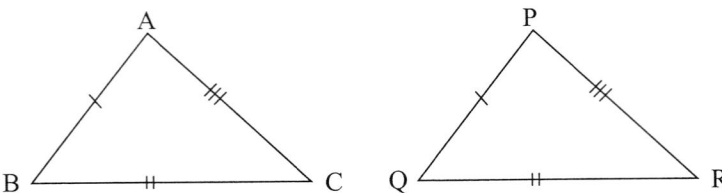

$\overline{AB} \cong \overline{PQ}$
$\overline{AC} \cong \overline{PR} \Rightarrow \triangle ABC \cong \triangle PQR$
$\overline{BC} \cong \overline{QR}$

Consequentemente, temos: $\hat{A} \cong \hat{P}$, $\hat{B} \cong \hat{Q}$ e $\hat{C} \cong \hat{R}$

2º caso **LAL** Se dois lados e o ângulo formado por eles, de um triângulo são congruentes a dois lados e o ângulo formado por eles de um outro triângulo, então esses triângulos são congruentes.

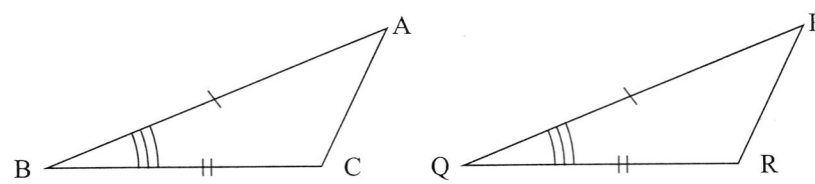

$\overline{AB} \cong \overline{PQ}$
$\hat{B} \cong \hat{Q} \Rightarrow \triangle ABC \cong \triangle PQR$
$\overline{BC} \cong \overline{QR}$

Consequentemente, temos: $\hat{A} \cong \hat{P}$, $\overline{AC} \cong \overline{PR}$ e $\hat{C} \cong \hat{R}$

3º caso **ALA** Se dois ângulos e o lado comum a eles, de um triângulo são congruentes a dois ângulos e o lado comum a eles de um outro triângulo, então esses triângulos são congruentes.

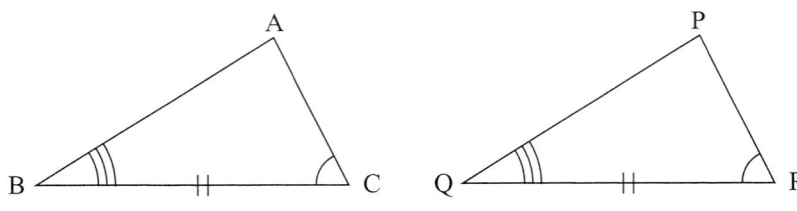

$\hat{B} \cong \hat{Q}$
$\overline{BC} \cong \overline{QR} \Rightarrow \triangle ABC \cong \triangle PQR$
$\hat{C} \cong \hat{R}$

Consequentemente, temos: $\overline{AB} \cong \overline{PQ}$, $\hat{A} \cong \hat{P}$ e $\overline{AC} \cong \overline{PR}$

4º caso **LAA$_O$** Se um lado, um ângulo adjacente e o ângulo oposto a ele, de um triângulo, são respectivamente, congruentes a um lado, um ângulo adjacente e o ângulo oposto a esse lado, de outro triângulo, então esses triângulos são congruentes.

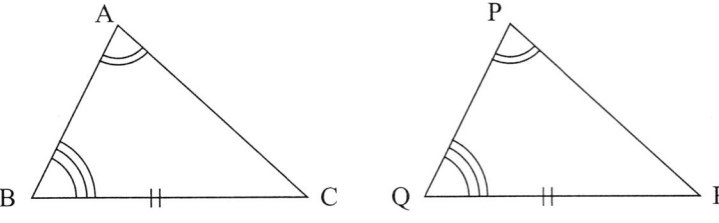

$\overline{BC} \cong \overline{QR}$
$\hat{B} \cong \hat{Q} \Rightarrow \triangle ABC \cong \triangle PQR$
$\hat{A} \cong \hat{P}$

Consequentemente, temos: $\overline{AB} \cong \overline{PQ}$, $\overline{AC} \cong \overline{PR}$ e $\hat{C} \cong \hat{R}$

Obs:
*1) Se os ângulos de um triângulo são congruentes aos ângulos de outro esses triângulos **não** são necessariamente congruentes.*

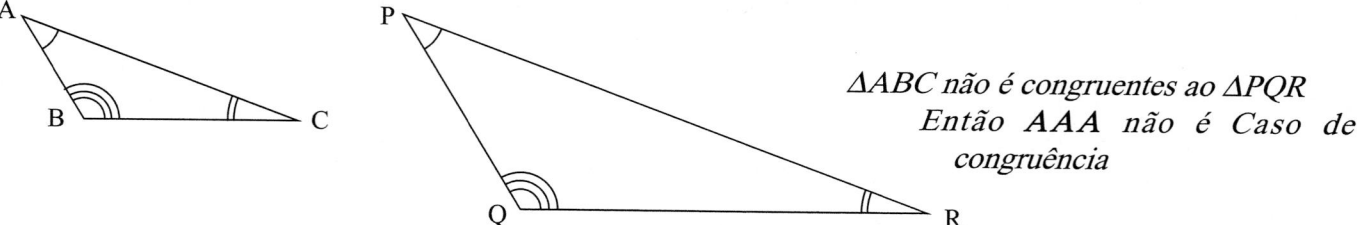

$\triangle ABC$ não é congruentes ao $\triangle PQR$
Então **AAA** não é Caso de congruência

2) Se dois lados e o ângulo oposto a um deles de um triângulo são, respectivamente, congruentes a dois lados e o ângulo oposto ao correspondente do outro, esses triângulos não são necessariamente congruentes.

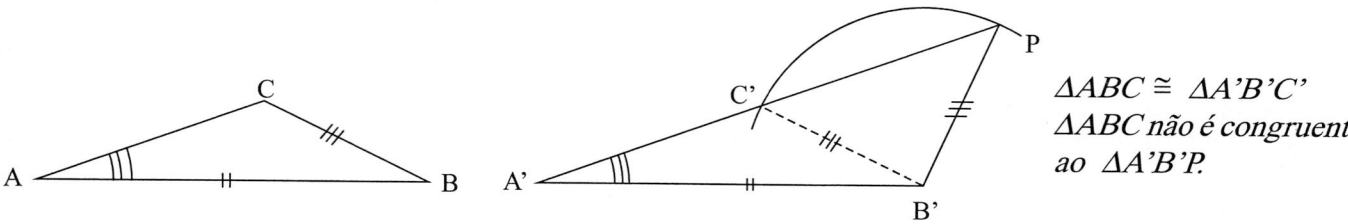

$\triangle ABC \cong \triangle A'B'C'$
$\triangle ABC$ não é congruentes ao $\triangle A'B'P$.

Então LLA não é caso de congruência.

3) Posteriormente veremos que este caso, LLA, será um caso especial de congruência para triângulo retângulo (hipotenusa, cateto).

4) Dados os três lados de um triângulo, LLL (ou LAL ou ALA ou LAA_O) de acordo com os casos de congruências, todos os triângulos que construirmos, tendo os lados essas medidas, serão congruentes entre si.

K6) Seis propriedades

No próximo capítulo vamos estudar triângulos mais detalhadamente. Vamos, porém, adiantar seis propriedades.

P1 A soma das medidas dos ângulos internos de um triângulo é igual a 180°.

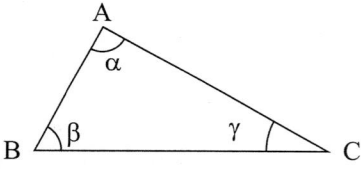

$\hat{A} + \hat{B} + \hat{C} = 180°$ ou $\alpha + \beta + \gamma = 180°$

P2 Cada ângulo externo de um triângulo é igual à soma dos internos não adjacentes a ele.

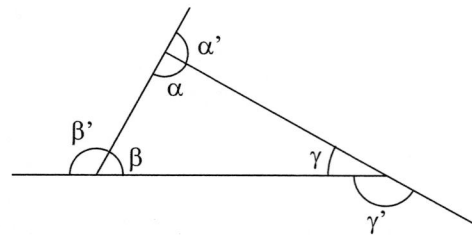

$\alpha' = \beta + \gamma$
$\beta' = \alpha + \gamma$
$\gamma' = \alpha + \beta$

P3 O triângulo equilátero é também **equiângulo**, isto é, os ângulos têm medidas iguais. Como a soma dos três é 180°, cada um mede 60°.

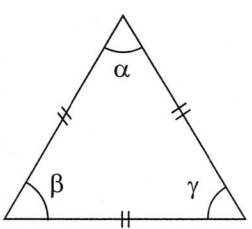

$\alpha + \beta + \gamma = 180°$
$\alpha + \alpha + \alpha = 180°$
$3\alpha = 180°$
$\alpha = 60°$

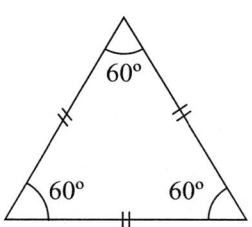

P4 Os ângulos da base de um triângulo isósceles são congruentes (os ângulos da base têm a mesma medida).

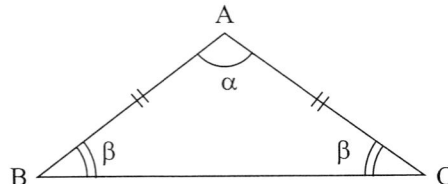

triângulo isósceles de base BC $\Rightarrow \hat{B} = \hat{C}$

P5 A mediana, a altura e a bissetriz relativas à base de um triângulo isósceles são coincidentes.
(Ver definições de altura, bissetriz e mediana no próxmo capítulo).

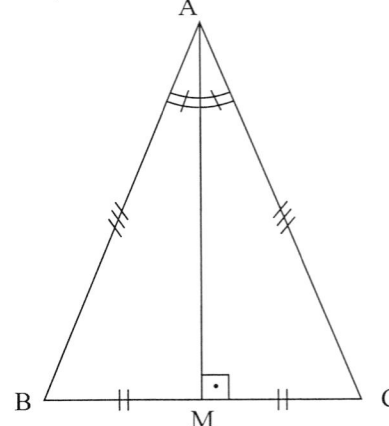

$\triangle ABC$ é isósceles de base $\overline{BC}$.

$\overline{AM}$ é mediana $\Rightarrow$ $\overline{AM}$ é altura e bissetriz

$\overline{AM}$ é altura $\Rightarrow$ $\overline{AM}$ é mediana e bissetriz

$\overline{AM}$ é bissetriz $\Rightarrow$ $\overline{AM}$ é mediana e altura

P6 Em todo triângulo cada lado é menor que a soma dos outros dois se **a**, **b** e **c** são medidas dos lados de um triângulo, temos:

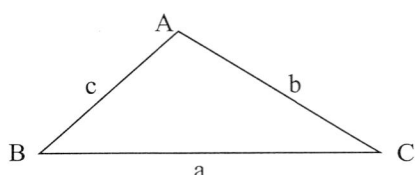

$a < b + c$, $b < a + c$ e $c < a + b$

ou

$|a - c| < b < a + c$

Exemplo: Não existe triângulo cujos lados medem 7 cm, 3 cm e 2 cm pois 7 não é menor que 3 + 2.

L – Paralelogramos

L1) Paralelogramos: Um quadrilátero é um paralelogramo se, e somente se, os lados opostos são paralelos.
(Ver definição de quadrilátero no capítulo 4)

ABCD é paralelogramo $\Leftrightarrow$ ABCD é quadrilátero, $\overline{AB} \parallel \overline{CD}$ e $\overline{AD} \parallel \overline{BC}$

L2) Retângulo: Um quadrilátero é um retângulo se, e somente se, os seus ângulos são congruentes entre si.
(Como $\hat{A} + \hat{B} + \hat{C} + \hat{D} = 360°$, temos: $\hat{A} = \hat{B} = \hat{C} = \hat{D} = 90°$)

ABCD é retângulo $\Leftrightarrow$ ABCD é quadrilátero, $\hat{A} = \hat{B} = \hat{C} = \hat{D} = 90°$

Obs: Prova-se que todo retângulo é também um paralelogramo.
Isto é: lados oposto são paralelos.

L3) Losango: Um quadrilátero é um losango se, e somente se, os lados são congruentes entre si.

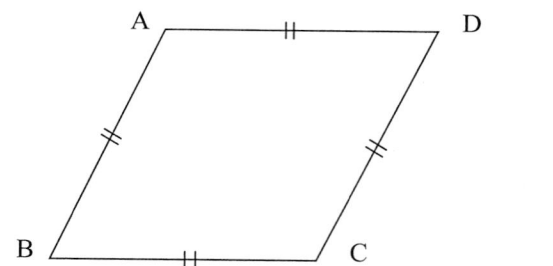

ABCD é losango ⇔ ABCD é quadrilátero
AB = BC = CD = AD

Obs: Prova-se que todo losango é também paralelogramo.
Isto é: os lados opostos são paralelos.

L4) Quadrado: Um quadrilátero é um quadrado se, e somente se, os ângulos são congruentes entre si e os lados são congruentes entre si.

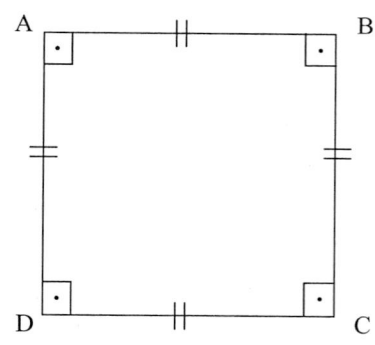

ABCD é quadrado ⇔ ABCD é quadrilátero
$\hat{A} = \hat{B} = \hat{C} = \hat{D} = 90°$
AB = BC = CD = AD

Obs:
1) Prova-se que todo quadrado é também um paralelogramo.
   Isto é: os lados opostos são paralelos
2) Podemos definir quadrado dos seguintes modos:
   I) Quadrado é o retângulo que tem lados congruentes.
   II) Quadrado é o losango que tem ângulos congruentes.
   III) Quadrado é o quadrilátero que é retângulo e losango ao mesmo tempo.

Sendo r // s , a // b , c // d , e // f e g // h , todos quadriláteros sombreados são paralelogramos.

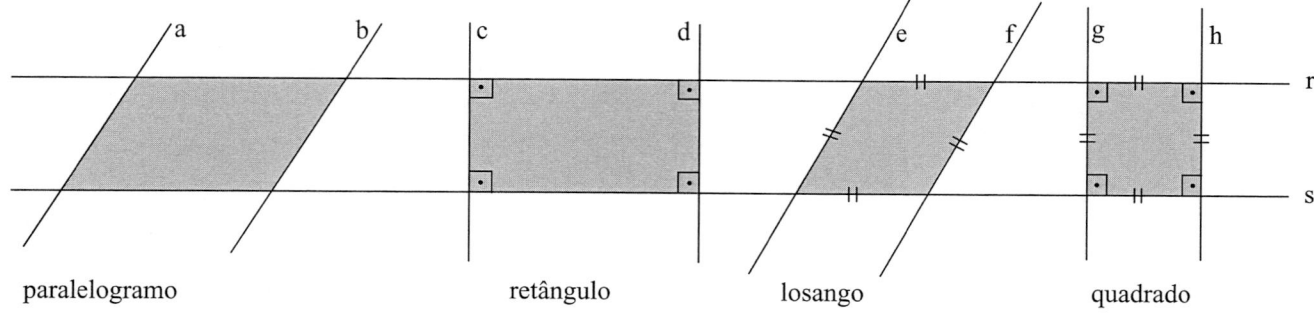

paralelogramo   retângulo   losango   quadrado

L5) Seis propriedades

Em capítulo posterior vamos estudar quadriláteros mais detalhadamente, mas vamos, por enquanto, adiantar seis propriedades.

P1 Lados opostos de um paralelogramo são congruentes.

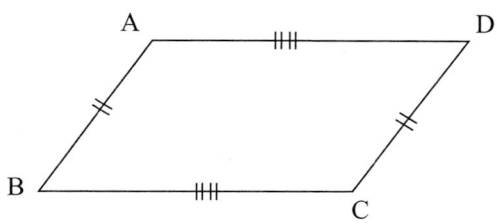

ABCD é paralelogramo ⇒ AB = CD , AD = BC

Obs: Note que essa propriedade vale também para o **retângulo**.
Para o **losango** e **quadrado** ela é óbvia.

P2 Ângulos de vértices consecutivos de um paralelogramo são suplementares (somam 180°) e ângulos opostos são congruentes.

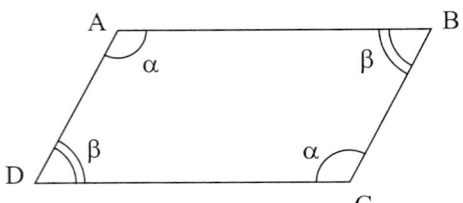

ABCD é paralelogramo $\Rightarrow$ $\hat{A} + \hat{B} = \hat{B} + \hat{C} = \hat{C} + \hat{D} = \hat{A} + \hat{D} = 180°$
$\hat{A} = \hat{C} = \alpha$, $\hat{B} = \hat{D} = \beta$

Obs: Note que essa propriedade vale também para o **losango**.
Para o **retângulo** e **quadrado** ela é óbvia.

P3 As diagonais de um paralelogramo se cortam ao meio

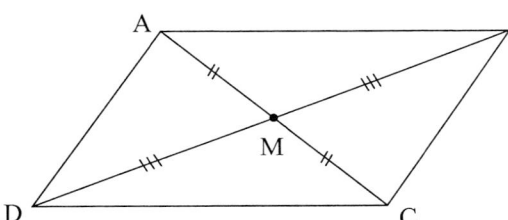

ABCD é paralelogramo
$\overline{AC} \cap \overline{BD} = \{M\}$ $\Rightarrow$ AM = MC, BM = MD

Obs: Essa propriedade é válida também para o **retângulo, losango e quadrado**.

P4 As diagonais de um retângulo são congruentes.

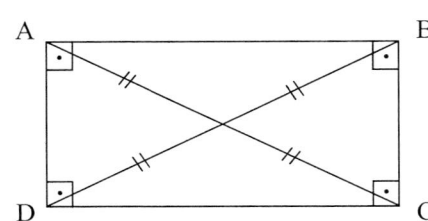

ABCD é retângulo $\Rightarrow$ AC = BD

Obs: Essa propriedade é válidade também para o **quadrado**.

P5 Se os lados opostos de um quadrilátero são congruentes, então ele é um paralelogramo (recíproca da P1).

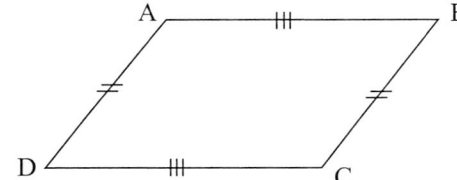

ABCD é quadrilátero
AB = CD, AD = BC $\Rightarrow$ ABCD é paralelogramo

P6 As diagonais de um losango são perpendiculares e são bissetrizes dos ângulos cujos vértices são extremidades delas.

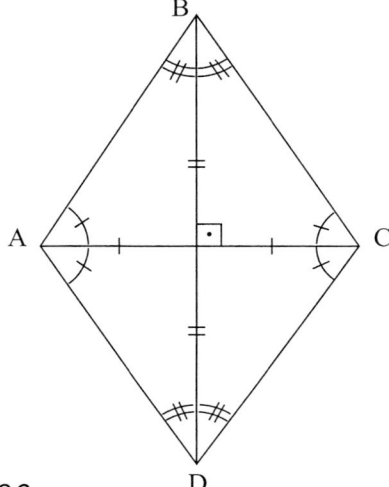

Obs: para visualizarmos melhor essa propriedade, costumamos desenhar o losango com diagonais paralelas as bordas do papel (diagonais vertical e horizontal).

ABCD é losango $\Rightarrow$ BD $\perp$ AC

ABCD é losango $\Rightarrow$ $\overline{BD}$ é bissetriz de $\hat{B}$ e $\hat{D}$
$\overline{AC}$ é bissetriz de $\hat{A}$ e $\hat{C}$

Obs:
1) *Note que cada diagonal está na mediatriz da outra*
2) *Esta propriedade vale também para o quadrado pois ele é losango*

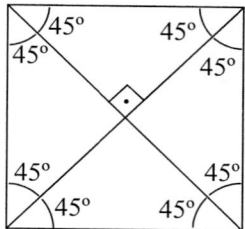

M − Primeiros lugares geométricos (l.g.)

Dada uma propriedade P, um conjunto de pontos L chama-se **lugar geométrico** (l.g.) dos pontos que satisfazem P se, e somente se, **todos os pontos de L** e **somente eles** satisfazem P.

Em geometria plana (e desenho geométrico) estudamos lugares geométrico no plano.

M1) Circunferência

Dado uma distância r não nula e um ponto O, a circunferência de centro O e raio r é o **lugar geométrico**, l.g., dos pontos que distam r de O.

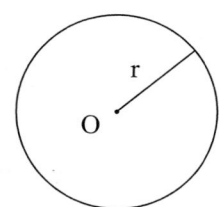

Sendo f a circunferência de centro O e raio r: f(O, r), note que se P pertence a f, então P dista r de O e que se P dista r de O, então P pertence a f. Em símbolos:

$$\boxed{PO = r \Leftrightarrow P \in f}$$

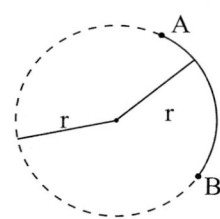

Note que um arco $\overset{\frown}{AB}$ de circunferência de centro O e raio r **não é o l.g.** dos pontos que distam r de O pois embora todos os pontos de $\overset{\frown}{AB}$ distam r de O, há pontos fora do arco $\overset{\frown}{AB}$ que também distam r de O. Então $\overset{\frown}{AB}$ é um conjunto de pontos que distam r de O mas não é o conjunto de todos os pontos que distam r de O.

M2) Mediatriz

A mediatriz de um segmento $\overline{AB}$ é o lugar geométrico (l.g.) dos pontos que são equidistante de A e B (um ponto equidista de outros dois quando as distâncias entre ele e esses pontos são iguais). Podemos também dizer que a mediatriz de um segmento AB é o l.g. dos pontos que equidistam das extremidades do segmento.

Note que se um ponto P está na mediatriz z de um segmento $\overline{AB}$, então PA é igual a PB e que se PA é igual a PB, então P está na mediatriz z de $\overline{AB}$.

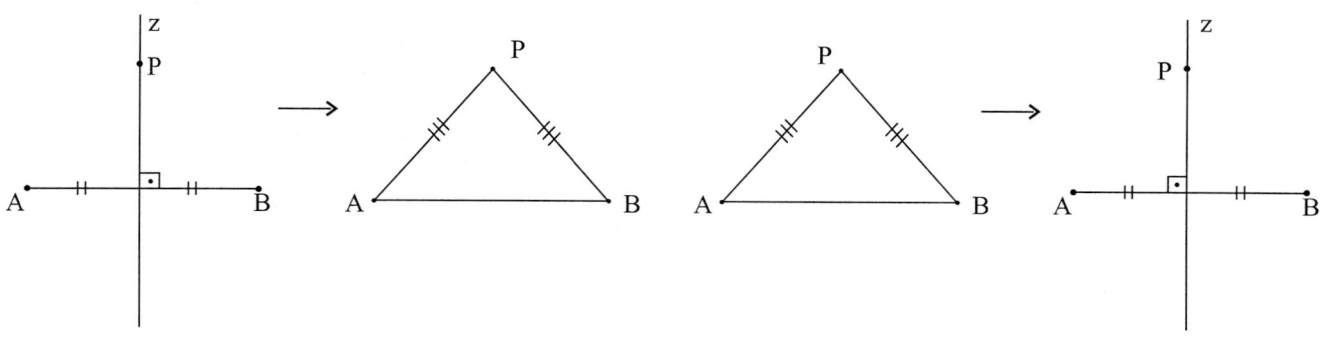

$$\boxed{P \in z \Rightarrow PA = PB \ \wedge \ PA = PB \Rightarrow P \in z} \text{ ou } \boxed{P \in z \Leftrightarrow PA = PB}$$

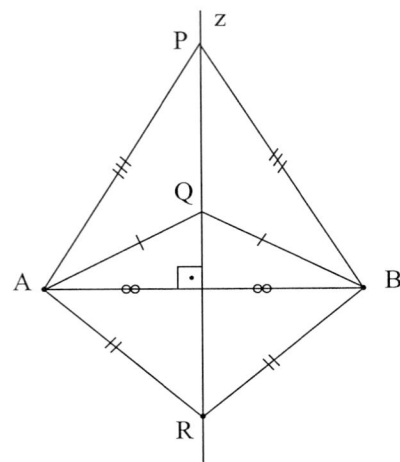

$P \in z \Leftrightarrow PA = PB$

$Q \in z \Leftrightarrow QA = QB$

$R \in z \Leftrightarrow RA = RB$

Note que se um ponto P não está na mediatriz z de um segmento AB então ele não é equidistante de A e B reciprocamente, se ele não equidista de A e B, então ele não está em z.

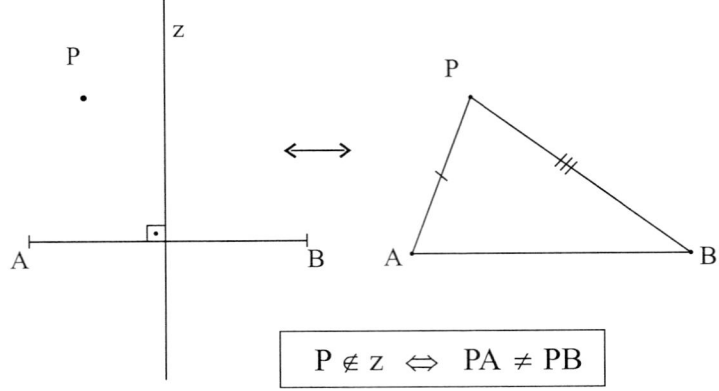

$P \notin z \Leftrightarrow PA \neq PB$

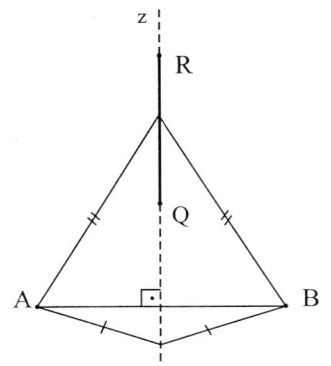

Note que um segmento $\overline{RQ}$ contido na mediatriz z de um segmento $\overline{AB}$ não é o l.g. dos pontos que equidistam de A e B pois, embora cada ponto de $\overline{RQ}$ é equidistante de A e B, há pontos fora de $\overline{RQ}$ que também são equidistantes de A e B. Então $\overline{RQ}$ é um conjunto de pontos que equidistam de A e B mas não é o conjunto de todos os pontos que são equidistantes de A e B.

M3) Bissetrizes dos ângulos de retas concorrentes

Se um ponto está na bissetriz de um ângulo, então ele equidista dos lados do ângulo e, reciprocamente, se ele é interno ao ângulo e equidista dos lados, então ele está na bissetriz do ângulo.

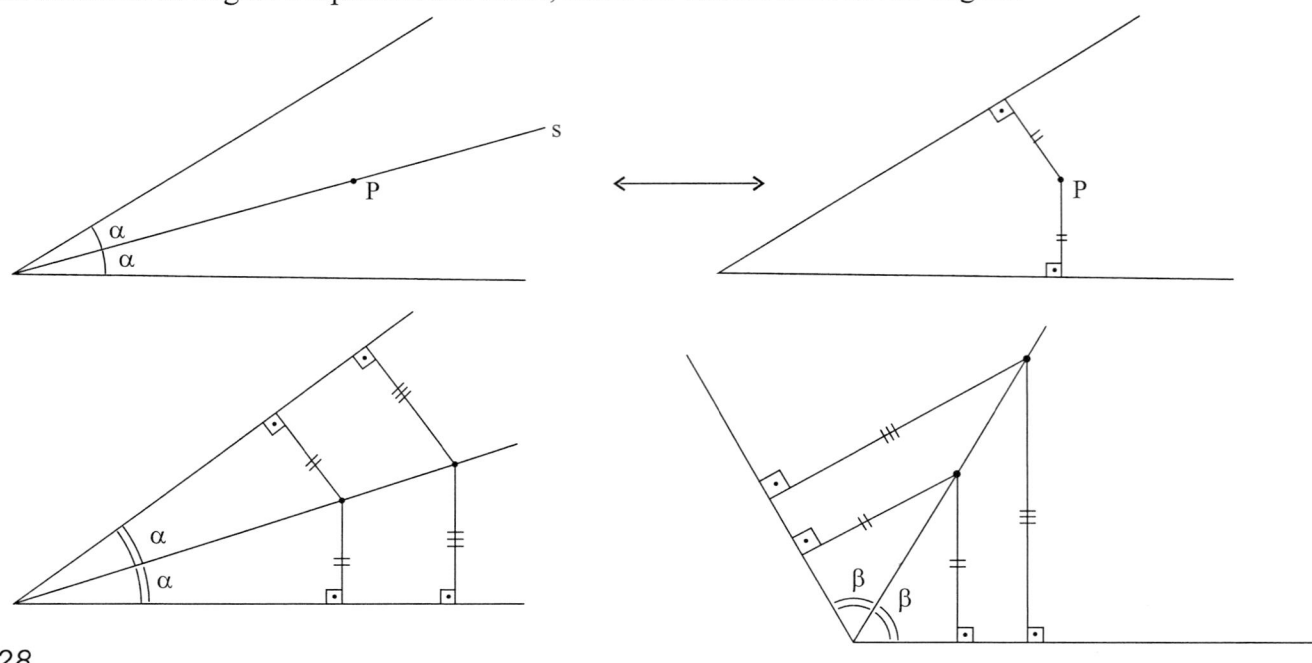

Se o ponto for interno ao ângulo e não estiver na bissetriz, então ele não será equidistante dos lados e, reciprocamente, se ele não equidista dos lados, então ele não estará na bissetriz.

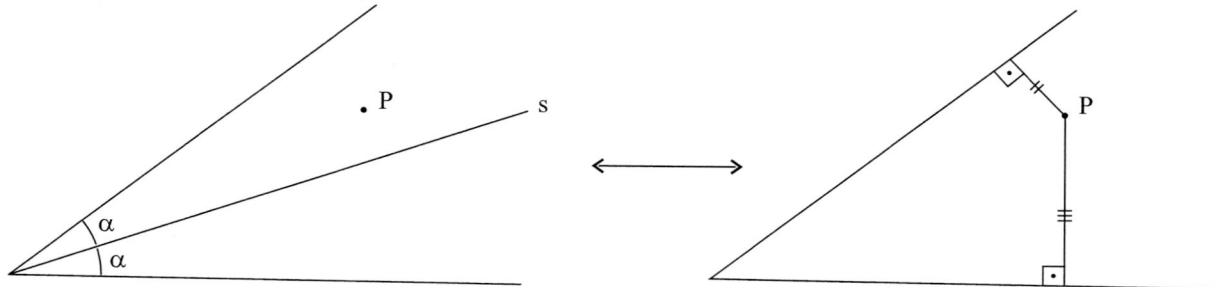

Então: A união das retas que contêm as bissetriz dos ângulos formados por duas retas concorrentes é o lugar geométrico l.g. dos pontos que são equidistante das retas concorrentes

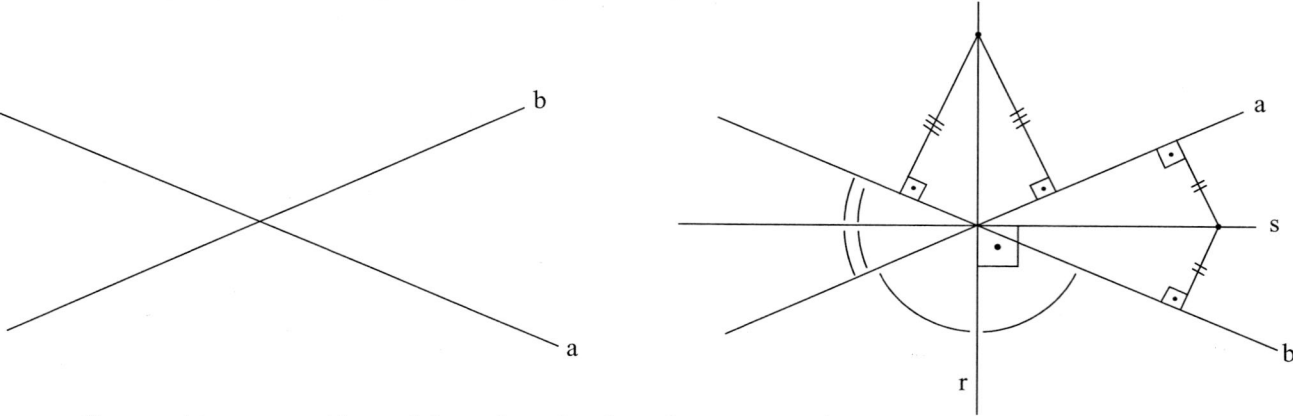

Se r e s são as retas que contêm as bissetrizes dos ângulos entre a e b, temos:

$$P \in r \cup s \Leftrightarrow d(P, a) = d(P, b)$$

Obs:
1) *Quaisquer que sejam as retas concorrentes **a** e **b**, as retas r e s, das bissetrizes, serão perpendiculares.*
2) *Note que apenas uma das bissetrizes **não** é o l.g. dos pontos que são equidistantes das retas **a** e **b** pois embora cada ponto dela é equidistante das retas **a** e **b**, há outros pontos (os pontos das outras bissetrizes) que também são equidistante de **a** e **b**.*

M4) A reta equidistante de duas paralelas

Dadas duas retas paralelas *a* e *b*, a reta *e*, paralela a ambas, conduzida por um ponto equidistante de ambas é o **lugar geométrico** dos pontos que são equidistantes de **a** e **b**.

Note que se um ponto P pertence a e então ele equidista de a e b e que, reciprocamente, se ele é equidistante de a e b, então ele pertence a e.

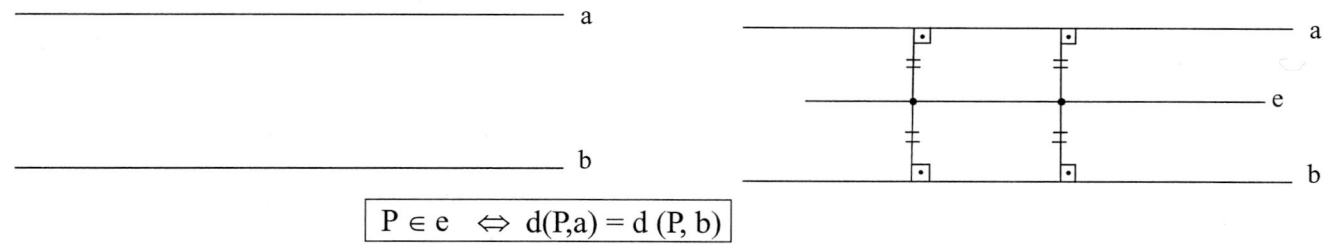

$$P \in e \Leftrightarrow d(P, a) = d(P, b)$$

Note que se um ponto não está em e, então ele não equidista de a e b e reciprocamente, se ele não equidista de a e b, então ele não está em e.

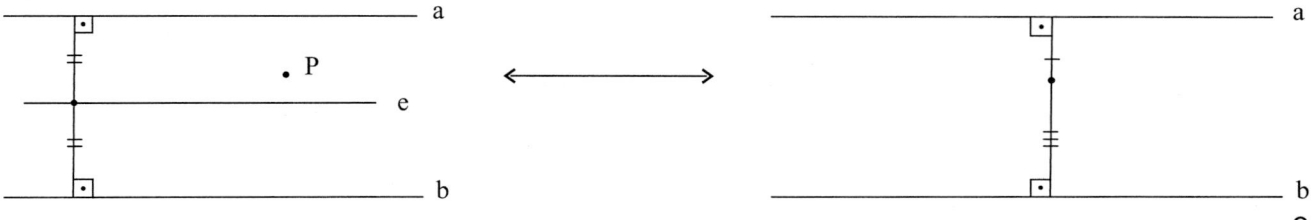

Vale aqui a mesma observação: um segmento $\overline{AB}$ contido em e não é o l.g. dos pontos que são equidistante de **a** e **b** pois embora todo ponto de $\overline{AB}$ equidista de **a** e **b**, há pontos fora de $\overline{AB}$ (os outros pontos de **e**) que também são equidistantes de **a** e **b**.

M5) As retas paralelas distantes *d* de uma terceira

Dada uma reta **s** e uma distância **d**, a união das retas **a** e **b**, paralelas a **s**, distantes **d** de **s** é o lugar geométrico dos pontos que distam **d** de **s**.

Note que se um ponto pertence a **a** ou a **b**, então ele dista **d** de **s** e reciprocamente, se ele dista **d** de **s**, então ele pertence a **a** ou a **b**.

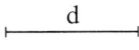

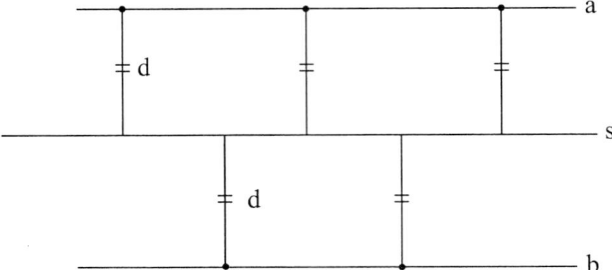

$$\boxed{P \in a \cup b \iff d(P, s) = d}$$

Note que apenas uma das retas, **a** ou **b**, por exemplo **a**, não é o l.g. dos pontos que distam d de s pois, embora todos os pontos de **a** distam d de s, há outros pontos (os pontos de **b**) que também distam d de s.

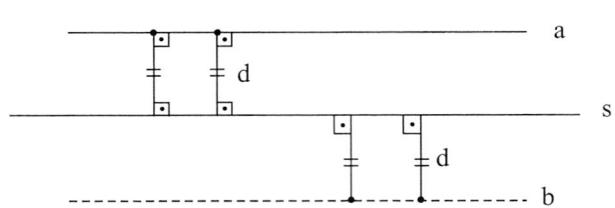

Resumo Dos Primeiros Lugares Geométricos	
Circunferência: L.g. dos pontos que distam r dado de um ponto O dado. 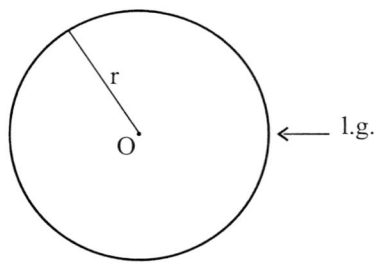	**Mediatriz**: L.g. dos pontos que são equidistante das extremidades A e B de um segmento $\overline{AB}$ 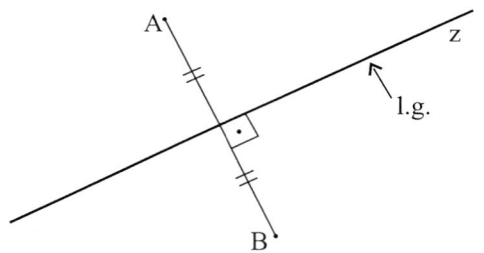
Retas das bissetrizes: L.g. dos pontos que são equidistantes de duas retas concorrentes r e s dadas 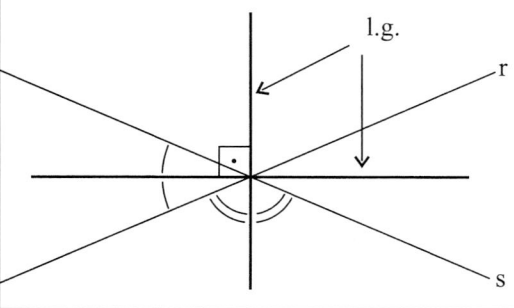	**A reta entre as paralelas**: L.g. dos pontos que são equidistantes de duas retas paralelas a e b dadas 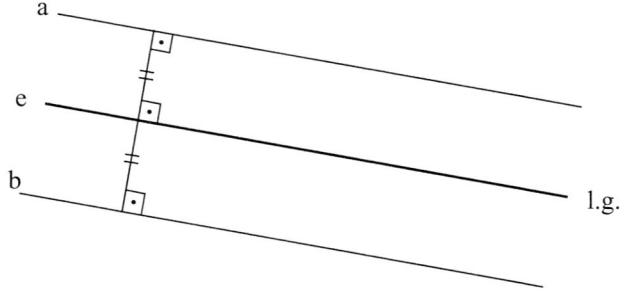

Duas paralelas a uma terceira
L.g. dos pontos que distam
uma distância **d** dada de
uma reta **s** dada

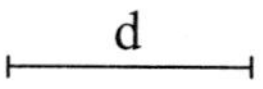

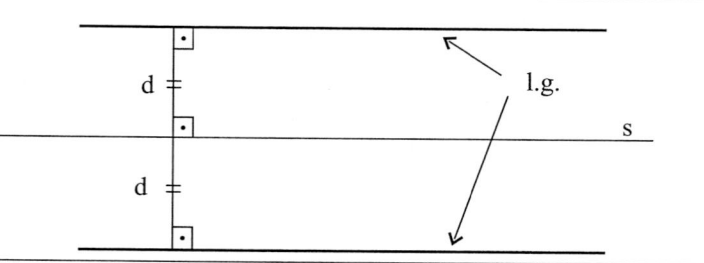

N – Primeiras construções

C1 Construir um triângulo equilátero dado o lado **a**.

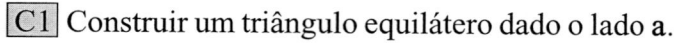

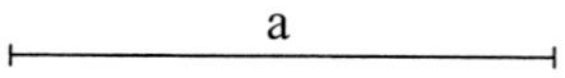

1) Traçamos uma reta **r** que será a reta suporte de um dos lados.
2) Com raio **a** e centro num ponto B de **r** traçamos o arco AC e com centro em C traçamos o arco AB.
3) Como AB = BC = AC = a, o ΔABC é equilátero de lado **a**.

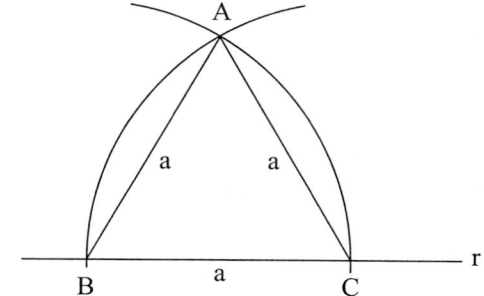

C2 Construir um triângulo isósceles de base **b** e lado oblíquo à base com comprimento **a**.

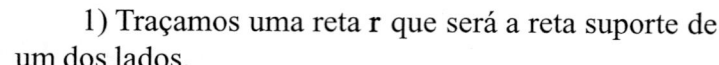

1) Sobre uma reta **r** tomamos dois pontos B e C com BC = b.
2) Com centros em B e C descrevemos arcos de raio **a** que se interceptam em A.
3) Traçamos os segmentos AB, AC e BC, determinando o triângulo pedido.

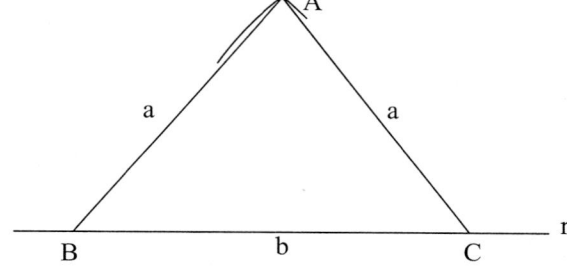

C3 Construir um triângulo ABC dados os lados AB = c, AC = b e BC = a.

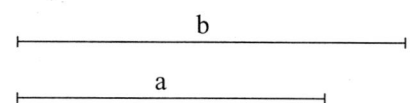

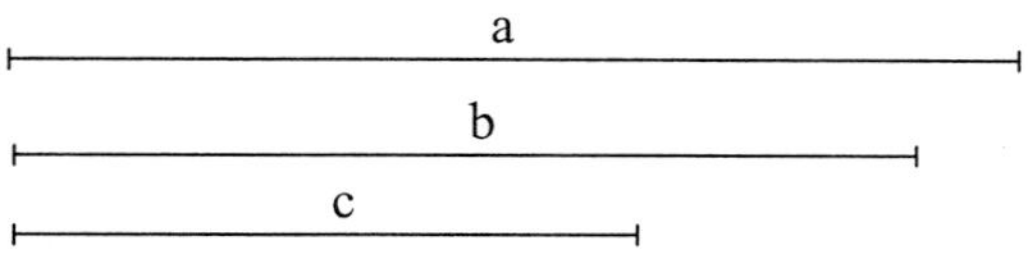

1) Sobre uma reta **r** tomamos os vértices B e C com BC = a
2) Com centro em B descrevemos um arco de raio **c** e com centro em C um arco de raio **b**, determinando o vértice A.

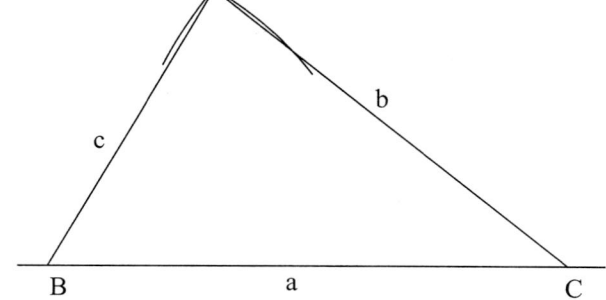

C4 Construir um ângulo congruente a um ângulo α dado de modo que um de seus lados seja a semirreta Pr dada.

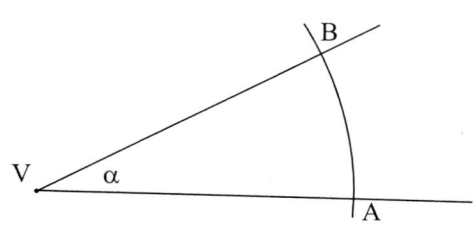
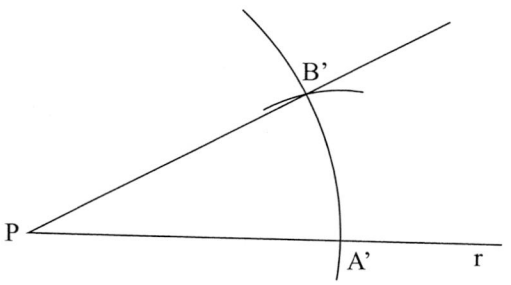

1) Com centro V e raio qualquer, descrevemos um arco que determina A e B nos lados de α.
2) Com o mesmo raio e centro P descrevemos um arco que determina A' em r.
3) Com centro A' e raio AB determinamos B' no arco do item 2.
4) Como ΔA'PB' ≅ ΔAVB, obtemos que $\hat{P}$ = α.

C5 Dados os ângulos α e β, determine x = α + β e y = α − β.

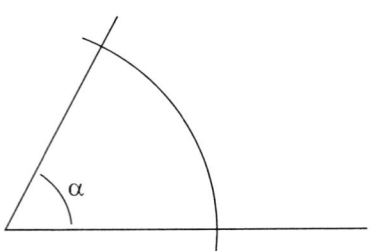
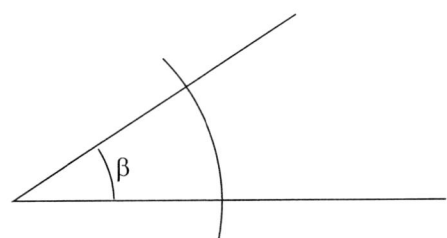

1) Com centros nos vértices de α e β e nas origens das semiretas **a** e **b** traçamos arcos de circunferências de raio r arbitrário.
2) Transportamos α e β, com um lado do ângulo maior (no caso α) sendo a semireta **a** e **b**, de modo que no primeiro caso α e β sejam adjacentes, obtendo x = α + β e no segundo α e β sendo consecutivos não adjacentes, obtendo y = α − β.

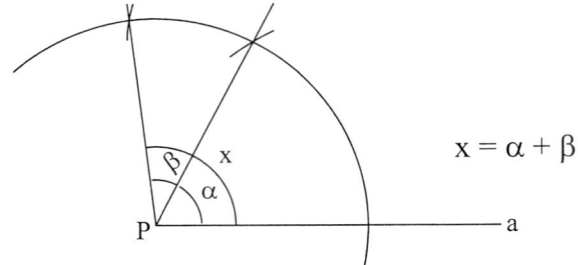   x = α + β

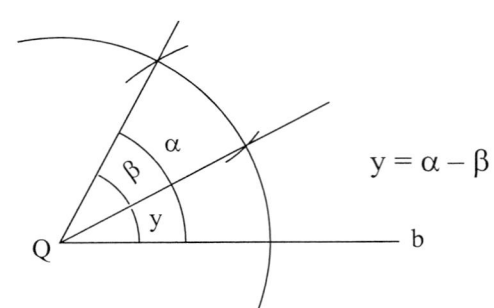   y = α − β

C6 Construir um ΔABC dados AB, BC e $\hat{B}$ = β.

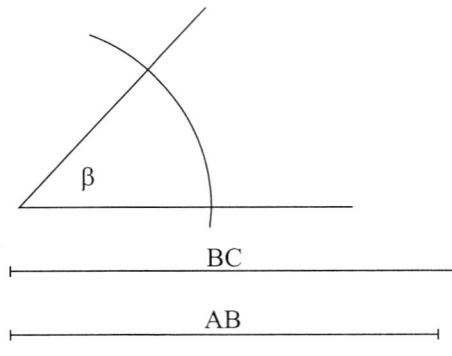

Basta construir um ângulo congruente a β e sobre os seus lados segmentos de medidas AB e BC

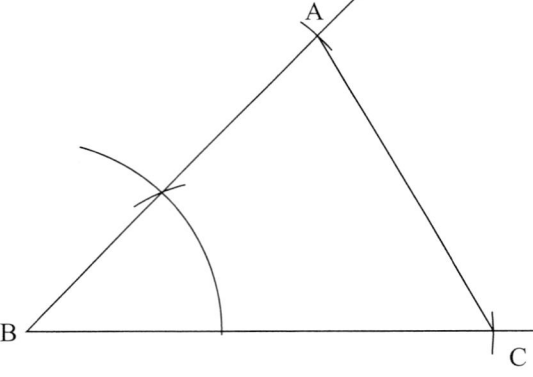

C7 Construir um ΔABC dados BC, $\hat{B}$ = β e $\hat{C}$ = γ.

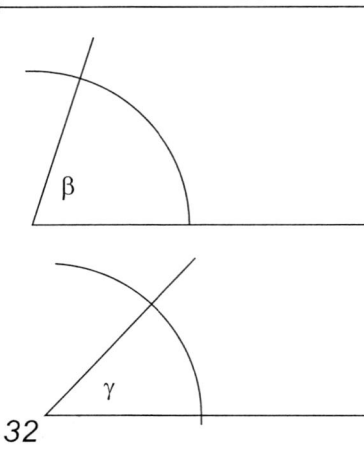

Basta transportamos BC sobre uma reta determinando o lado $\overline{BC}$ e construirmos ângulos congruentes a β e γ, com vértices B e C tendo $\overline{BC}$ em comum. Na intersecção dos lados de $\hat{B}$ e $\hat{C}$ obtemos A.

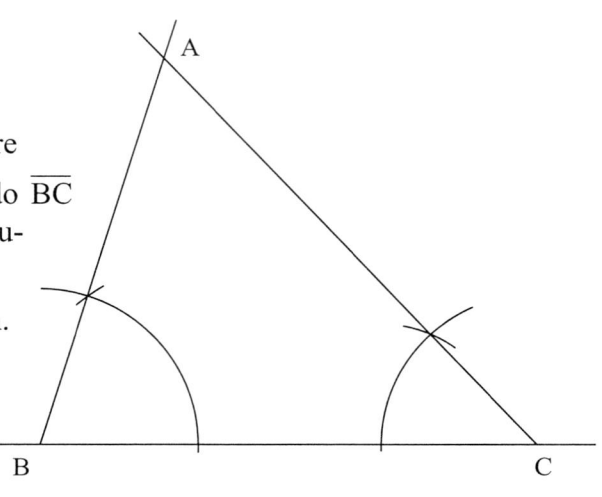

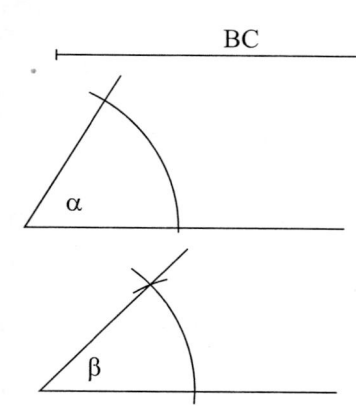

C8 Construir um △ABC dados BC, Â = α e B̂ = β.

Lembrando que Â + B̂ + Ĉ = 180°,

obtemos Ĉ = γ, γ = 180° − (α + β)

e caimos no problema anterior

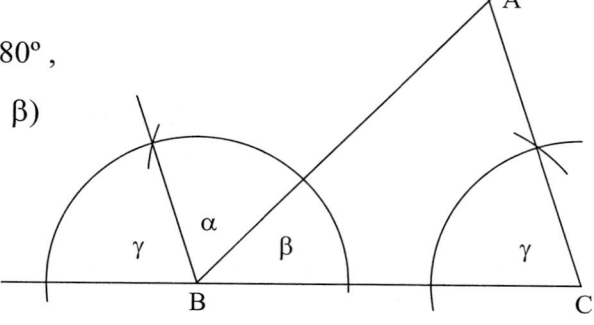

C9 Construir um losango dados o lado **a** e uma diagonal **d**.

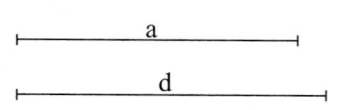

Basta começarmos pela diagonal AC = d.
Os vértices B e D são obtidos pela intersecção dos arcos de centros A e C e raio **a**.

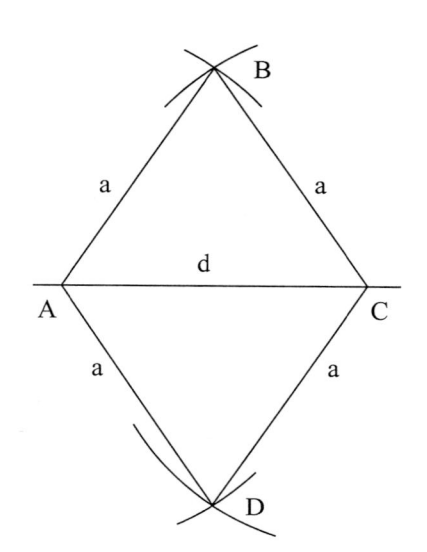

C10 Construir um losango dados o lado **a** e um ângulo α.

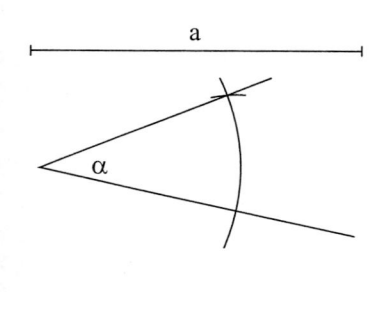

Construímos um ângulo Â = α e sobre os lados tomamos B e D com AB = AD = a.
Obtemos C com a intersecção dos arcos de circunferências (B, a) e (D, a).

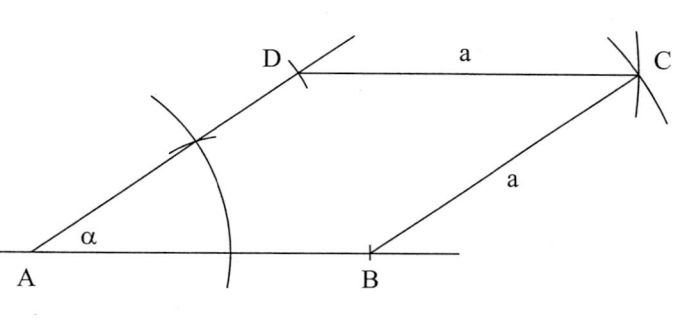

C11 Construir um paralelogramo ABCD dados os vértices A, B e C.

Como lados opostos de um paralelogramo são congruentes, obtemos o quarto vértice, o vértice **D**, pela intersecção dos arcos das circunferências (A, BC) e (C, BA).

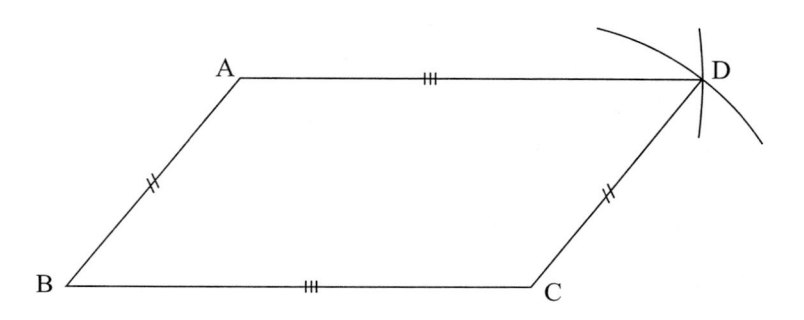

C12 Construir um paralelogramo dados os lados **a** e **b** e uma diagonal **d**.

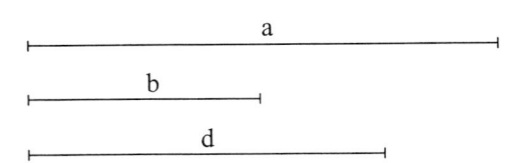

Construimos um △ABC com lados AB = b, BC = a e AC = d e depois obtemos D, lembrando que AD = BC e CD = BA.

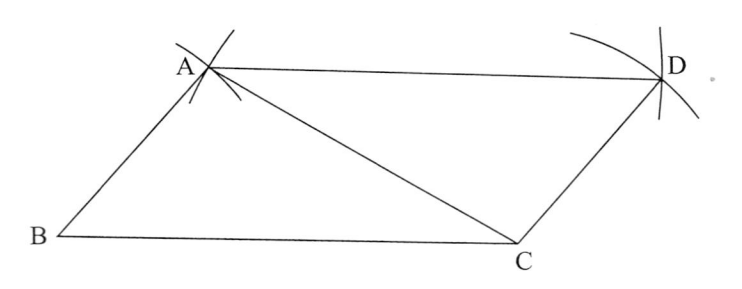

C13 Construir um paralelogramo dados os lados **a** e **b** e um ângulo **α**.

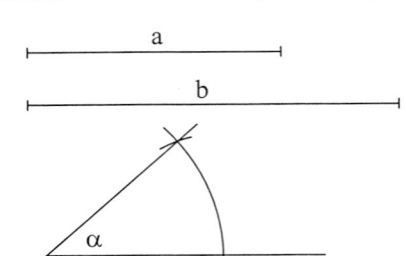

Basta construirmos o △BAD e depois obtemos C como no problema anterior.

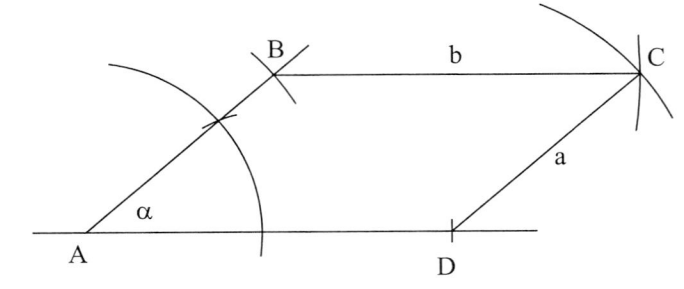

C14 Traçar a mediatriz **z** do segmento AB dado.

Basta construirmos um losango qualquer de diagonal AB.

Como as diagonais de um losango cortam-se ao meio e são perpendiculares, obtemos a mediatriz **z** de AB.

Note que obtemos também o ponto médio de $\overline{AB}$ e o lugar geométrico l.g. dos pontos que são equidistantes de A e B.

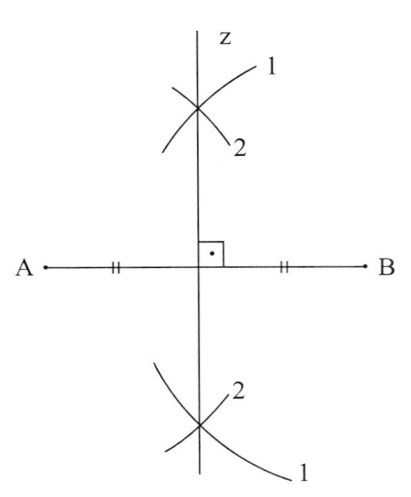

C15 Traçar a bissetriz do ângulo $A\hat{P}B$ dado.

Basta construirmos um losango qualquer que tenha como um de seus ângulos o ângulo dado. Como as diagonais de um losango são bissetrizes dos ângulos do losango, obtemos a bissetriz do ângulo dado.

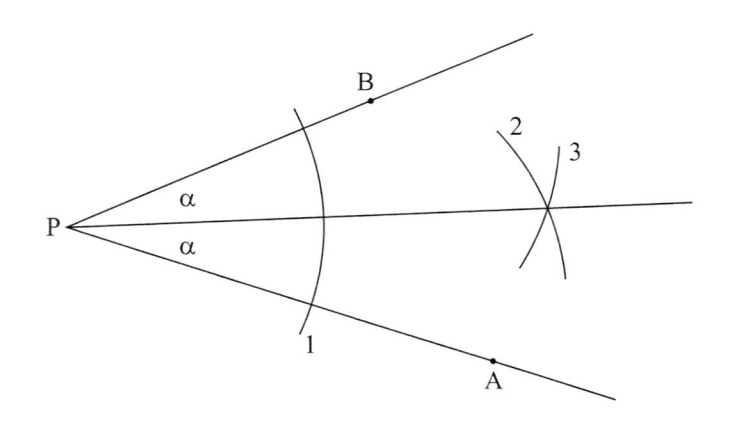

34

C16 Dadas um reta r e um ponto P, conduzir pelo ponto P a reta perpendicular à reta r.

1º caso P não pertence a r (P ∉ r).

Basta construirmos um losango qualquer com um vértice em P e uma diagonal em r.
Como as diagonais de um losango são perpendiculares, obtemos por P a reta perpendicular a reta r.

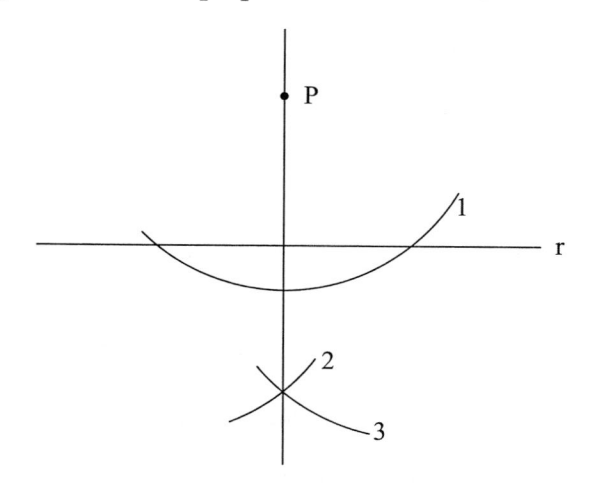

2º caso P está em r (P ∈ r).

1) Com centro em P e raio qualquer marcamos os pontos B e C em r.

2) Com centros em B e C e raios maiores que a metade de BC, iguais, determinamos A.

3) Como o △ABC é isósceles de base $\overline{BC}$ e $\overline{AP}$ é mediana relativa à base, $\overline{AP}$ é também altura.
Então $\overline{AP}$ é perpendicular a r.

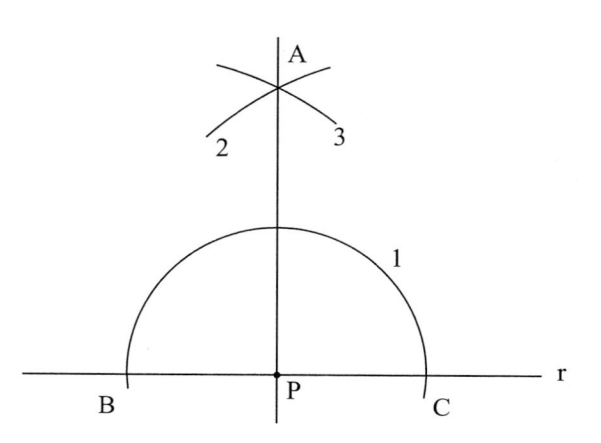

3º caso P muito próximo do limite da região do papel disponível para se desenhar.

Com centros em dois pontos distintos A e B de r e raios respectivamente $\overline{AP}$ e $\overline{BP}$, traçamos dois arcos que se cortam em P'.
Como A e B são equidistante de P e P', temos que A e B estão na mediatriz de $\overline{PP'}$, isto é: PP' é perpendicular à reta r.

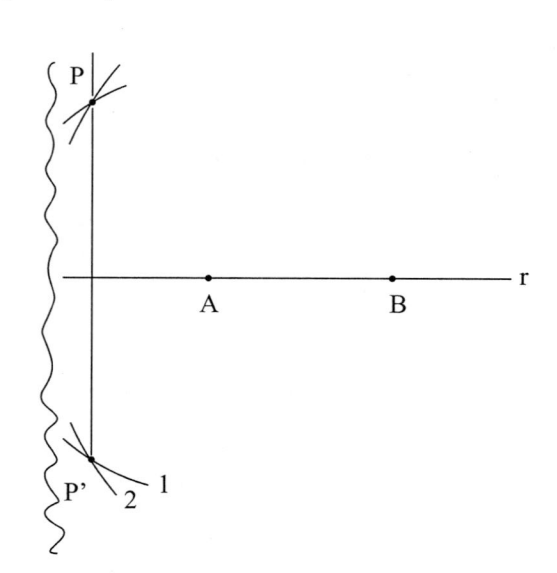

C17 Dadas uma reta r e um ponto P, conduzir pelo pento P a reta paralela à reta r.

1º modo Método dos três pontos (Paralelogramo)

Na maioria dos problemas de desenho geométrico, quando precisamos traçar por um ponto uma reta paralela à outra, já teremos sobre a outra dois pontos, obtidos (ou dados) anteriormente. Então basta construirmos um dos paralelogramo o qual esses três pontos sejam vértices.

35

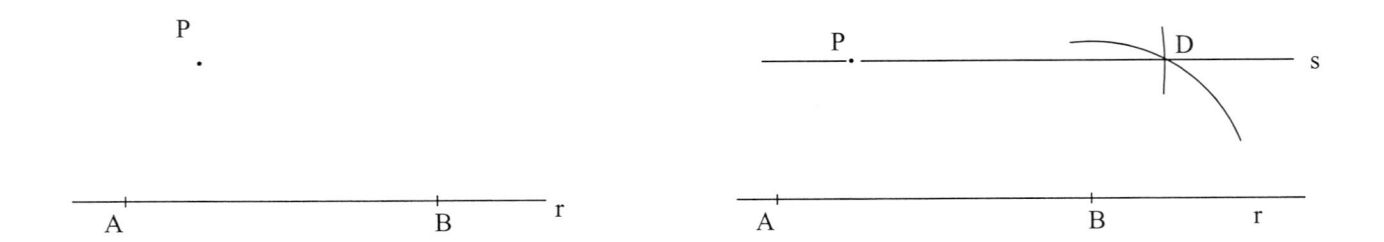

Basta determinar o vértice D do paralelogramo PABD (ou PBAD), lembrando que PD = AB e BD = AP.

Como lados opostos de um paralelogramo são paralelos, obtemos que s = $\overleftrightarrow{PD}$ é paralela à reta r = $\overleftrightarrow{AB}$.

2º modo Método do dois triângulos isósceles (Paralelogramo)

É usado quando não temos dois pontos sobre a reta r. Para obtermos os dois pontos sobre a reta r optamos por construir dois triângulos isósceles de bases congruentes e um lado oblíquo comum (triângulos isósceles congruentes adjacentes), tendo os outros lados, um sobre r e o outro sobre a reta s, que será paralela a r. Note que a união desses triângulos é um paralelogramo.

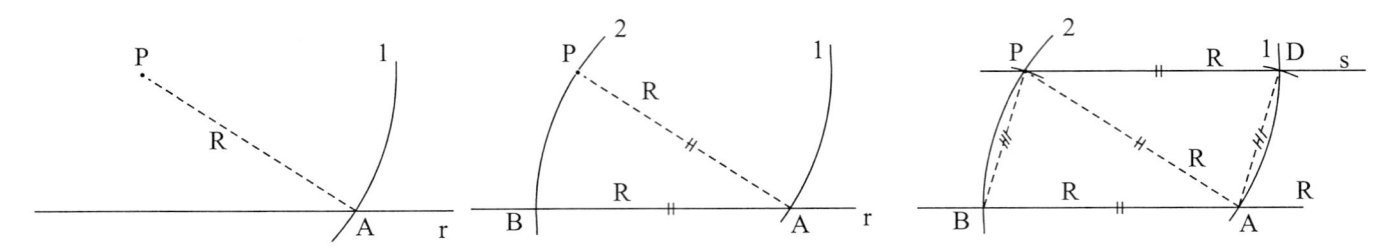

1) Com centro P e raio R arbitrário, maior que a distância entre P e r traçamos um arco (1) que determina A em r.
2) Com centro A e raio R traçamos um arco (2) que passa por P e determina B em r.
3) Com centro A em raio BP determinamos no arco 1 e o vértice D do paralelogramo PBAD. E como lados opostos de um paralelogramo são paralelos, obtemo s = $\overleftrightarrow{PD}$ que passa por P e é paralela à reta r = $\overleftrightarrow{AB}$.

3º modo Método do losango (Paralelogramo)

É também usado quando não temos dois pontos sobre a reta r. Basta construirmos um losango qualquer que tenha um vértice em P e um lado sobre a reta r.

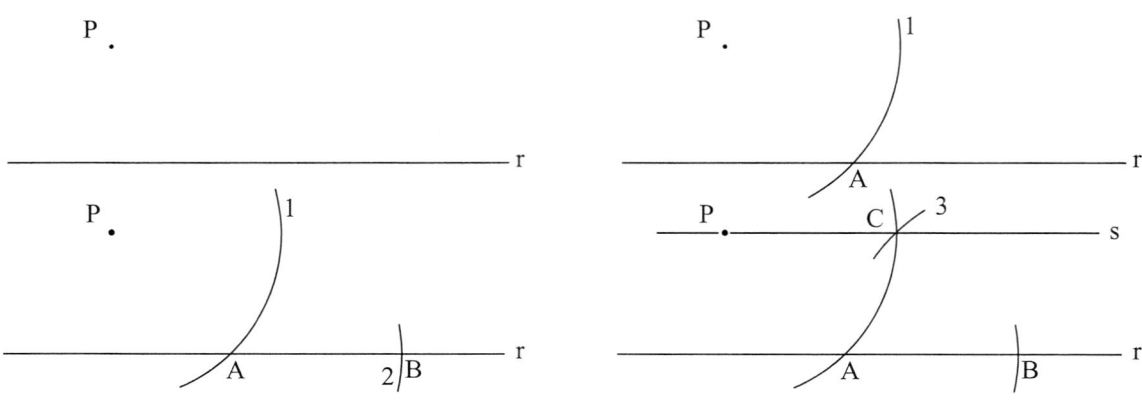

Basta, com raio R maior que a distância entre P e r, traçarmos, com centro P, o arco 1, determinando A em r. Com centro A traçamos o arco 2, determinando B em r e com centro B, o arco 3, determinando C em 1. Como PABC é losango de lado R, e losango tem lados opostos paralelos, podemos afirmar que a reta

36

s = $\overleftrightarrow{PC}$ é paralela à reta r = $\overleftrightarrow{AB}$.

Obs: Posteriormente veremos outros modos.

C18 Traçar o **lugar geométrico (l.g.)** dos pontos que são equidistantes de duas retas concorrentes **a** e **b** dadas.

Basta traçarmos as retas que contêm as bissetrizes de dois ângulos adjacentes determinados por elas.

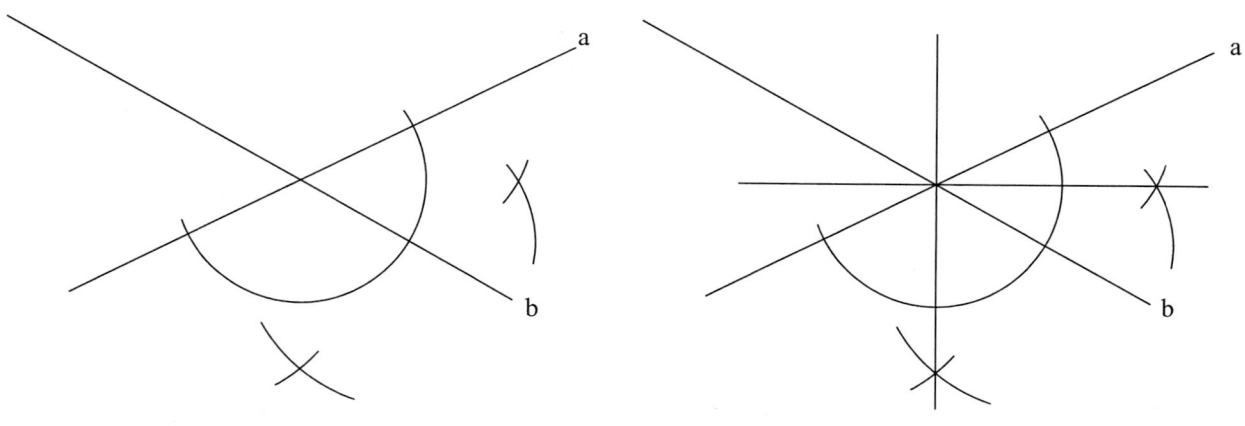

C19 Traçar o **lugar geométrico (l.g.)** dos pontos que são equidistantes de duas retas paralelas distintas **a** e **b** dadas.

Basta traçarmos a mediatriz de um segmento, perpendicular a ambas, com uma extremidade em cada uma delas.

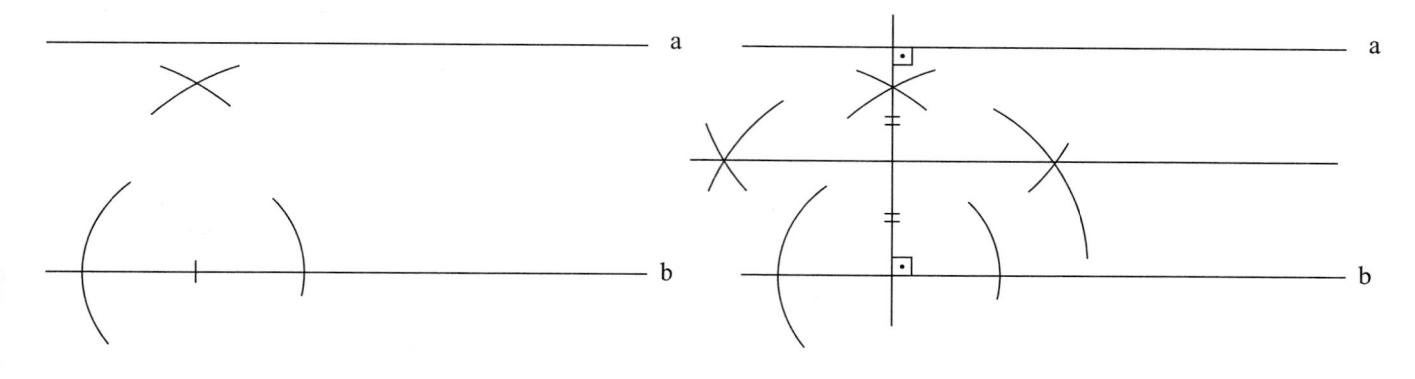

C20 Traçar o **lugar geométrico (l.g.)** dos pontos que distam **d** dado de uma reta **r** dada.

Basta traçarmos uma reta s perpendicular a r e pelos pontos de s, que distam d de r, traçarmos as retas paralelas à r.

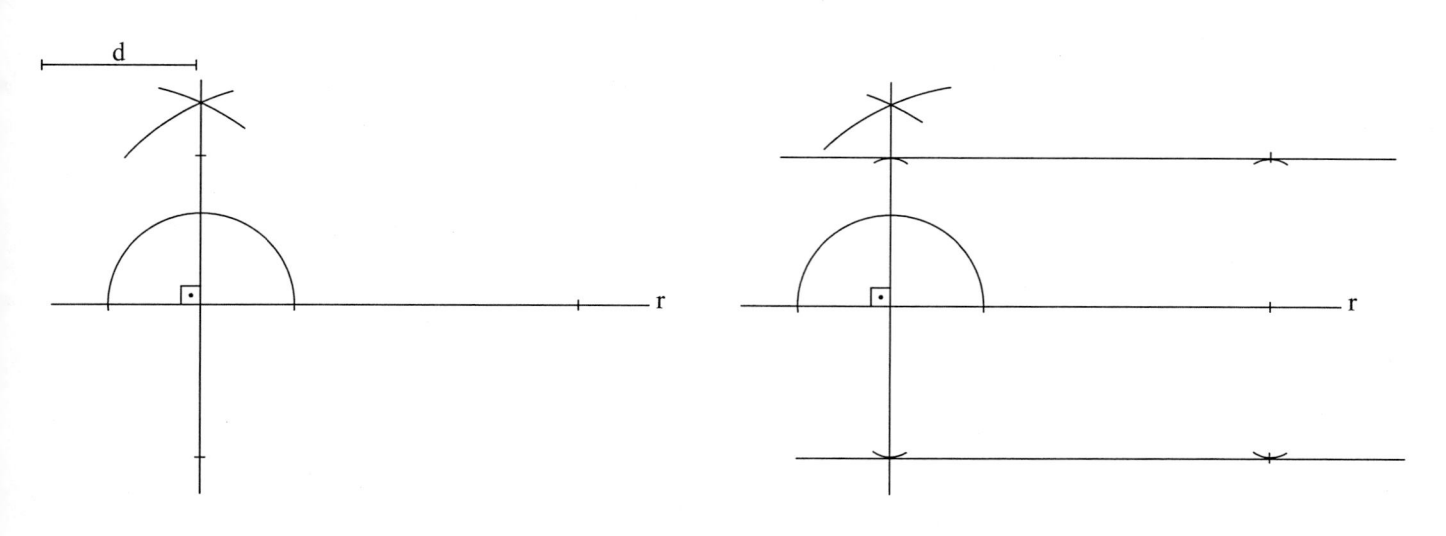

37

C21 Traçar a bissetriz do ângulo de duas retas **r** e **s** dadas, sem utilizar o vértice do ângulo formado por elas (vértice inacessível).

Basta traçarmos uma reta transversal **t** à elas (concorrentes com ambas) e traçarmos as bissetrizes dos ângulos internos as retas dadas, determinado por elas e pela transversal. A reta determinada pelos pontos de intersecção, A e B, das bissetrizes contém a bissetriz do ângulo das retas dadas.

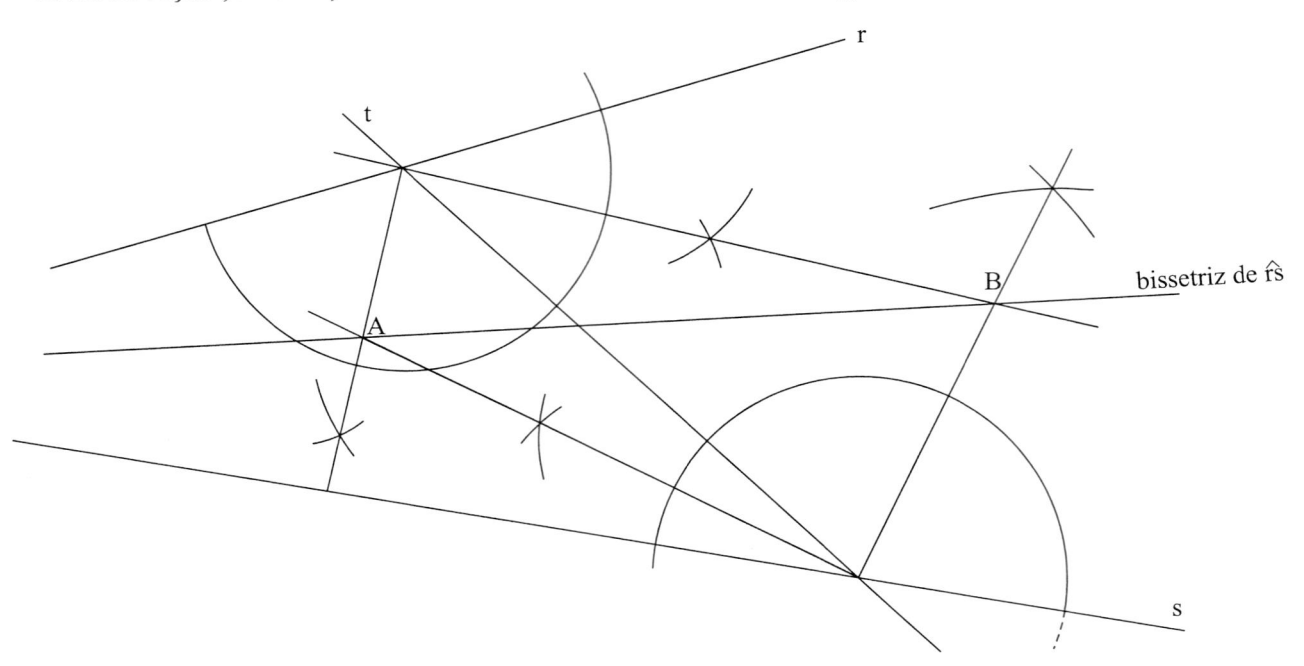

Como A está na bissetriz de $\hat{st}$ e está na bissetriz de $\hat{rt}$, temos:
d (A, s) = d (A, t) , d (A, t) = d (A = r) $\Rightarrow$ d (A, s) = d (A, r) $\Rightarrow$ A está na bissetriz do ângulo entre **r** e **s**.
Analogamente obtemos que B está na bissetriz do ângulo entre **r** e **s**.
Como A e B estão na bissetriz do ângulo entre **r** e **s**, eles determinam a bissetriz desse ângulo.
Há outros modos de construirmos essa bissetriz, que veremos nos exercícios a seguir.

C22 Construir um ângulo α, nos casos:

a) α = 60°

Basta construirmos um triângulo equilátero qualquer. Como cada ângulo de um triângulo equilátero mede 60°, obtemos um ângulo α = 60°.

b) α = 30°

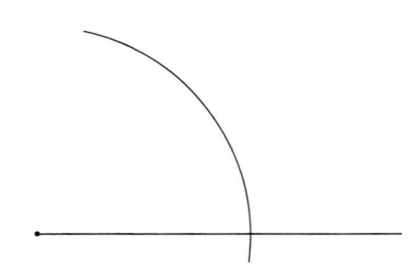

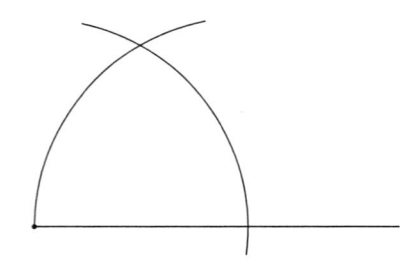

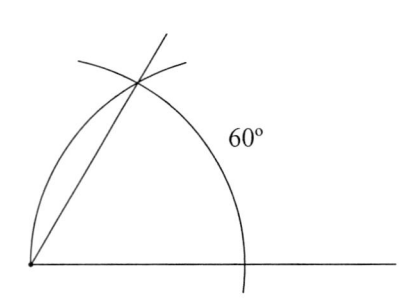

Basta construirmos um ângulo de 60° e depois traçarmos a sua bissetriz.

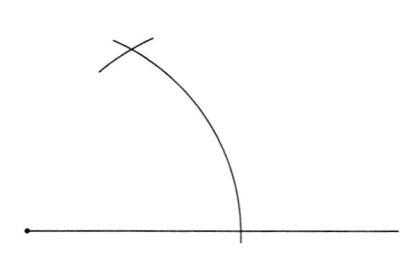

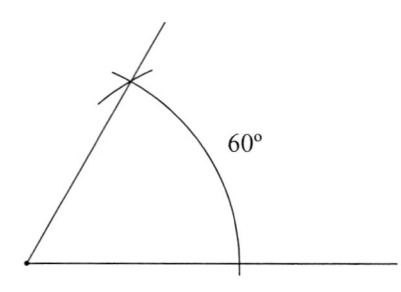

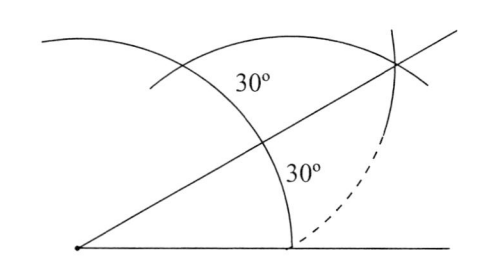

c) α = 15°
Basta construirmos um ângulo de 30° e traçarmos a sua bissetriz.

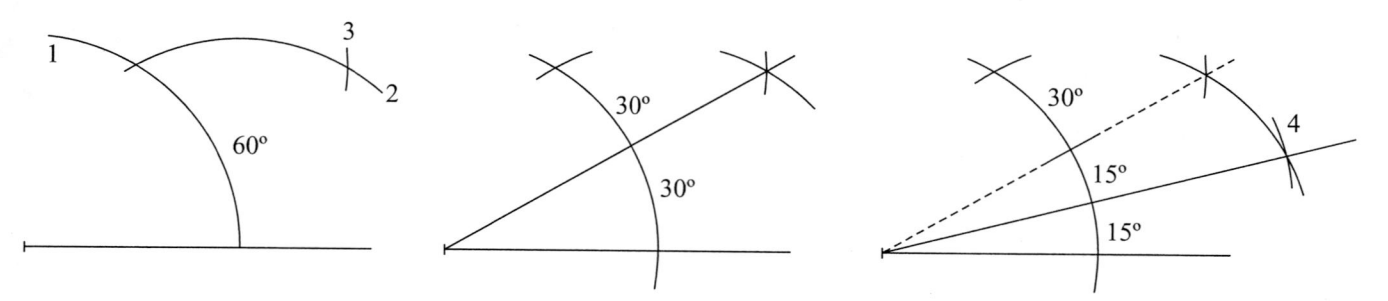

C23 Construir um ângulo α, nos casos:
 a) α = 90°   (Construindo dois adjacentes de 60° e traçando a bissetriz de um deles)

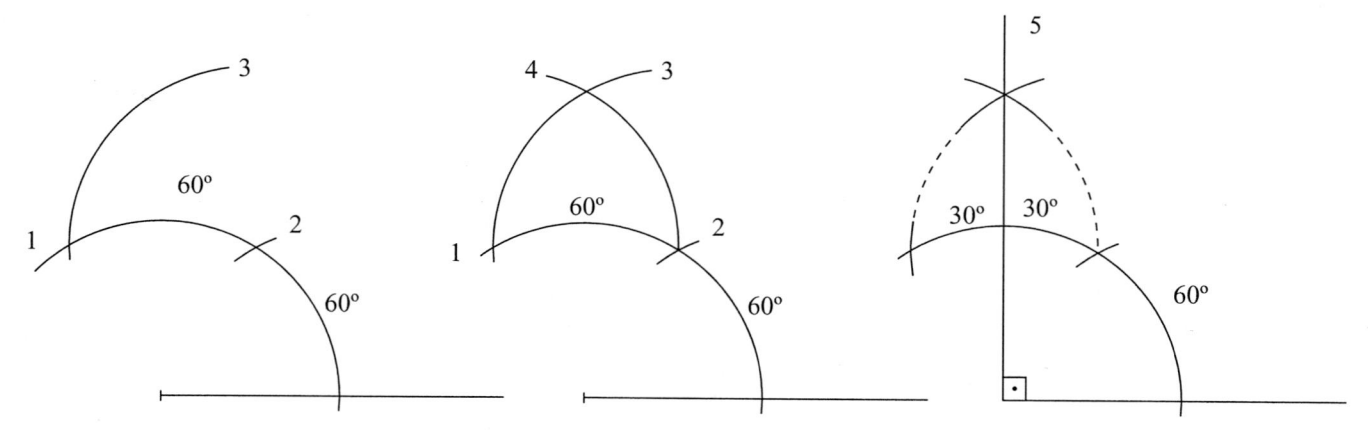

b) α = 45°
Basta construirmos um ângulo de 90° e depois traçarmos a sua bissetriz

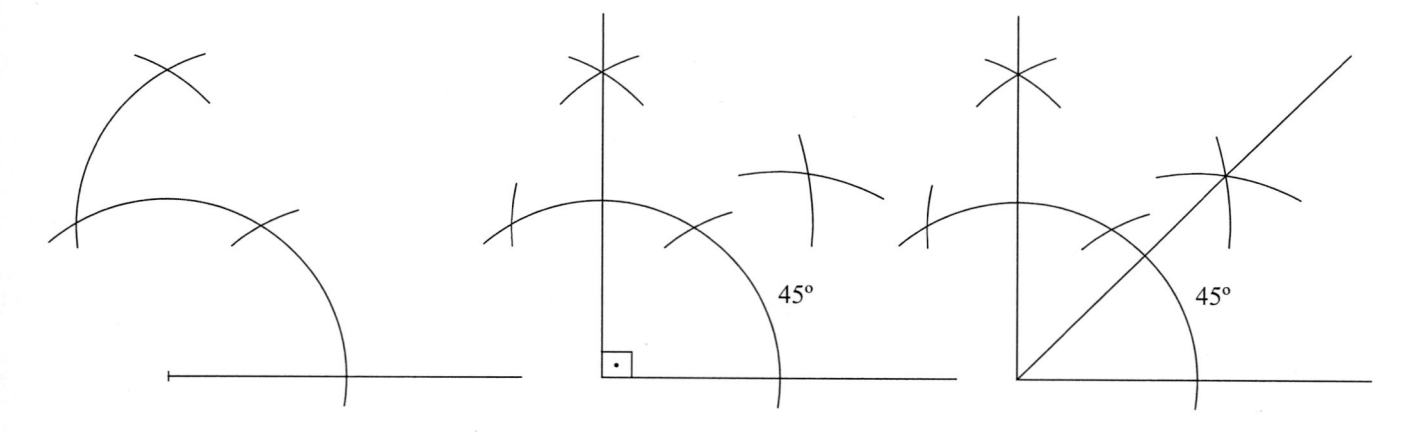

c) $\alpha = \dfrac{45°}{2} = 22°30'$
Basta construirmos um ângulo de 45° e traçarmos a sua bissetriz.

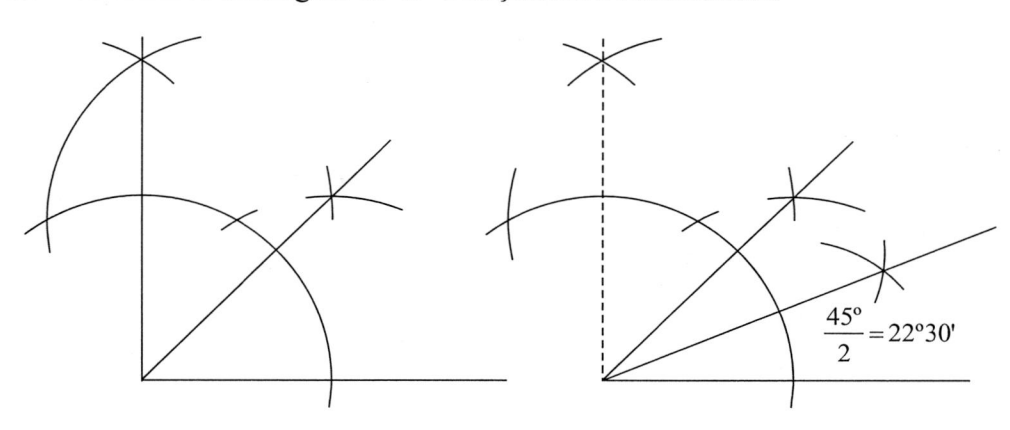

EXERCÍCIOS

01 Traçar 5 retas, todas passando pelo ponto P

02 Traçar as retas determinadas pelos pontos A, B, C e D
(Para determinar uma reta são necessários 2 pontos distintos)

03 Traçar as semiretas com origem em **A** ou em **B** e que passam por um dos outros pontos dados.

04 Traçar todos os segmentos determinados pelos pontos dados, nos casos:
a)   b)

05 Traçar o segmento $\overline{PQ}$ onde $\{P\} = \overleftrightarrow{AB} \cap \overleftrightarrow{FG}$ e $\{Q\} = \overleftrightarrow{CD} \cap \overleftrightarrow{EF}$

06 Construir a circunferência de centro O nos casos:
   a) tem raio r
   b) tem raio r = AB
   c) passa pelo ponto P

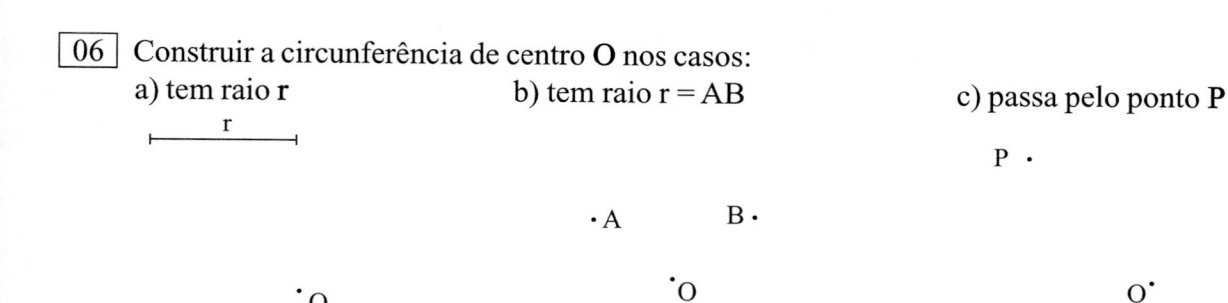

07 Dado o ponto O, desenhar o lugar geométrico (l.g.) dos pontos que:
   a) distam r de O
   b) distam 1,9 cm de O
   c) distam AB de O

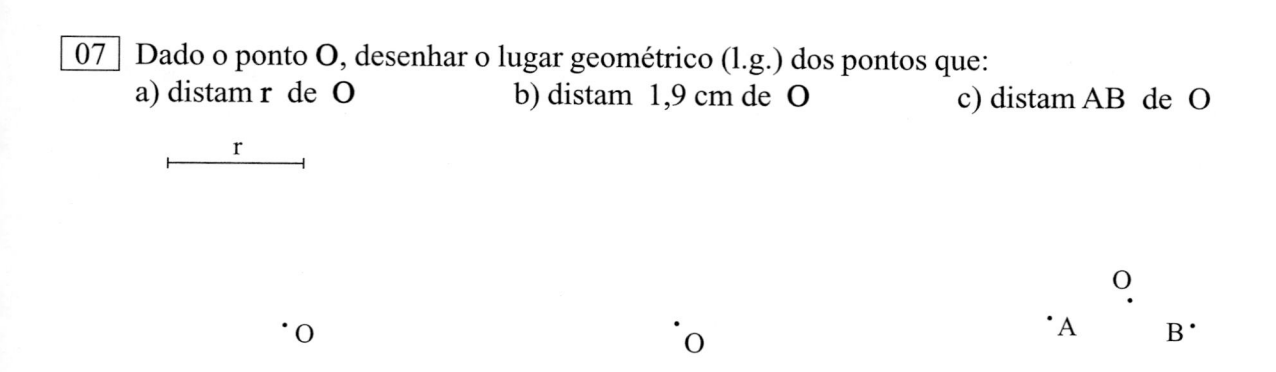

08 Dados os pontos A e B e os segmentos a e b, desenhar o l.g. dos pontos que:
   a) distam a de A e também o l.g. dos pontos que distam b de B
   b) distam a ou b de A e também o l.g. dos pontos que distam a ou b de B

09 Dados o ponto O e a reta s, determine os pontos de s que distam r de O
   a)
   b)

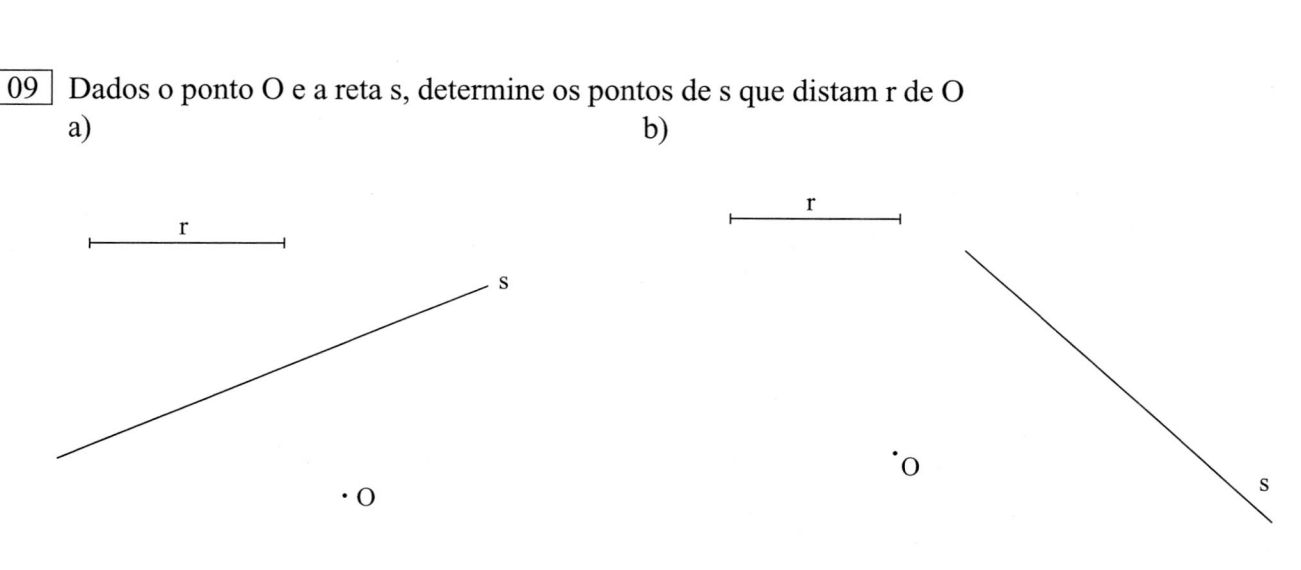

10 Dados um ponto O e uma circunferência f determine os pontos de f que distam r de O, nos casos:

a) ├────── r ──────┤

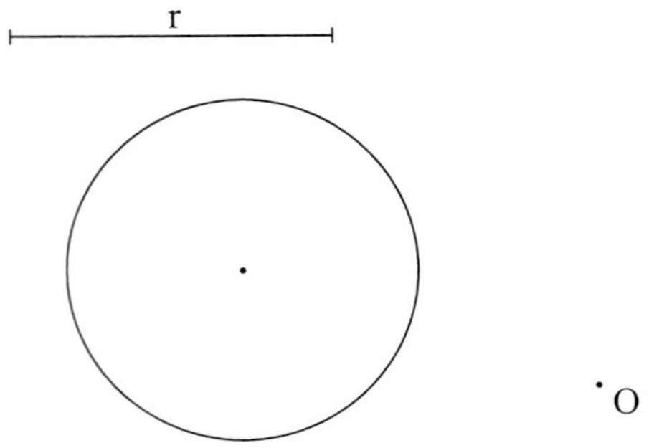

b) ├─── r ───┤

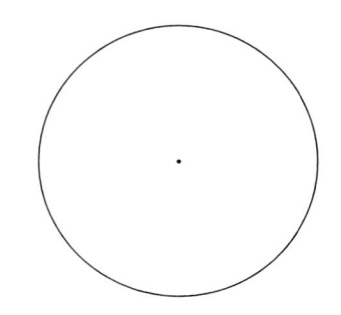

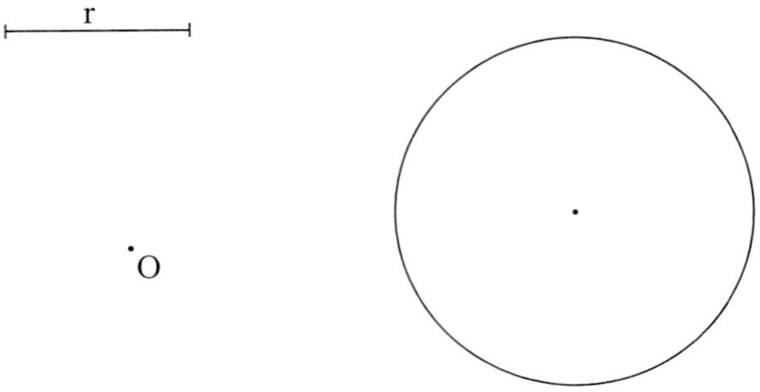

11 Dados os segmentos **a** e **b** obter o segmento AB, nos casos:

├── a ──┤   ├────── b ──────┤

a) AB = a + b

b) AB = b − a

c) AB = 3a

d) AB = 3a − b

12 Dados os pontos O e P e a reta s, construir um triângulo que tem um vértice em P e os outros em s, distando, cada um, **a** de O.

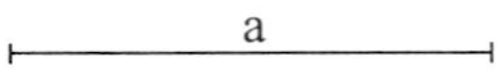

├────── a ──────┤

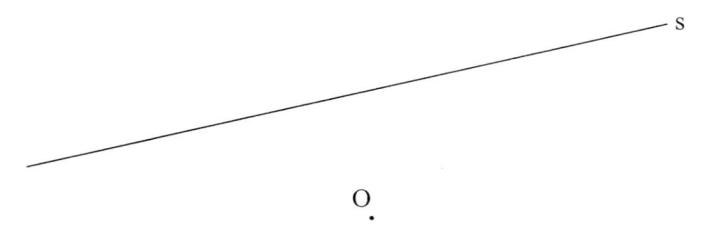

13 Dados os pontos A e B e os segmentos **a** e **b**, determine

a) O l.g. dos pontos que distam **a** de B e também o l.g. dos pontos que distam **b** de A.

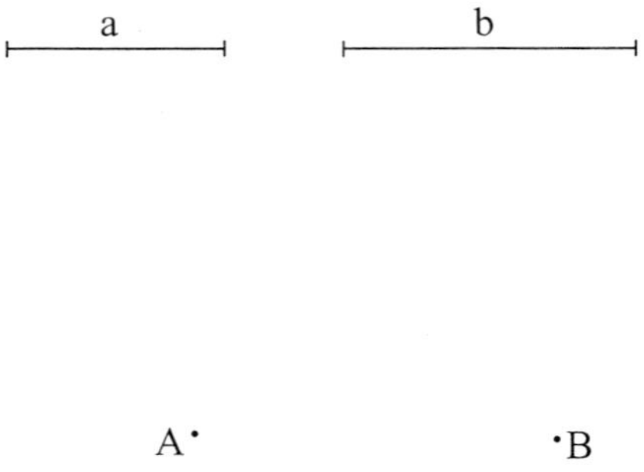

├── a ──┤   ├──── b ────┤

b) Os pontos que distam **a** de B e **b** de **a**.

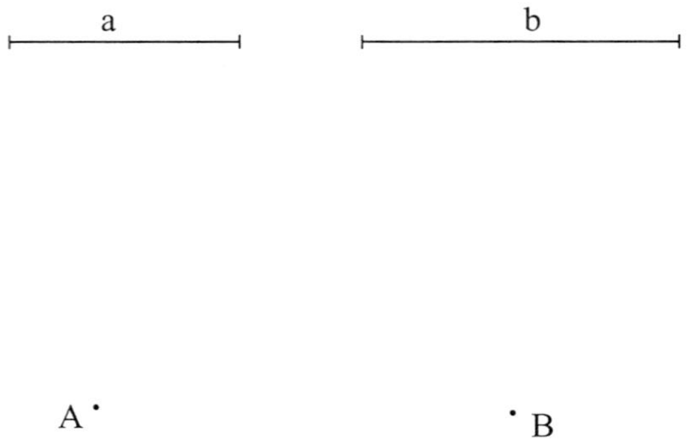

├── a ──┤   ├────── b ──────┤

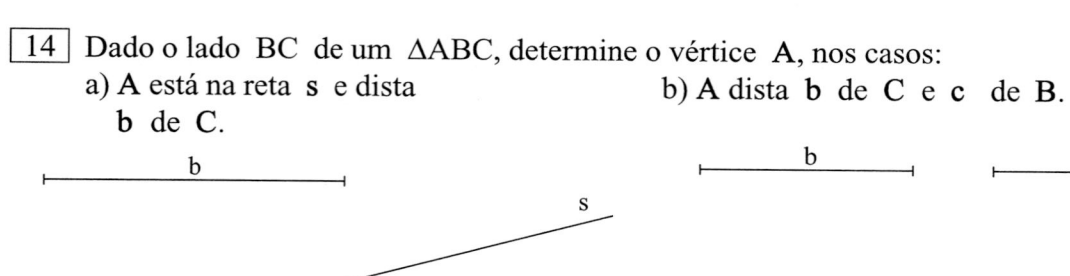

14 Dado o lado BC de um △ABC, determine o vértice A, nos casos:
   a) A está na reta s e dista b de C.
   b) A dista b de C e c de B.

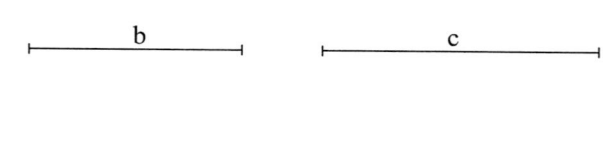

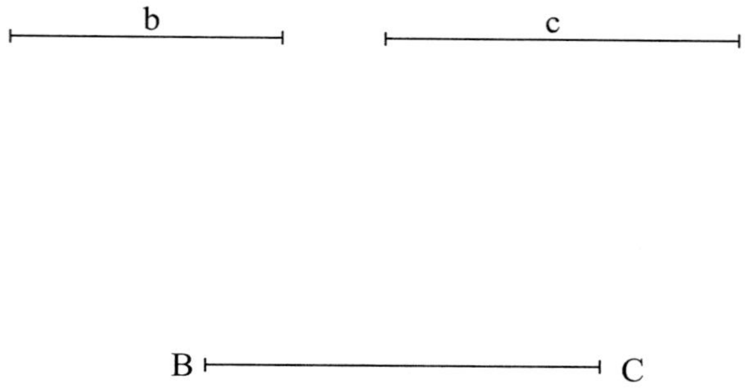

15 Dados os vértices B e C de um △ABC, construir esse triângulo nos casos:
   a) O vértice A está reta s e dista c do ponto B.
   b) O vértice A está na circunferência dada e dista b de C.

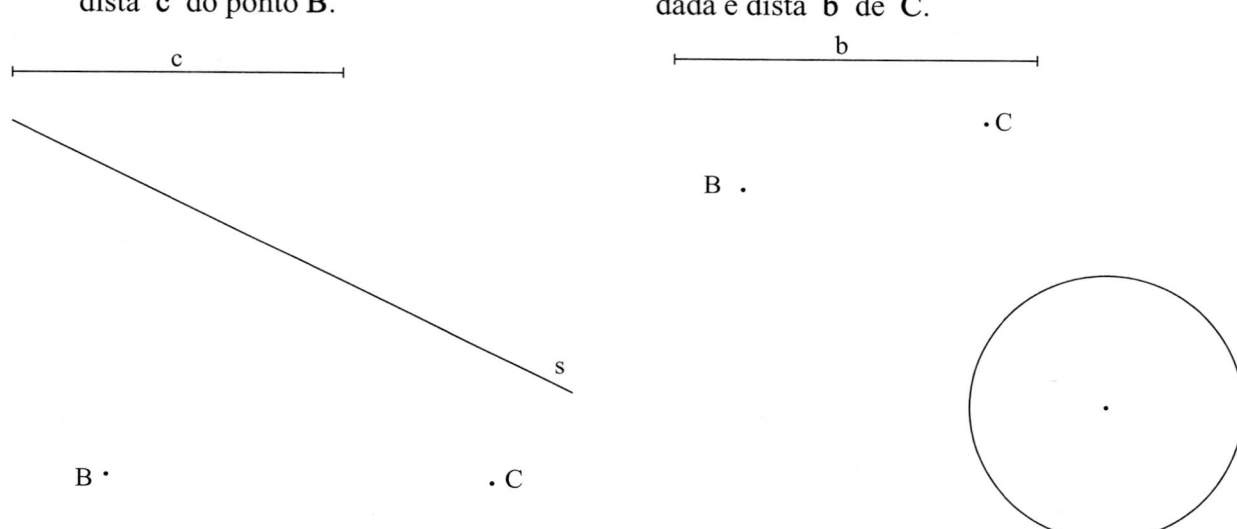

16 Construir um △ABC dados os vértices B e C e com AC = 4 cm nos casos:
   a) O vértice A está na reta s.
   b) O vértice A está na circunferência dada.

43

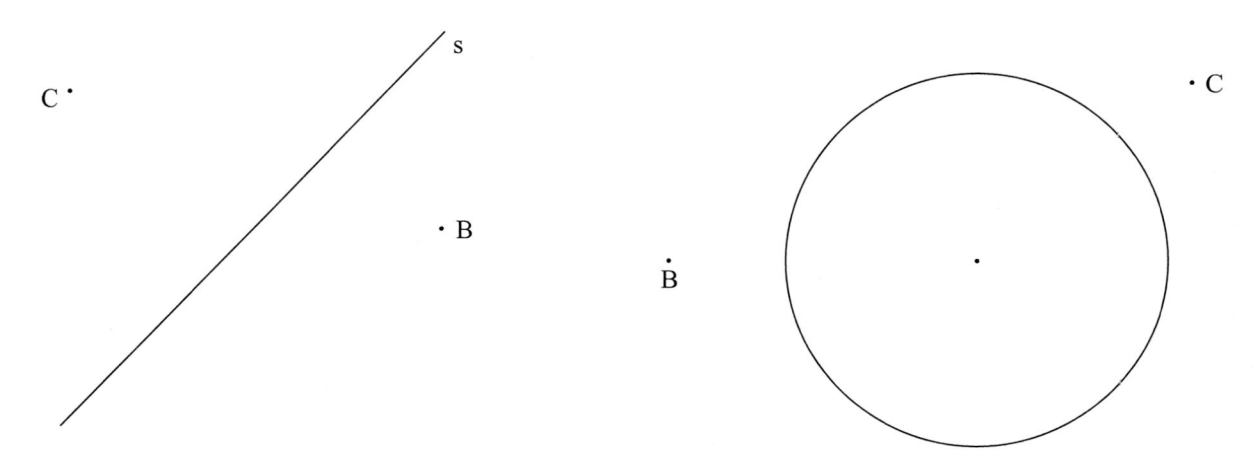

17 Construir um dos △ABC dados $\overline{BC}$ e as medidas AB e AC, nos casos:

a) ⊢——AB——⊣   b) ⊢——AB——⊣
⊢————AC————⊣   ⊢——————AC——————⊣

C⊢——————————⊣B   B⊢——————⊣C

18 Construir um △ABC dados AB, AC e BC, nos casos:
(Começar por um lado. Por exemplo, por $\overline{BC}$).

a) ⊢—AB—⊣   b) ⊢————AB————⊣
⊢——BC——⊣   ⊢——————BC——————⊣
⊢———AC———⊣   ⊢———AC———⊣

19 Construir um △ABC dados BC = a, AC = b, AB = c, nos casos:

a) ⊢————c————⊣   b) ⊢—————a—————⊣
⊢———b———⊣   ⊢—————b—————⊣
⊢———a———⊣   ⊢———c———⊣

20 Construir o triângulo pedido, nos caso:

a) Equilátero de lado **a**   b) Isósceles de base **b** e lado oblíquo à ela **a**
⊢——a——⊣   ⊢———a———⊣
            ⊢—————b—————⊣

44

21 Construir um △ABC nos, casos:

a) Equilátero dado $\overline{BC}$

b) Isósceles dada a base $\overline{BC}$ e sabendo que outro lado mede 4 cm

22 Construir um losango de lado **a**, sabendo que uma de suas diagonais é o segmento dado ao lado.

23 Construir um losango de lado **a** sendo um de seus ângulos o ângulo dado ao lado.

24 Traçar a bissetriz do ângulo dado, nos casos:
a) b)

45

25 Construir um triângulo congruente ao triângulo isósceles dado, de modo que um lado oblíquo à base esteja na reta s dada.

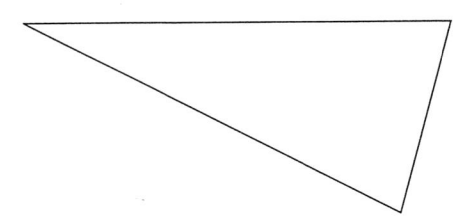

_____ s

26 Construir um ângulo congruente ao ângulo α dado de modo que um dos lados do ângulo seja a semireta dada.

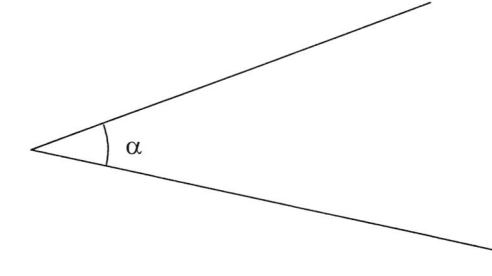

27 Dados α, β e γ determine x nos casos:

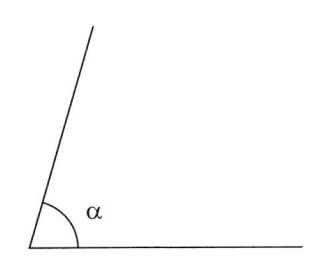

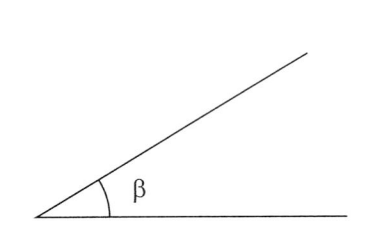

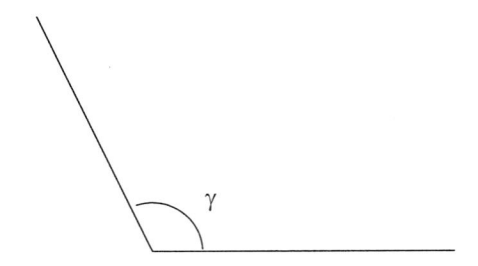

a) $x = \alpha + \beta$

b) $x = \gamma + \beta - \alpha$

c) $x = \dfrac{180° - \beta}{2}$

d) $x = \dfrac{180° - (\gamma - \beta)}{2}$

28 Dados os ângulos β e γ e o segmento BC, construir com lados contendo $\overline{BC}$, ângulos com vértices B e C, respectivamente congruentes a β e γ.

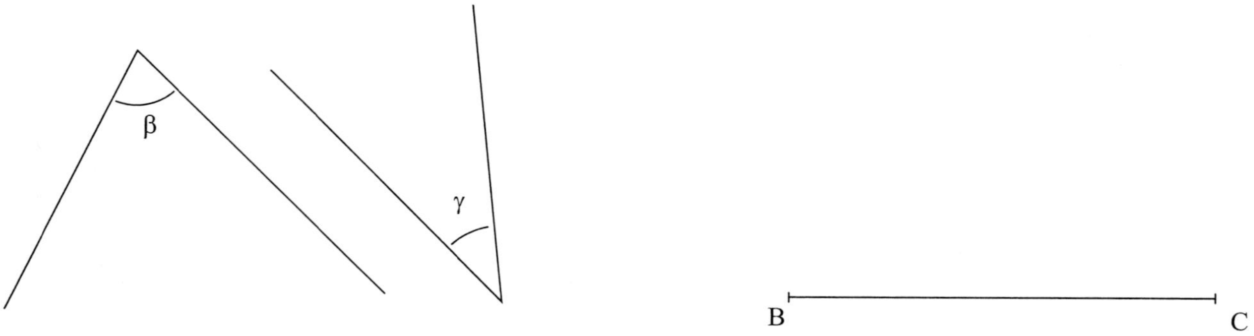

29 Dados os ângulos α e β e o segmento BC, construir com lados contendo $\overline{BC}$, ângulos de vértices B e C, respectivamente congruentes a β e γ, com γ = 180° − (α + β).

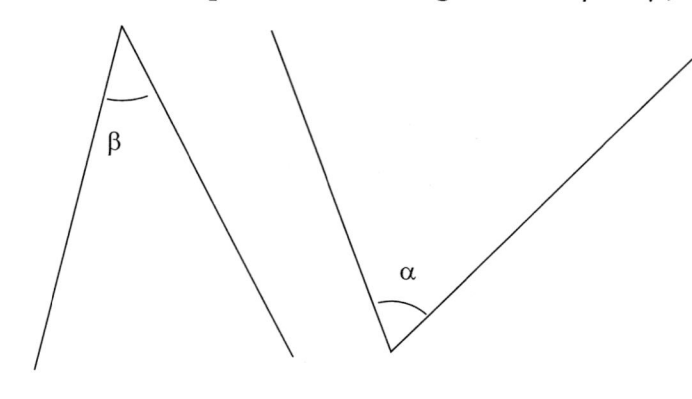

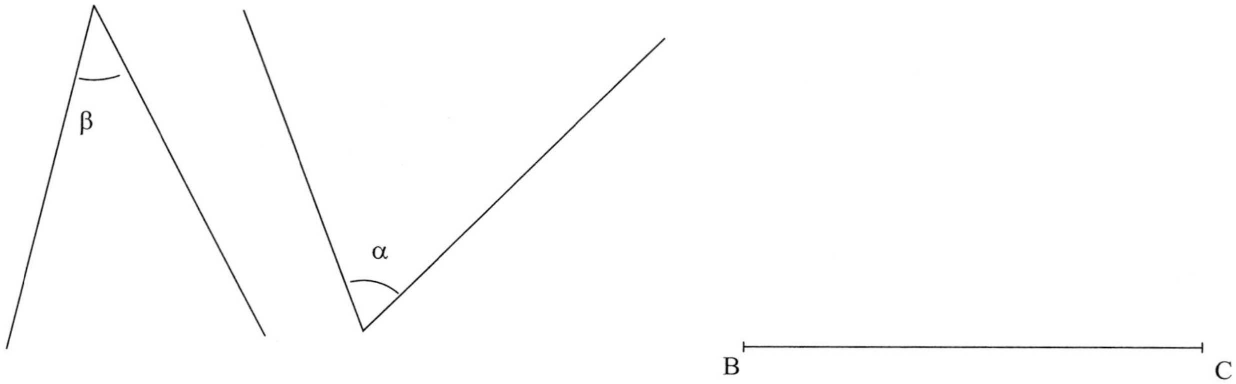

30 Em um ΔABC costumamos indicar os ângulos de vértices A, B e C, respectivamente, por α, β e γ e os lados opostos por a, b e c.

Quando construir um ΔABC procure colocar $\overline{BC}$ na horizontal e nomear A, B e C no sentido anti-horário.

Construir um ΔABC nos casos:

a) BC = a
AB = c
β

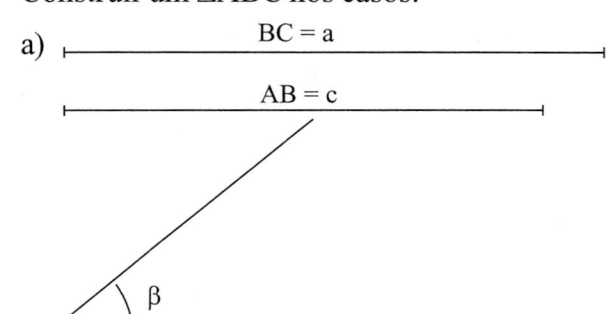

b) AC = b
BC = a
γ

47

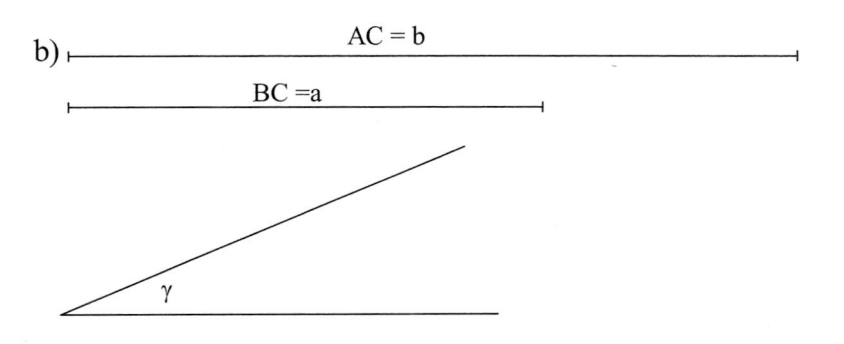

3 1 Construir um △ABC nos casos:

a) BC = a, β, γ

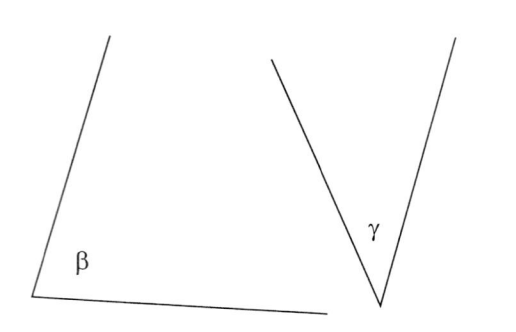

b) AB = c, α, β

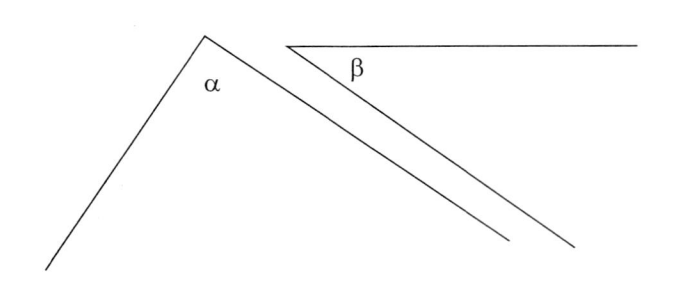

c) AC = b, α, γ

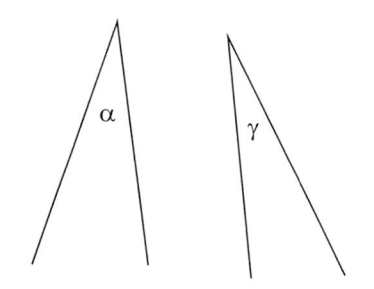

d) BC = a, α, β

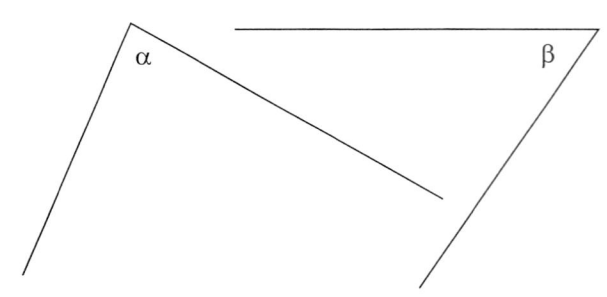

e) BC = a, α, γ

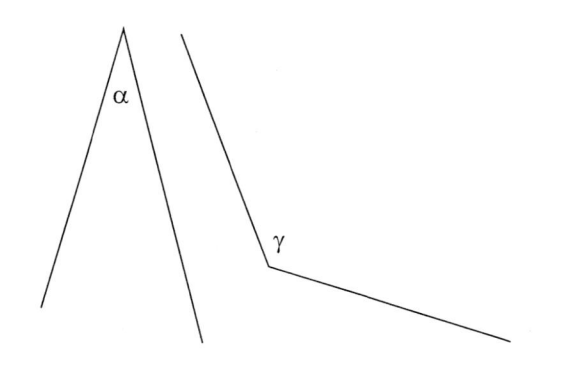

32 Traçar a mediatriz do segmento AB dado.

33 Resolver:
a) Determinar o ponto médio do segmento AB.
b) Desenhar o lugar geométrico (l.g.) dos pontos equidistante de A e B dados.

34 Dividir o segmento AB dado em 4 partes iguais

35 Dado um ponto P e uma reta r, traçar por P a reta perpendicular a r, nos casos:
a)   b)   c)

49

36 Dados o ponto P e a reta r, traçar por P a reta perpendicular à r.

a)

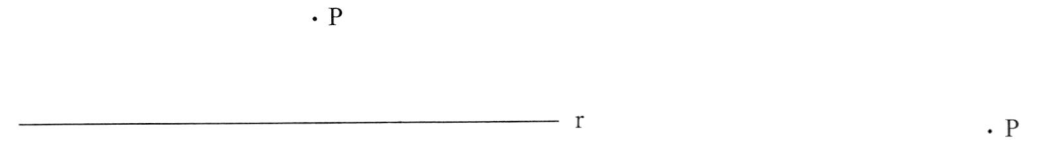

· P

———————————————— r

b) ———————————————————————— r

· P

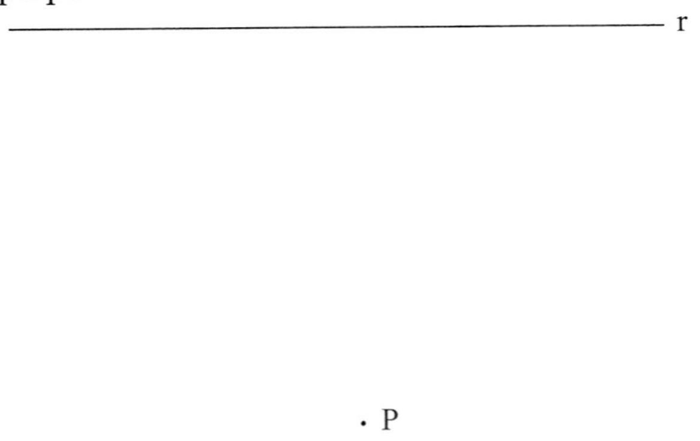

37 Traçar pelo ponto P a reta perpendicular à r e a perpendicular à s e pelos pontos A e B traçar as retas perpendiculares à reta a.

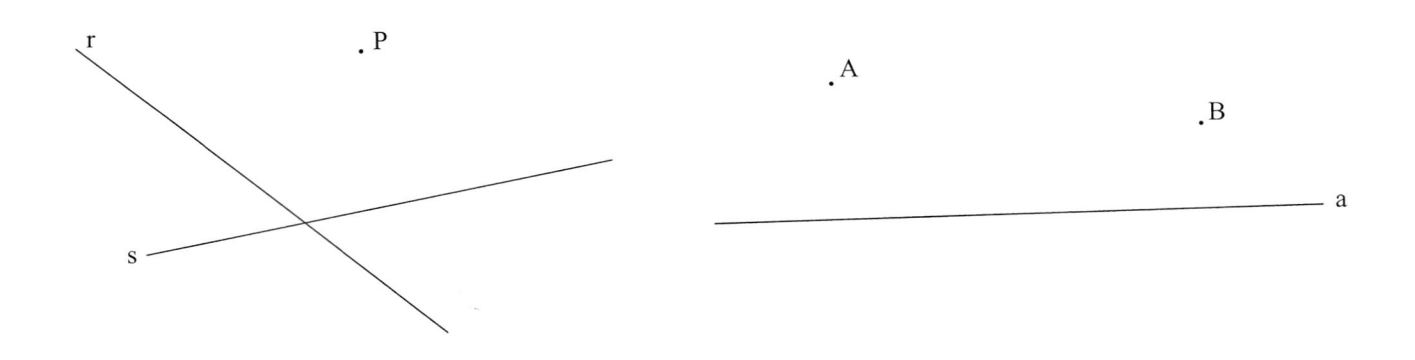

38 Dados os vértices A, B e C de um paralelogramo ABCD, determine D.

a)

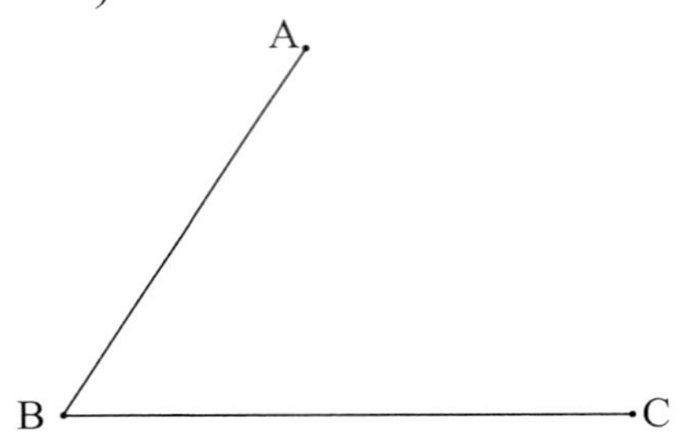

b)

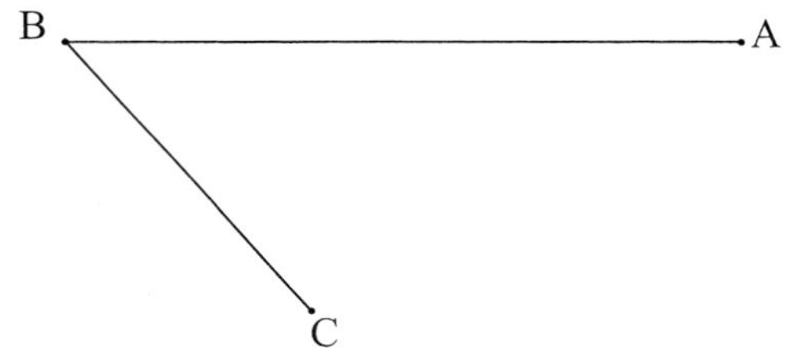

c)

d)

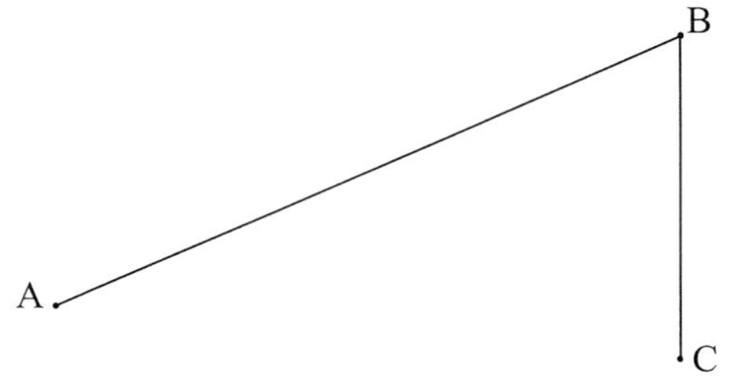

50

39 Dados os vértices A, B e C de um paralelogramo ABCD, construa-o.

a) A·

B·   ·C

b) B·   ·C

A·

40 Dadas as extremidades X e Y de um lado de um paralelogramo, construa-o, sabendo que P é um outro vértice dele, nos casos:

a) P·

X·   ·Y

b) Y·   ·X

P·

41 Dados 3 vértices de um paralelogramo, construir esse paralelogramo

42 Dados o segmento AB e os pontos C, E, G e J, construir os paralelogramos ABCD, ABEF, ABGH e ABIJ.

·C

·E

A——————B

·G

J·

51

43 Dados os pontos A, B e C, construir o paralelogramo ABCD e sucessivos paralelogramos, tendo, dois consecutivos, um lado de medida AB em comum e sendo outro lado do paralelogramo segmento da poligonal dada.

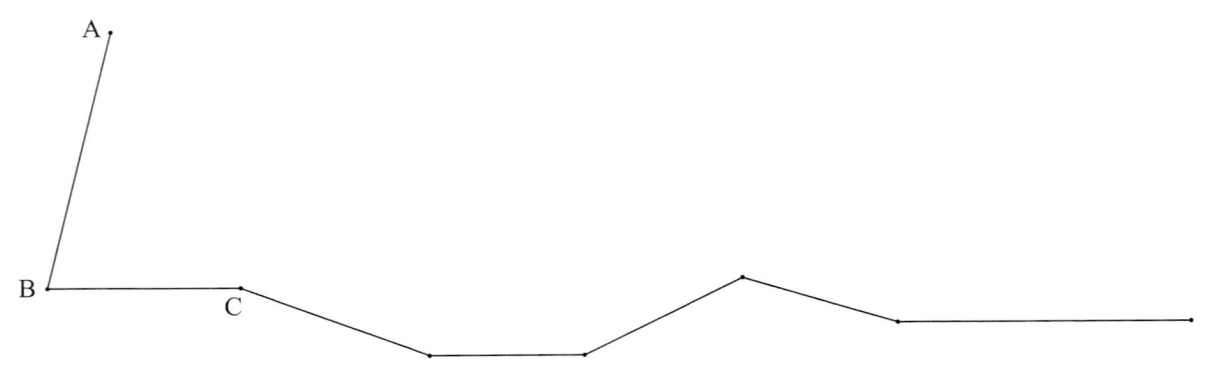

44 Dados o ponto P e uma reta r, tomar dois pontos quaisquer, distintos, sobre r e construir um dos paralelogramos, tendo os vértices nesses pontos e um lado sobre r.

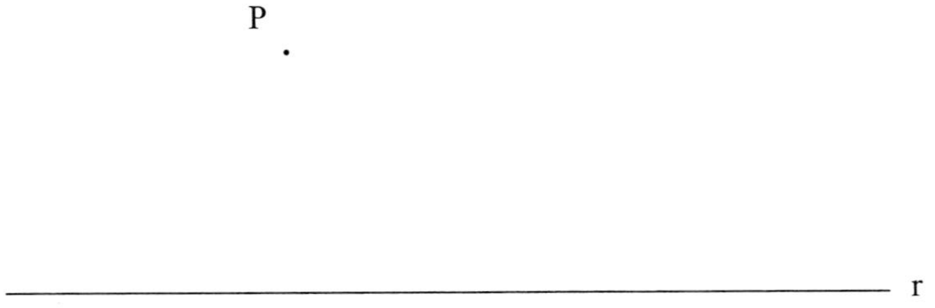

45 Construir um paralelogramo que tenha o ângulo dado como um de seus ângulos e os lados com comprimentos a e b dados.

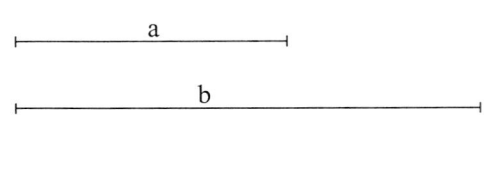

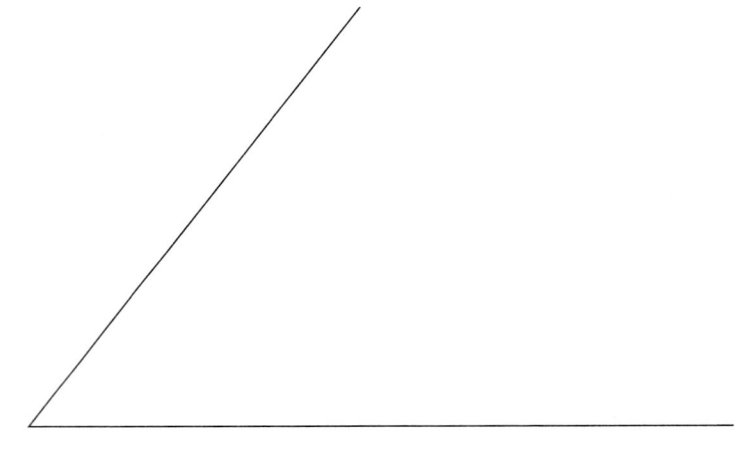

46 Construir um dos paralelogramos, com lados a e b, sendo a ângulo dado um de seus ângulos, nos casos:

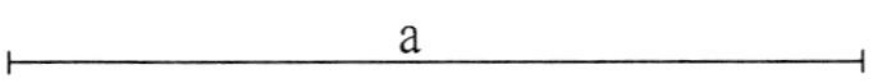

a)

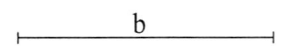

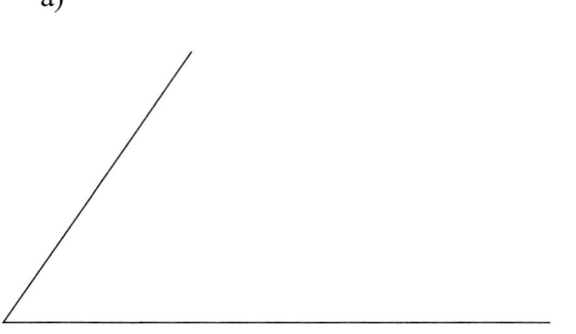

b)

52

47 Construir um quadrado de lado **a** dado, sabendo que o ângulo dado é um de seus ângulos.

a

48 Em cada caso são dadas duas retas paralelas **r** e **s** que devem conter dois lados de um paralelogramo a ser construido. Dados os segmentos **a** e **b**, construir o paralelogramo pedido.

a   b

a) com lados **a** e **b** e **b** em **r**

b) lados **a** e **b**, com **a** em **r**

c) seus lados são congruentes a **a**. Neste caso ele é losango.

d) seus lados são congruentes a **b**. Ele é um losango.

e) ângulos congruentes e lado com comprimento **b** sobre **r**. Neste caso ele é um retângulo.

f) lados congruentes entre si e ângulos congruentes entre si. Neste caso ele é um quadrado.

g) retângulo com diagonal **b**.

h) losango com diagonal **b**.

53

49 Em cada caso é pedido para construir um paralelogramo. Construa-o (Lembre-se de que um paralelogramo tem lados opostos paralelos e congruentes).

a) Paralelogramo qualquer

b) Losango qualquer

c) Retângulo qualquer

d) Quadrado qualquer

50 Construir um paralelogramo com uma diagonal e um lado medindo **b** e outro lado medindo **a**.

|———— a ————|

|—————— b ——————|

51 Dados um ponto P e uma reta r, conduzir por P a reta paralela à r.
(Fazer este pelo método dos três pontos – três vértices de um paralelogramo).

a)

b)

c)

d)

54

52 Pelo ponto P , dado, traçar a reta paralela à reta r dada.
(Fazer pelo método do losango)

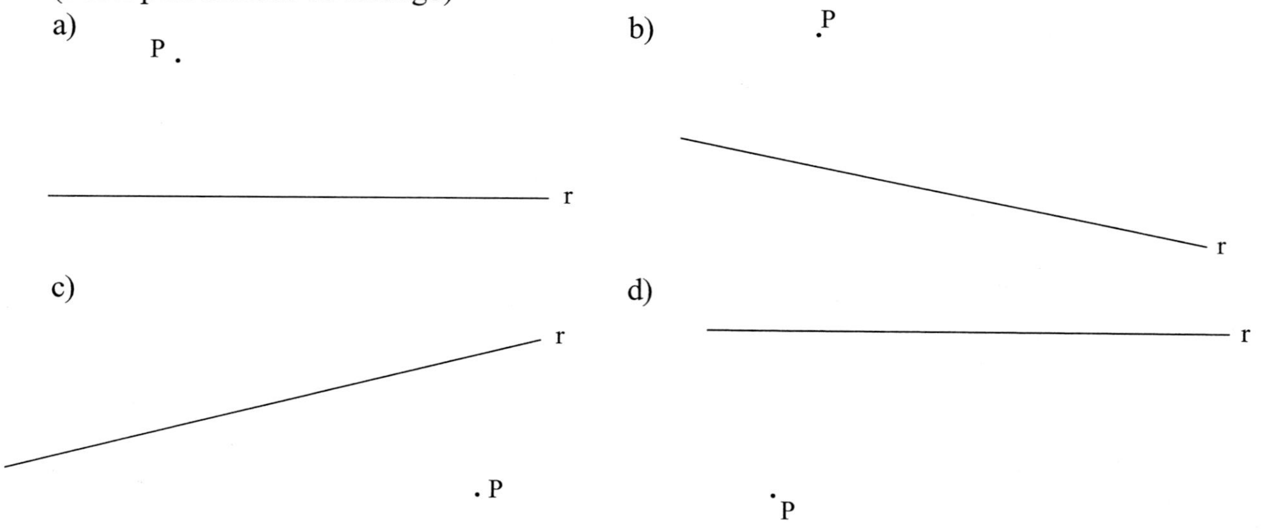

a)   P .

b)   .P

c)

d)

53 Traçar pelo ponto P a reta paralela a reta r .
(Fazer pelo método do paralelogramo que tem uma diagonal congruente a um lado)

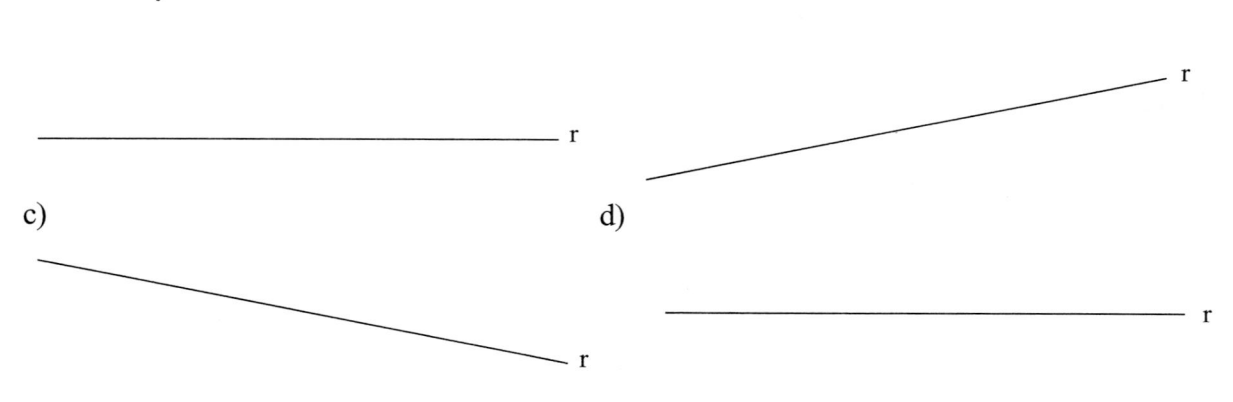

a)   P.

b)   . P

c)

d)

54 Traçar pelos pontos A e B as retas paralelas à reta r .

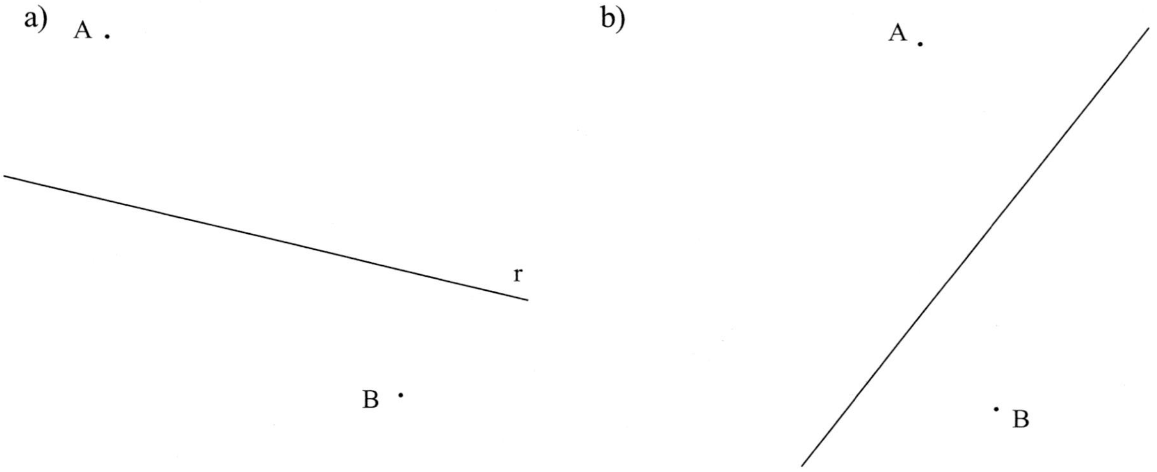

a) A .

b) A .

B .

. B

55

55 Traçar pelos pontos A, B, C e D dados as retas que são paralelas à reta **r** dada.

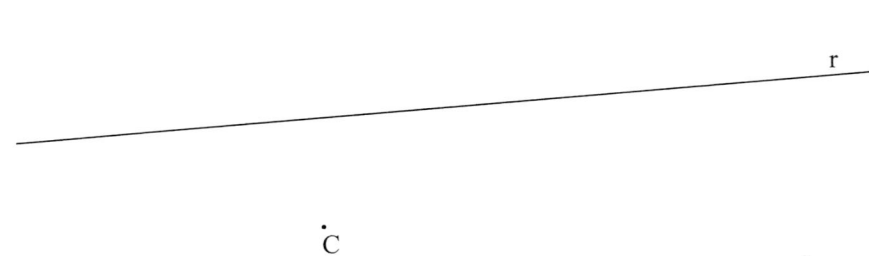

56 Traçar pelo ponto **P** dado, retas paralelas às retas **a, b** e **c** dadas.

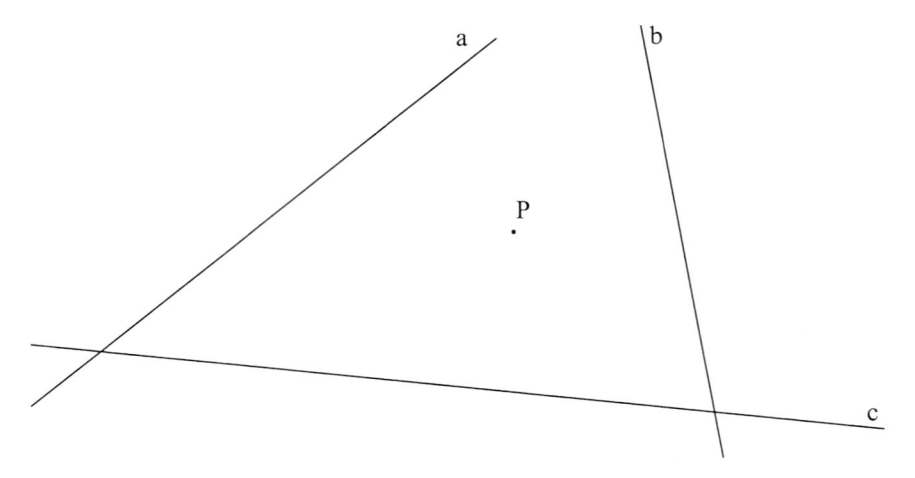

57 Em cada caso é dado um △ABC traçar pelo ponto **P**

a) de $\overline{AB}$ a reta paralela a BC

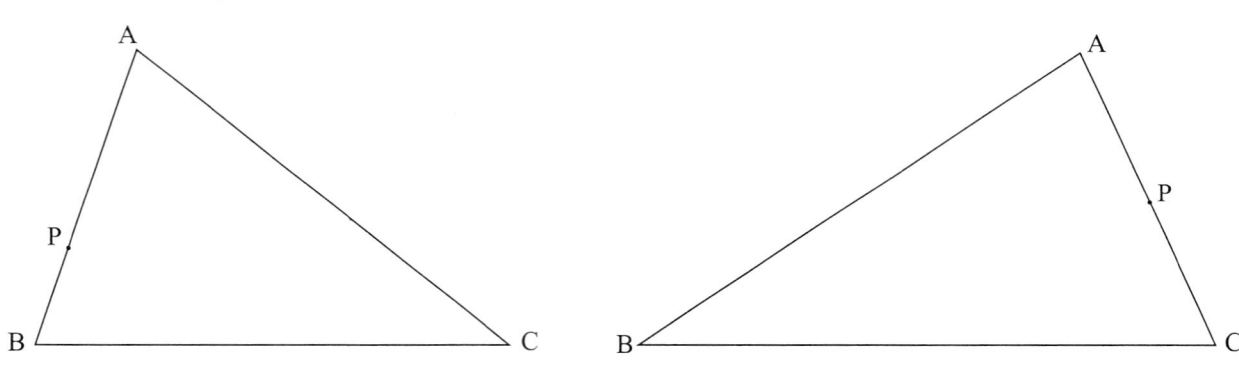

b) de $\overline{AC}$ as retas paralelas aos outros lados

58 Determinar o ponto que a reta paralela a $\overline{BC}$ por P determina na reta s.

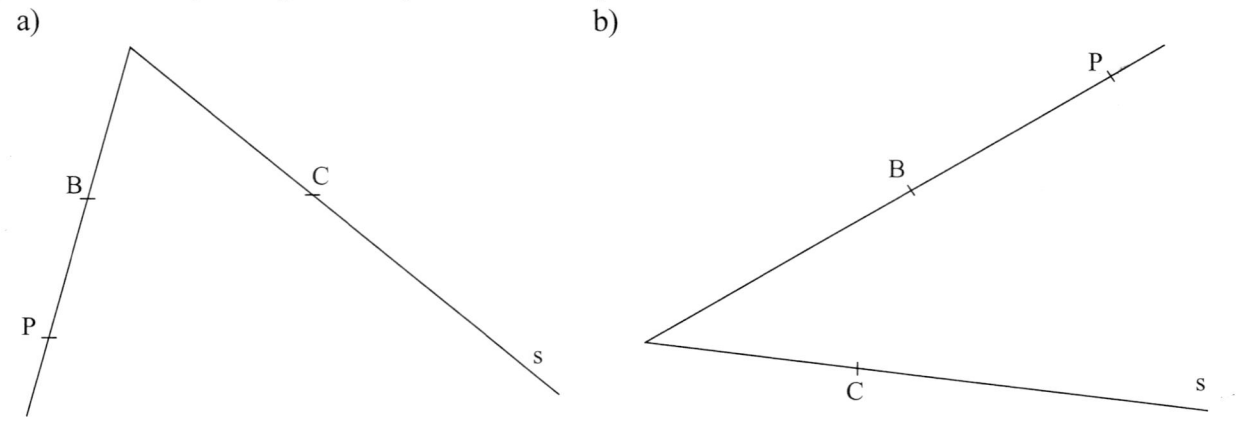

a)

b)

59 Por cada vértice do triângulo dado traçar a reta paralelas ao lado oposto.

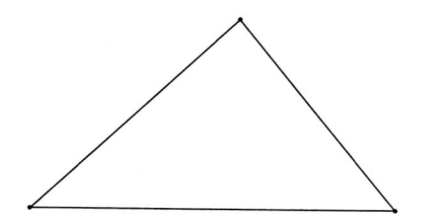

60 Por cada vértice do quadrilátero traçar a reta paralela à diagonal à qual este vértice não pertence.

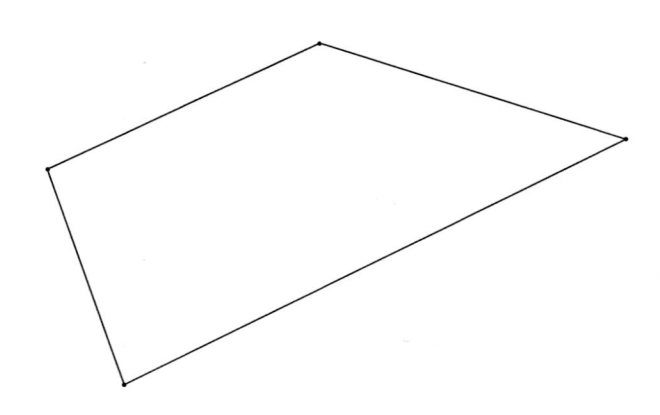

61 Pelos pontos A, B e C traçar retas paralelas a DE.

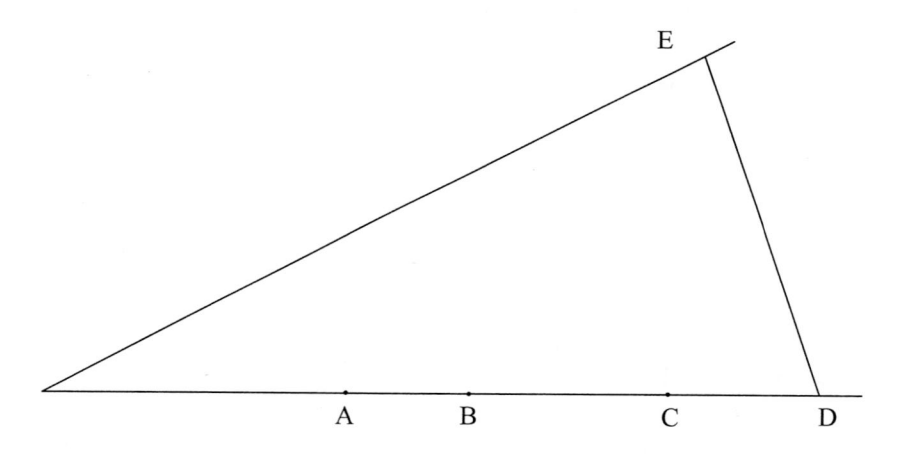

62 Dado um segmento AB e uma semireta com origem em uma das extremidades, traçar a semireta com origem na outra, de modo que as semiretas tenham sentidos contrários, nos casos:
a)   b)

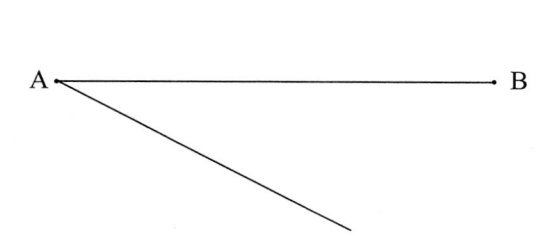

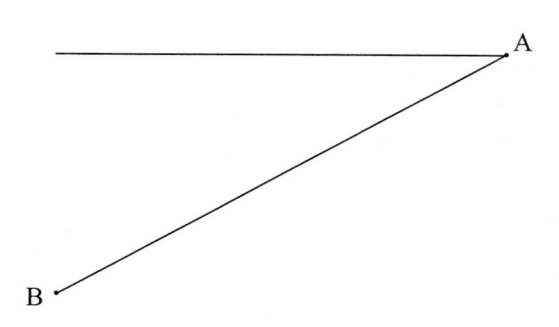

57

63 Em cada caso é dado um ângulo de medida α e um ponto P.
Construir com vértice em P o ângulo que se pede, nos casos:

a) Os seus lados têm sentidos opostos aos do ângulo dado. Quanto mede o ângulo construido?

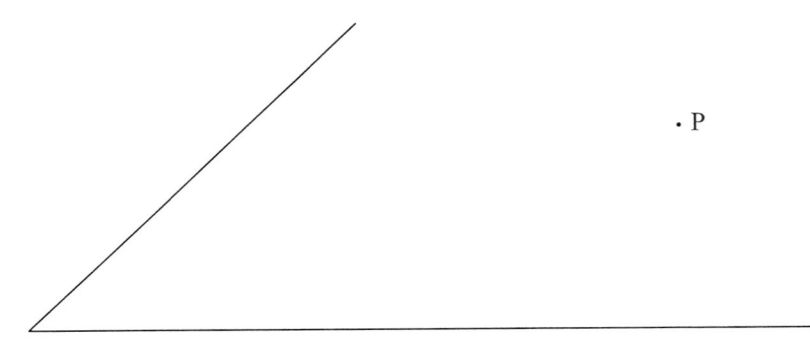

b) Os seus lados têm o mesmo sentido que os do ângulo dado. Quanto mede o ângulo construido?

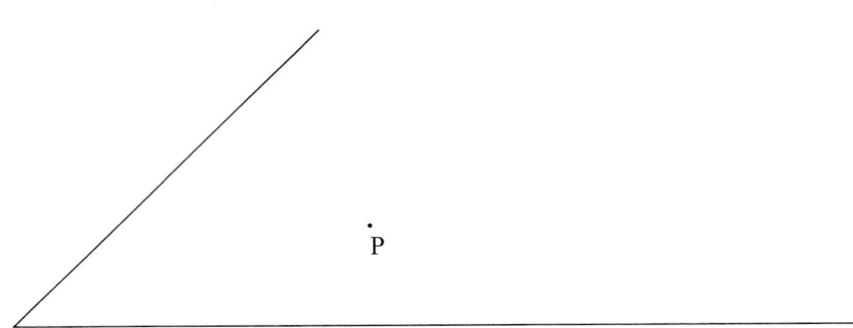

c) Um lado tem o mesmo sentido e o outro sentido oposto ao do ângulo dado. Faça apenas um caso. Quanto mede o ângulo construido?

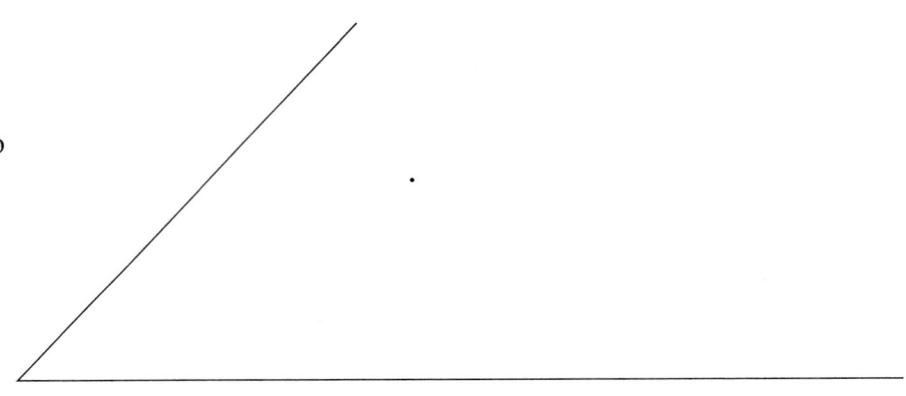

64 As retas **r** e **s** dadas formam um ângulo agudo de medida α. Traçar por P retas paralelas às retas **r** e **s** e indicar as medidas dos ângulos formados pelas retas construidas.

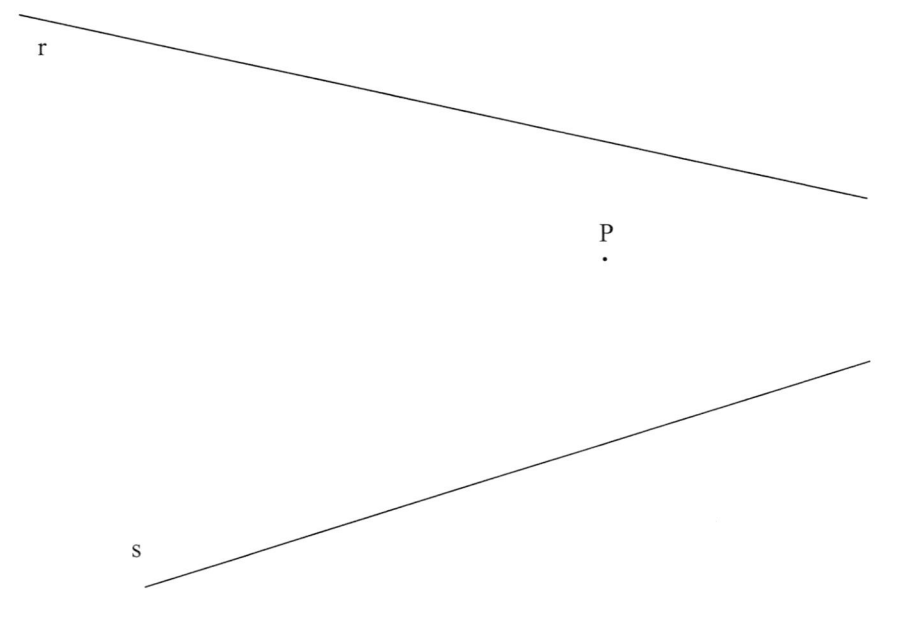

65 Dadas duas retas paralelas, traçar uma reta perpendicular a ambas e traçar a mediatriz do segmento da perpendicular entre as paralelas.

66 Desenhar o lugar geométrico (l.g.) dos pontos que são equidistante das retas paralelas dadas.

67 Traçar o l.g. dos pontos que são equidistante das retas concorrentes dadas.

68 Dadas a reta r e uma distância d, traçar uma das retas que dista d de r.

69 Dadas a reta r e uma distância d, traçar uma reta que dista d da reta r.

70 Dadas a reta **r** e uma distância **d**, traçar o lugar geométrico (l.g.) dos pontos que distam **d** de **r**.

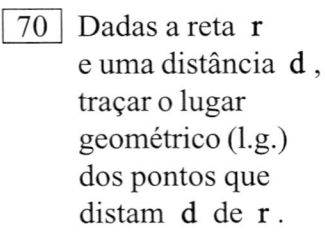

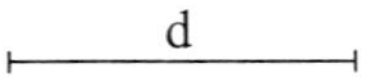

d

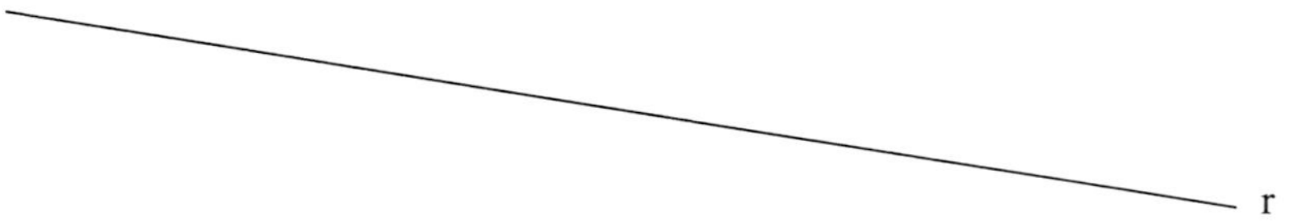

71 Dado um ângulo de medida **α**, de vértice inacessível, construir duas retas concorrentes, igualmente afastadas dos lados do ângulo dado e depois traçar a bissetriz do ângulo α determinado pelas retas construídas.

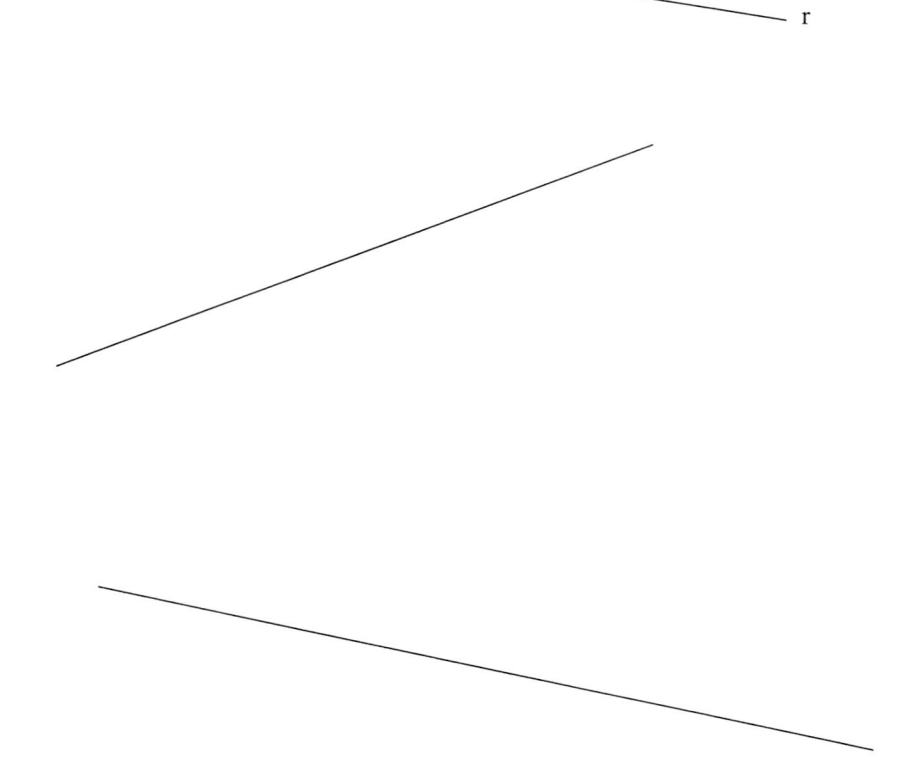

72 Em cada caso são dadas duas retas concorrentes **r** e **s** que formam um ângulo agudo α. Construir o que se pede:

a) Um triângulo isósceles base de BC com $\overline{AB}$, dado, em r e o ângulo oposto á base medindo α.

b) A base BC de um triângulo isósceles com lados congruentes contidos nas retas dadas e B em r, dado e C em s.

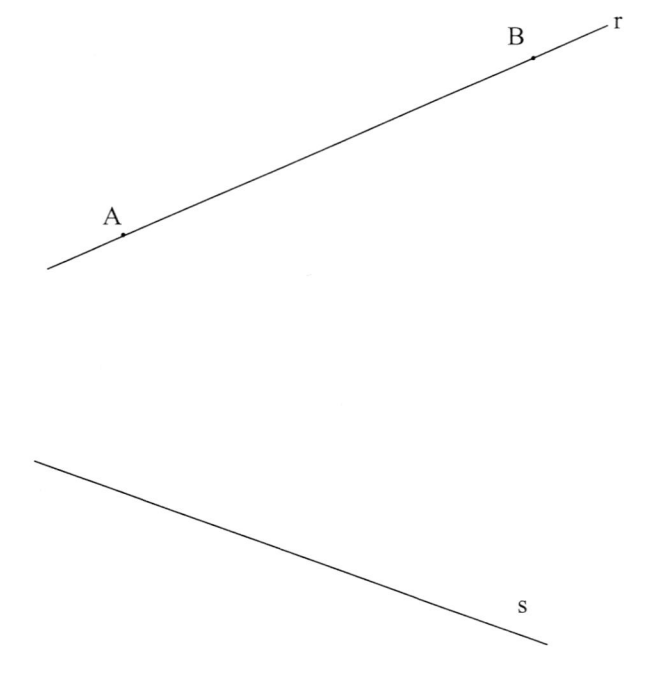

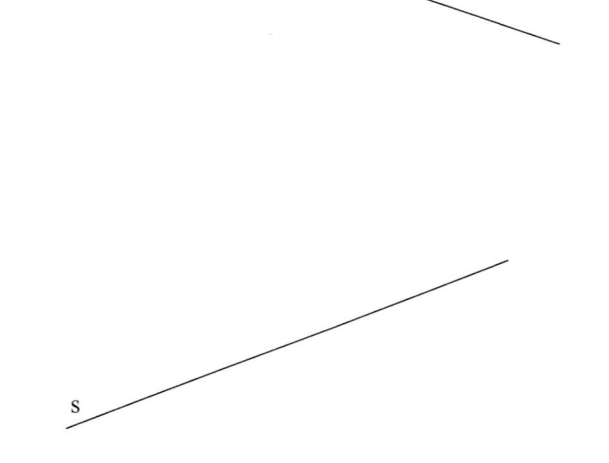

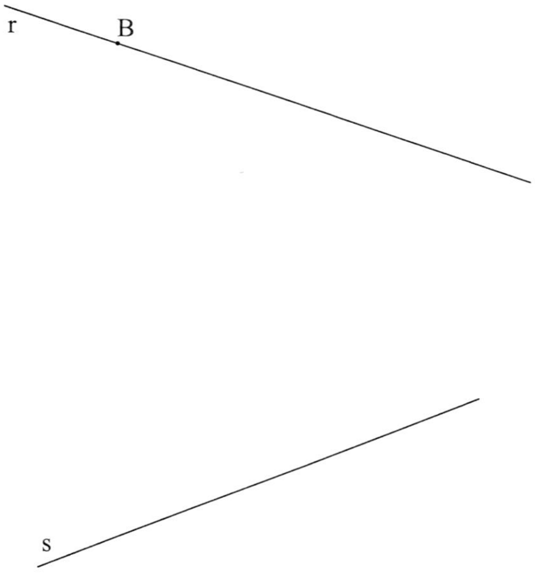

73 Usando a idéia de um triângulo isósceles com um vértice da base em cada uma das retas dadas, que contêm os lados de um ângulo de vértice inacessível, traçar a bissetriz desse ângulo.

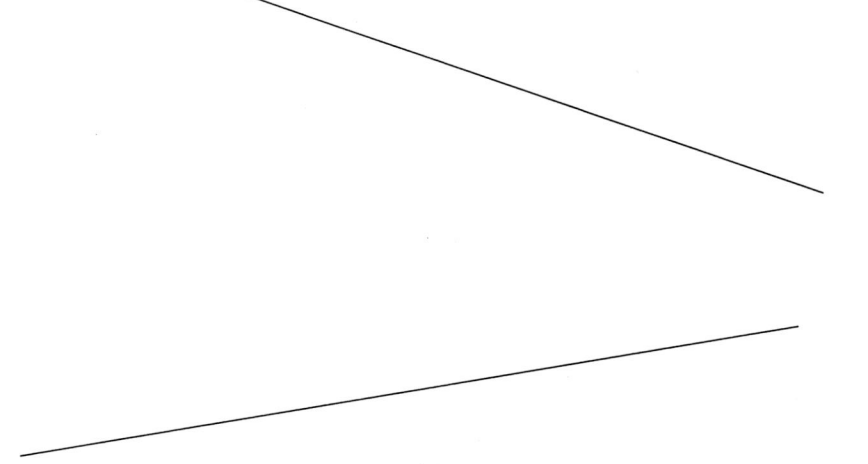

74 Construir um ângulo que tenha a medida α dada, nos casos:
a) α = 60°
b) α = 120°
c) α = 30°

d) α = 15°
e) α = 150°
f) α = 75°

g) α = 105°
h) α = 37°30' = $\dfrac{75°}{2}$
i) α = 52°30' = $\dfrac{105°}{2}$

75 Construir um ângulo de medida α nos casos:

a) α = 90° b) α = 45° c) α = 22°30' = $\frac{45°}{2}$

d) α = 75° = 60° + 15° e) α = 105° = 90° + 15° f) α = 135°

76 Construir um paralelogramo pedido nos casos:
a) Lados de 4,3 cm e 5,2 cm e um ângulo de 45°

b) Um lado de 4,9 cm, um ângulo de 60° e a diagonal menor com 5,3 cm.

c) Losango com um ângulo de 75° em lado com 4,5 cm

d) Losango com um ângulo de 60° e diagonal maior com 8 cm

77 Construir um triângulo equilátero sabendo que AH é uma de suas alturas, nos casos:

a)

A ⊢————————⊣ H

b)

A
|
|
|
|
|
|
H

78 Construir o paralelogramo pedido sabendo que o segmento AC dado é uma de suas diagonais, nos casos:

a) Quadrado

A ⊢————————⊣ C

b) Losango, dado o comprimento **d** da outra diagonal.

⊢————**d**————⊣

A ⊢————————⊣ C

c) Retângulo cujas diagonais formam um ângulo de 45°.
(Faça apenas um deles)

A ⊢————————⊣ C

d) A outra diagonal tem comprimento **d** dado e elas formam um ângulo de 60°. Faça apenas uma delas.

⊢————**d**————⊣

C
 \
  \
   \
    \
     A

63

79 Dado o lado BC de um △ABC construir o triângulo nos casos:

a) $\hat{B} = 60°$, $\hat{C} = 45°$ b) $\hat{A} = 45°$, $\hat{B} = 75°$

B ⊢————————⊣ C   B ⊢————————⊣ C

80 Construir um triângulo retângulo ABC, retângulo em A, nos casos:

a) BC = 6,9 cm, $\hat{B} = 30°$ b) AB = 7,3 cm, $\hat{B} = 22°30'$

81 Construir um triângulo isósceles ABC de base BC nos casos:

a) BC = 12 cm, $\hat{B} = 37°30'$

b) BC = 14 cm, $\hat{A} = 120°$

82 Traçar as bissetrizes dos ângulos do triângulo dado. Verificar se elas passam pelo mesmo ponto.

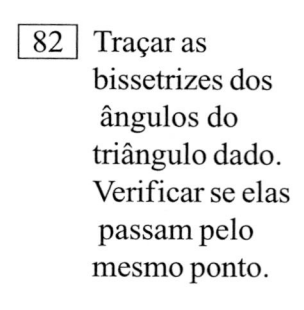

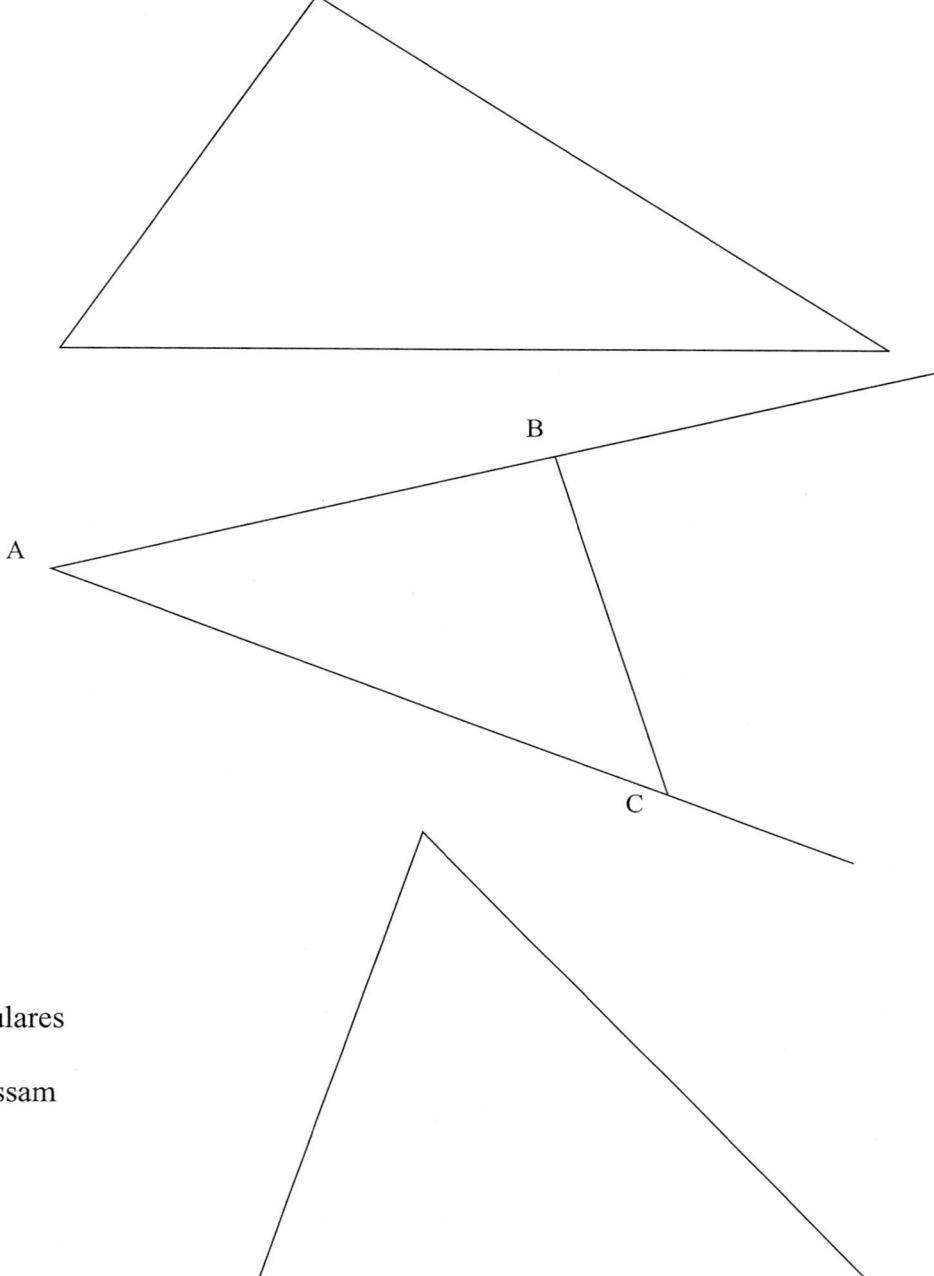

83 Traçar a bissetriz do ângulo interno em A e as dos ângulos externos em B e C. Verificar se elas passam pelo mesmo ponto.

84 Traçar pelos vértices do triângulo dado as retas perpendiculares aos lados opostos. Verificar se elas passam pelo mesmo ponto.

85 Traçar as mediatrizes dos lados do triângulo dado. Verificar se elas passam pelo mesmo ponto.

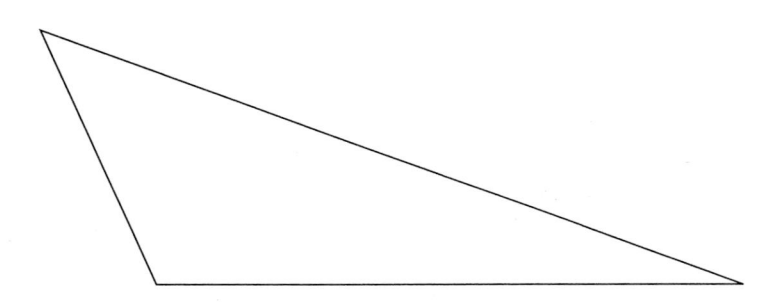

86 Determinar os pontos que são equidistantes

a) De **A** e **B** e distam 1,9 cm de **O**.

b) Das retas paralelas **r** e **s** e distam 40 mm de **O**.

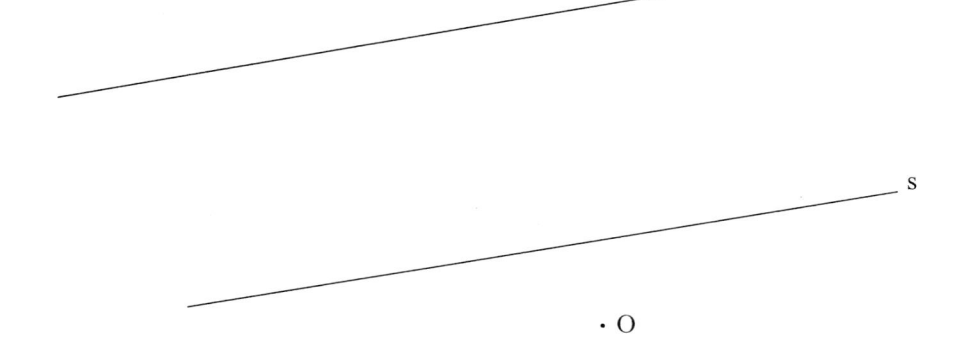

c) De **A** e **B** e distam 2,1 cm da reta **r**.

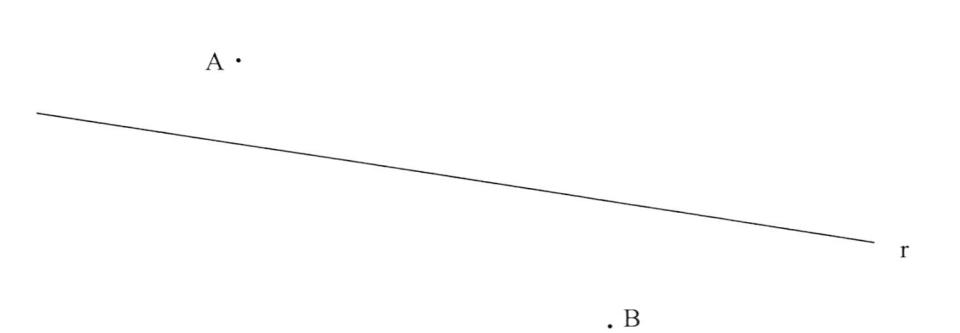

d) Dos lados do ângulo dado e distam 1,9 cm da reta **r**.

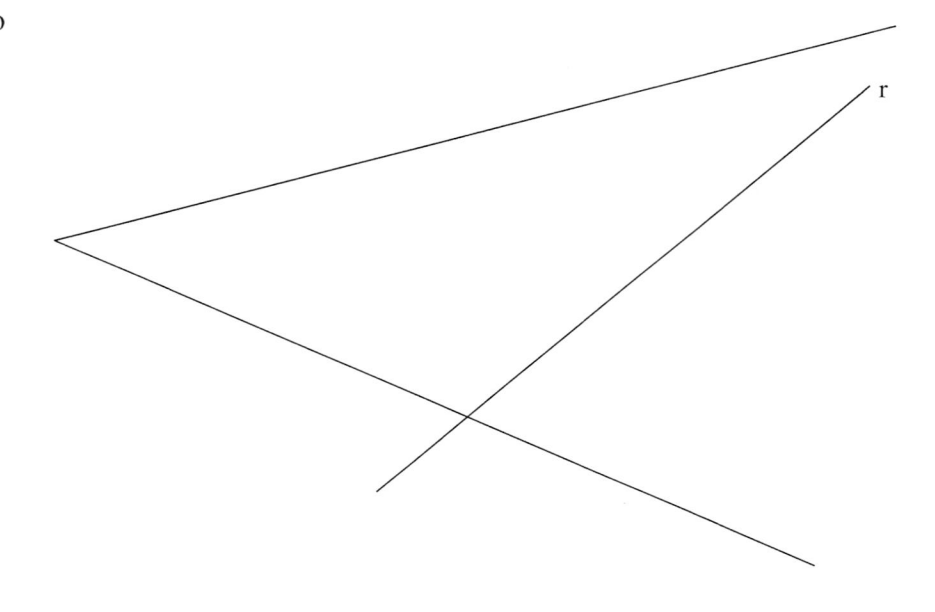

87 Construir um triângulo isósceles ABC de base $\overline{BC}$, nos casos:

a) O vértice A dista 53 mm do ponto P.

b) O vértice A equidista das retas paralelas r e s dadas.

c) O vértice A dista 1,5 cm da reta s.

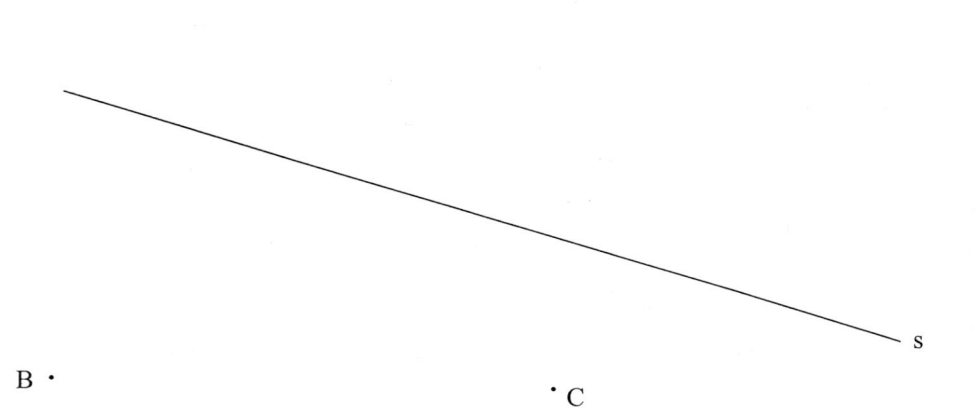

d) O vértice A equidista das retas concorrentes r e s dadas.

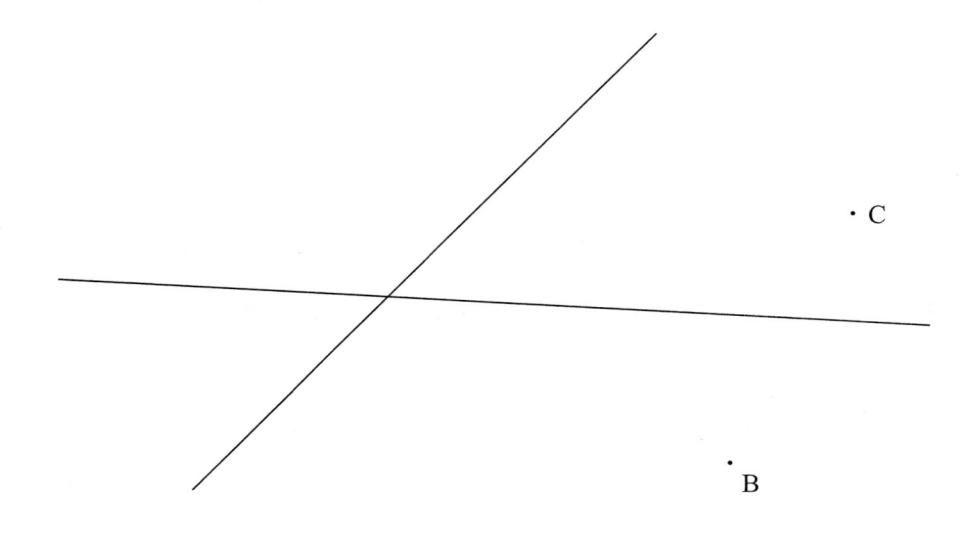

88 Traçar uma reta s e tomar um ponto P fora de s e traçar duas circunferências de centro P, uma cortando s e a outra não cortando s.

89 Considere dois pontos A e B com AB = 4 cm e traçar duas circunferências quaisquer com centros A e B que se cruzam e outras duas com centros A e B que não se cruzam.

90 Traçar as mediatrizes dos segmentos, nos casos:

a) $\overline{AB}$ e $\overline{CD}$ quaisquer
b) $\overline{AB}$ e $\overline{BC}$ adjacentes, colineares quaisquer
c) $\overline{AB}$ e $\overline{BC}$ não colineares quaisquer

91 Traçar as bissetrizes dos ângulos, nos casos:
a) Um ângulo agudo qualquer
b) Um ângulo obtuso qualquer
c) Dois ângulos adjacentes suplementares quaisquer. Quanto mede o ângulo formado pelas bissetrizes.

92 Dados os segmentos a, b e c, determine x nos casos:

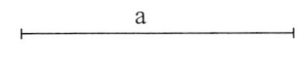

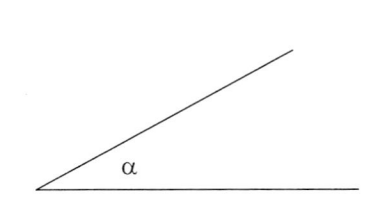

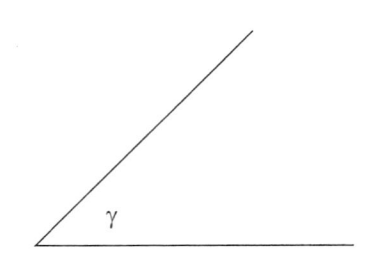

a) $x = \dfrac{a+b}{2}$
b) $= \dfrac{a+c}{2}$
c) $x = \dfrac{b+c-a}{2}$
d) $x = \dfrac{b}{4}$
e) $x = \dfrac{c}{4}$

93 Dados os ângulos α, β e γ, determine x nos casos:

a) $x = \dfrac{\alpha + \gamma}{2}$
b) $x = \dfrac{\beta - \alpha}{2}$
c) $x = \dfrac{\beta + \gamma - \alpha}{2}$
d) $x = \dfrac{\beta}{4}$
e) $x = \dfrac{180° - \gamma}{2}$
f) $x = \dfrac{180° - \beta}{2}$

94 Usando as medidas do exercício anterior construir um △ABC, nos casos:

a) AB = 52 mm, BC = 66 mm, $\hat{B} = \alpha$
b) AB = 45 mm, BC = 63 mm, $\hat{B} = \beta$
c) BC = 78 mm, $\hat{B} = \gamma$, $\hat{C} = \alpha$
d) BC = 65 mm, $\hat{B} = \beta$, $\hat{C} = \gamma$
e) BC = 91 mm, $\hat{B} = \gamma$, $\hat{A} = \beta$
f) BC = 52 mm, $\hat{C} = \alpha$, $\hat{A} = \gamma$
g) BC = 69 mm, $\hat{B} = \gamma$, AC = 55 mm
h) BC = 45 mm, $\hat{B} = \gamma$ e AC = 55 mm
i) BC = 70 mm, $\hat{B} = \gamma$, AC = 43 mm (E aí?)
j) BC = 51 mm, $\hat{B} = \beta$, AC = 70 mm

95 Construir um △ABC nos casos:
a) AB = AC = BC = 6,1 cm
b) AB = AC = 7 cm, BC = 5 cm
c) AB = BC = 4 cm, AC = 6,5 cm
d) BC = 8 cm, AB = AC = 5 cm
e) AB = 5 cm, BC = 9 cm, AC = 7,5 cm
f) AB = 3,7 cm, BC = 7 cm, AC = 3 cm (E aí?)
g) AB = 3,5 cm, BC = 7 cm, AC = 9 cm
h) AB = 3 cm, BC = 6 cm, AC = 9 cm (E aí?)

96 Usango α, β e γ do ex- 93, construir um triângulo isósceles de base BC, nos casos:

a) BC = 7 cm, $\hat{B} = \gamma$
b) AB = 5 cm, $\hat{A} = \beta$
c) BC = 4 cm, $\hat{B} = \beta$ (E aí?)
d) AB = 6, $\hat{C} = \gamma$
e) BC = 6 cm, $\hat{A} = \gamma$
f) BC = 4 cm, $\hat{A} = \alpha$
g) BC = 9 cm, $\hat{A} = \beta$
h) AB = 5 cm, $\hat{C} = \alpha$
i) AC = 6 cm, $\hat{B} = \gamma$

97 Construir por um ponto P uma reta perpendicular a uma reta r, nos casos:
   a) P está fora de r
   b) P está em r

98 Tomar três pontos:
   a) fora de uma reta e por eles conduzir retas perpendiculares à ela.
   b) em uma reta e por eles conduzir retas perpendiculares à ela.

99 Tomar três pontos quaisquer A, B e C não colineares e determinar um ponto D de modo que ABCD seja um paralelogramo.
Repita este problema algumas vezes.

100 Construir um paralelogramo com lados a e b e uma diagonal d, nos casos:
   a) a = 2,5 cm, b = 5,1 cm, d = 4,6 cm
   b) a = 3,1 cm, b = 5,5 cm, d = 7,7 cm
   c) a = b = 5 cm, d = 4 cm
   d) a = b = 5,5 cm, d = 9 cm

101 Dados os ângulos α e β, construir o paralelogramo pedido, nos casos:

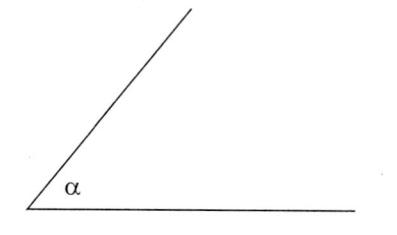

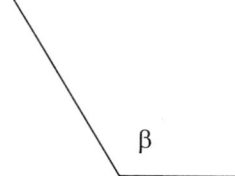

   a) Os lados medem 4 cm e 7 cm e um ângulo α.
   b) Os lados medem 3,5 cm e 6 cm e um ângulo β.
   c) Um lado mede 4 cm, um ângulo α e a diagonal menor 4,5 cm.
   d) Um lado mede 7,6 cm, um ângulo α e a diagonal menor 6,3 cm.
   e) Um lado mede 5 cm, um ângulo β e a diagonal maior 7,1 cm.
   f) Losango com lado de 4,5 cm e um ângulo α.
   g) Losango com lado de de 4 cm e um ângulo β.
   h) Losango com um ângulo α e diagonal maior 8,1 cm.
   i) Losango com um ângulo β e diagonal menor 5 cm.
   j) Losango com um ângulo α e diagonal menor 4,3 cm.
   k) Losango com um ângulo β e diagonal maior 9 cm.

102 Construir um:
   a) Quadrado de lado 5 cm
   b) Quadrado de diagonal 6 cm
   c) Retângulo de lados 4 cm e 7 cm
   d) Retângulo com um lado de 6 cm e diagonal 7 cm.

103 Construir um ângulo de medida α nos casos:
   a) α = 60°
   b) α = 120°
   c) α = 30°
   d) α = 15°
   e) α = 150°
   f) α = 75°
   g) α = 37°30'
   h) α = 165°

104 Construir um ângulo α, nos casos:
   a) α = 90°
   b) α = 45°
   c) α = 22°30'
   d) α = 75° = 60° + 15°
   e) α = 105° = 90° + 15°
   f) α = 135°
   g) α = 67°30'

105 Construir um triângulo equilátero com
   a) Lado de 63 mm
   b) Altura de 6 cm

106 Construir um triângulo retângulo nos casos:
   a) Os catetos medem 7 cm e 4 cm.
   b) Um cateto mede 3,5 cm e a hipotenusa 8 cm.
   c) Isósceles de cateto 4 cm.
   d) Isósceles de hipotenusa 7 cm.
   e) Um ângulo mede 30° e o maior cateto mede 7 cm.
   f) Um ângulo mede 30° e o menor cateto mede 5 cm.
   g) Um ângulo mede 37°30' e a hipotenusa mede 9 cm.

107 Construir um paralelogramo nos casos:
   a) Um ângulo mede 45° e os lados 4 cm e 6,5 cm.
   b) Um ângulo mede 60°, um lado 6 cm e a menor diagonal 6,5 cm.
   c) Um ângulo mede 60°, um lado 7 cm e a menor diagonal 5,5 cm.
   d) Losango com um ângulo de 75° e lado com 5 cm.
   e) Losango com um ângulo de 60° e a menor diagonal com 5,5 cm.
   f) Losango com um ângulo de 45° e a maior diagonal com 12 cm.
   g) Losango com diagonais de 9,1 cm e 5,3 cm.
   h) Com diagonais de 5,7 cm e 9,9 cm e um lado com 6,5 cm.
   i) Com diagonais de 9,1 cm e 5,3 cm que formam um ângulo de 60°.
   j) Retângulo com diagonal de 8,3 cm e um lado de 7 cm.
   k) Retângulo com diagonal de 10 cm e sendo 45° o ângulo entre as diagonais.
   l) Com um ângulo de 30°, um lado de 7 cm e diagonal menor de 4 cm.

108 Considere 3 pontos afastados diferentemente de uma reta r e por eles traçar retas paralelas a r.

109 Construir um triângulo de lados 3,4 cm, 4,2 cm e 5,2 cm e por cada vértice traçar a reta paralela ao lado oposto.

110 Construir um triângulo de lados 3 cm e 6 cm e pelos vértices traçar retas paralelas as diagonais.

111 Traçar duas retas paralelas distantes 3,3 cm uma da outra.

112 Traçar as duas retas pedidas e em seguida o lugar geométrico (l.g.) dos pontos que são equidistantes delas
   a) Duas retas concorrentes quaisquer   b) Duas retas perpendiculares
   c) Duas retas paralelas distintas.

113 Traçar duas retas r e s concorrentes que formam ângulo de 60° e determine os pontos equidistantes de r e s, que distam 2 cm de r.

114 Traçar duas retas paralelas distantes 5 cm uma da outra e traçar uma reta oblíqua a elas. Determine os pontos que são equidistantes dessas retas.

115 Construir um triângulo com lados de 4 cm, 4,5 cm e 5 cm. Determine os pontos que são equidistante das retas que contêm os lados desse triângulo.

116 Em cada caso construir um ΔABC com AB = 8,5 cm, BC = 10 cm e AC = 9 cm e em seguida construir o que se pede:
   a) As bissetrizes dos ângulos do triângulo.   b) As mediatrizes dos lados do triângulo.
   c) Cada reta que passa por um vértice e é perpendicular à reta do lado oposto.

117 Em cada caso construir um triângulo retângulo de catetos com 6 cm e 10 cm e em seguida construir:
   a) Cada reta que passa por um vértice e é perpendicular à reta do lado oposto.
   b) As mediatrizes dos catetos. Onde elas se cortam?

118 Em cada caso construir um triângulo de lado 6,5 cm, 7,5 cm e 12 cm e em seguida construir:
   a) Cada reta que passa por um vértice e é perpendicular á reta do lado oposto. Onde elas se cortam?
   b) As mediatrizes dos lados do triângulo. Onde elas se cortam?

119 Construir um triângulo de lados 9 cm, 10 cm e 11 cm e traçar as bissetrizes dos ângulos internos e externos desse triângulo.

120 Pense num modo de traçar, com um compasso de pernas pequenas (10 cm cada), a mediatriz de um segmento de aproximadamente 30 cm.

Capítulo – 2   TRIÂNGULOS

No item K do capítulo anterior (Introdução) demos a definição de triângulos, as classificações e algumas propriedades. Agoras vamos continuar com mais definições e outras propriedades.

A – Revisão

A1) Classificação quanto aos lados

I – Equilátero
Lados de medidas iguais

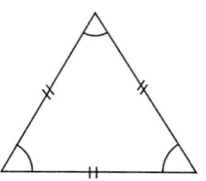

II – Isósceles
Dois lados de medidas iguais
(O Equilátero também é isósceles).

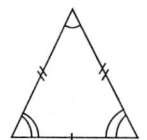

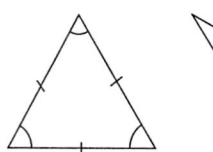

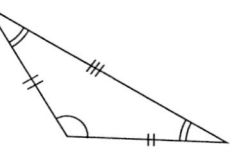

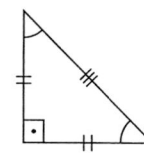

III – Escaleno
Lados de medidas
diferentes entre si

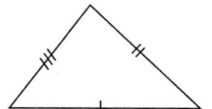

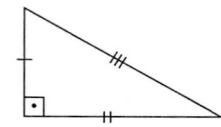

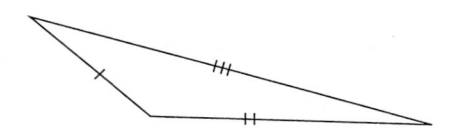

A2) Classificação quanto aos ângulos

I – Acutângulo
Três ângulos agudos

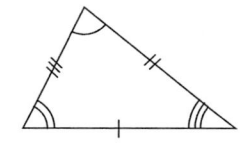

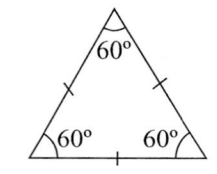

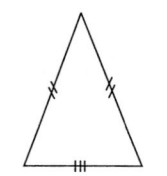

II – Retângulo
Um ângulo reto.
(Os outros são agudos)

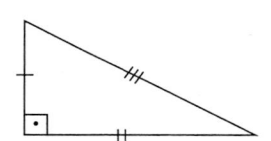

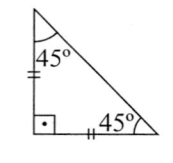

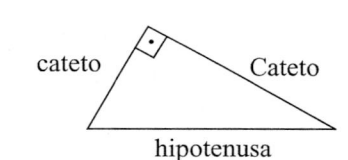

III – Obtusângulo
Um ângulo obtuso.
(Os outros são agudos)

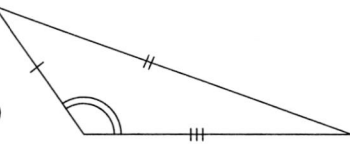

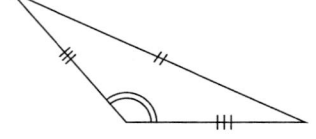

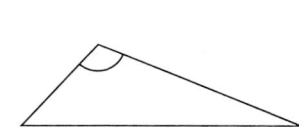

B – Alturas e ortocentro de um triângulo

B1) Definição: A altura de um triângulo é o segmento cujas extremidades são um vértice e o pé da reta perpendicular à reta que contém o lado oposto, conduzida por aquele vértice.

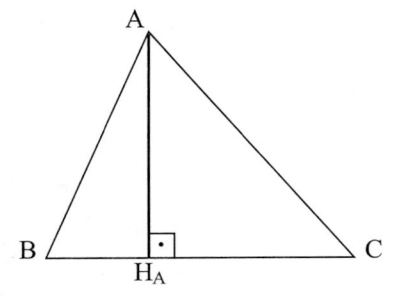

AH_A é altura relativa ao vértice A (ou ao lado BC)

De acordo com a definição, um triângulo tem três alturas. Prova-se que as retas que contêm as alturas são concorrentes num mesmo ponto. Ele é chamado **ortocentro** do triângulo.

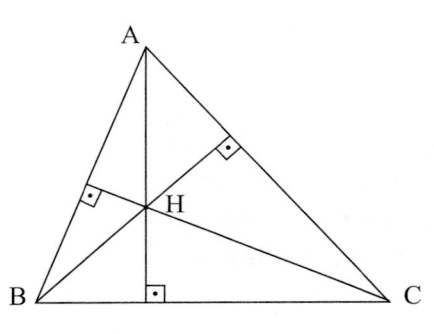

H é ortocentro

71

Note que duas alturas de um **triângulo retângulo** são os próprios lados (são os catetos) e que no **triângulo obtusângulo** duas alturas são externas ao triângulo. No **triângulo acutângulo** as três alturas, e consequentemente o ortocentro, são internas ao triângulo.

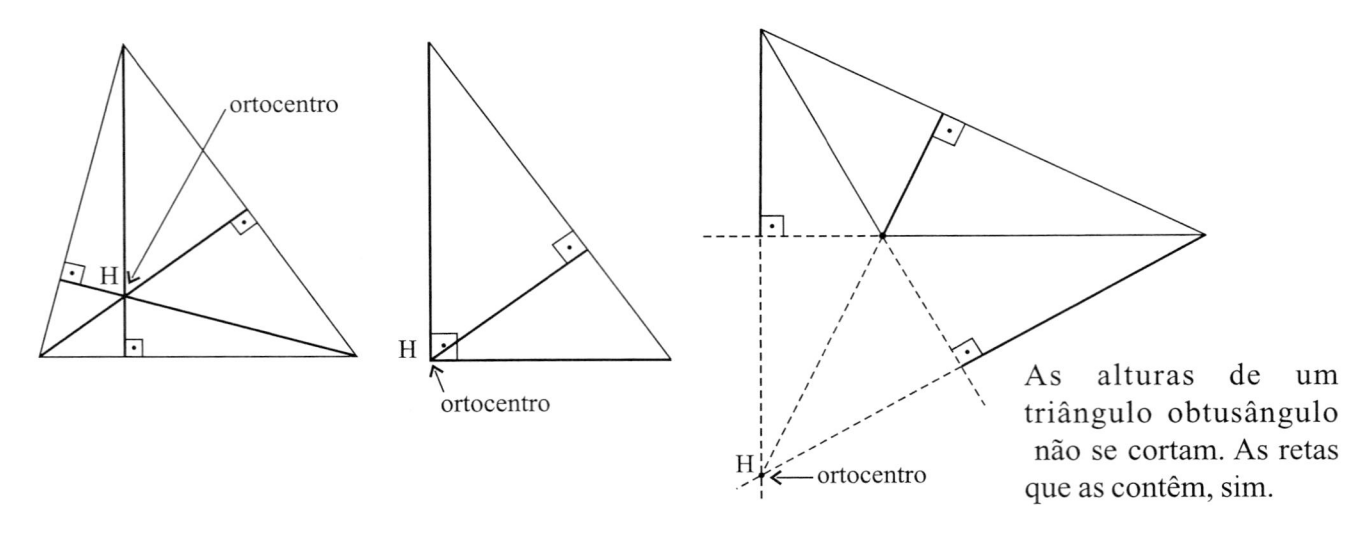

As alturas de um triângulo obtusângulo não se cortam. As retas que as contêm, sim.

B2) Construção das alturas

Para construirmos as alturas de um triângulo qualquer basta traçarmos por dois vértices as retas perpendiculares as retas dos lados opostos, determinando desta forma o ortocentro H. A terceira altura é obtida ligando H ao terceiro vértice.

C – Mediatrizes e circuncentro de um triângulo

Definição: As mediatrizes dos lados de um triângulo são chamadas mediatrizes do triângulo.

De acordo com a definição, um triâgnulo tem três mediatrizes. Prova-se que as mediatrizes de um triângulo são concorrentes no mesmo ponto. Ele é chamado **circuncentro** do triângulo.

O circuncentro de um triângulo é o centro O da circunferência circunscrita ao triângulo (circunferência que contém os vértices do triângulo).

O **circuncentro** de um **triângulo acutângulo** é **interno** ao triângulo, o do **triângulo obtusângulo** é **externo** e o do **triângulo retângulo** é o **ponto médio da hipotenusa** do triângulo.

72

D – Bissetrizes e incentro de um triângulo

Definição: O segmento contido na bissetriz de um ângulo interno de um triângulo, cujas extremidades são um vértice e um ponto do lado oposto é chamado bissetriz do triângulo.

De acordo com a definição, um triângulo tem três bissetrizes. Prova-se que as três são concorrentes num mesmo ponto. Este ponto é chamado **incentro do triângulo**. Ele é o centro I da circunferência inscrita no triângulo (circunferência que tangencia os lados do triângulo - ver capítulo 3).

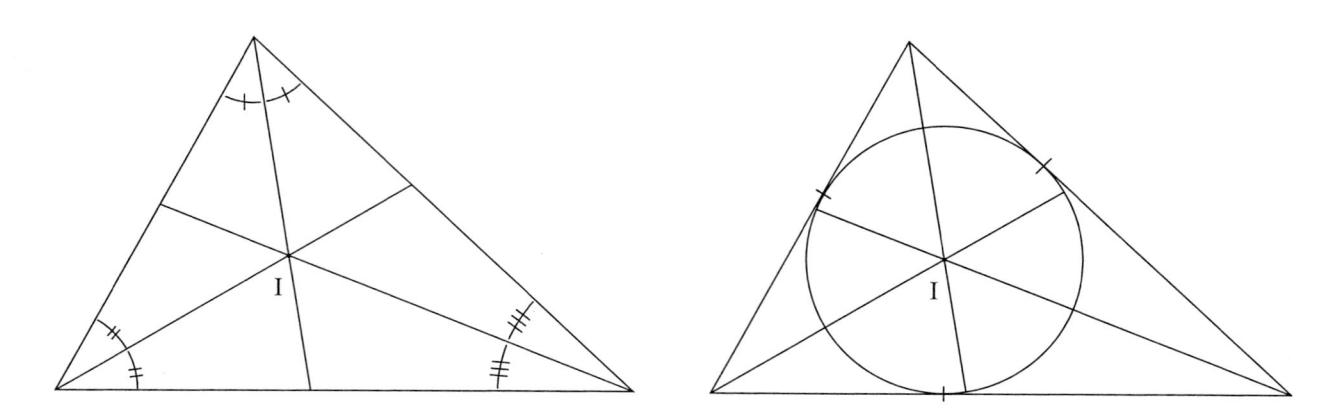

Obs: Em qualquer triângulo (acutângulo, retângulo ou obtusângulo), o incentro é sempre um ponto interno do triângulo.

E – Medianas e baricentro de um triângulo

Definição: O segmento cujas extremidades são um vértice de um triângulo e o ponto médio do lado oposto é chamdo mediana do triângulo.

De acordo com a definição, um triângulo tem 3 medianas. Prova-se que as três medianas de um triângulo são concorrentes num mesmo ponto. Este ponto é chamado **baricentro do triângulo**. Costumamos nomear este ponto com a letra G. Ele é o centro da gravidade do triângulo.

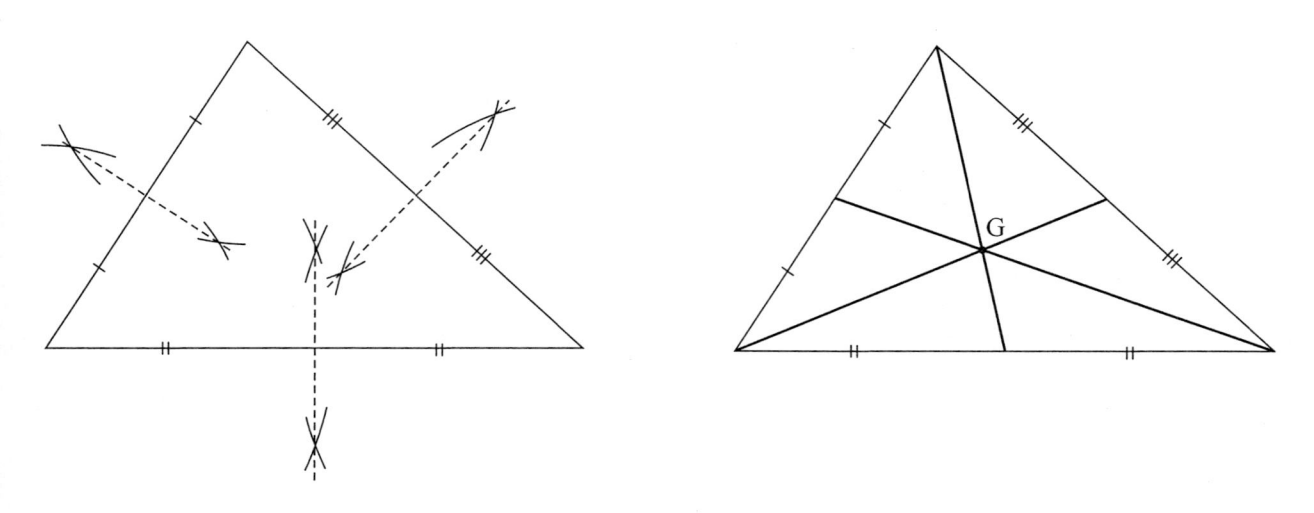

Para traçarmos uma mediana de um triângulo basta traçarmos a mediatriz de um lado, determinando o ponto médio desse lado, e depois ligar este ponto médio ao vértice oposto. Nos exercícios veremos outro modo.

F – Ex-incentro

Definição: As intersecções das bissetrizes dos ângulos externos de um triângulo são chamadas **ex-incentro do triângulo**.

Note que um triângulo tem três ex-incentros. Cada ex-incentro é o centro de uma circunferência que tangencia um lado e os prolongamentos dos outros dois. Cada bissetriz de um ângulo interno de um triângulo passa por um dos seus ex-incentros.

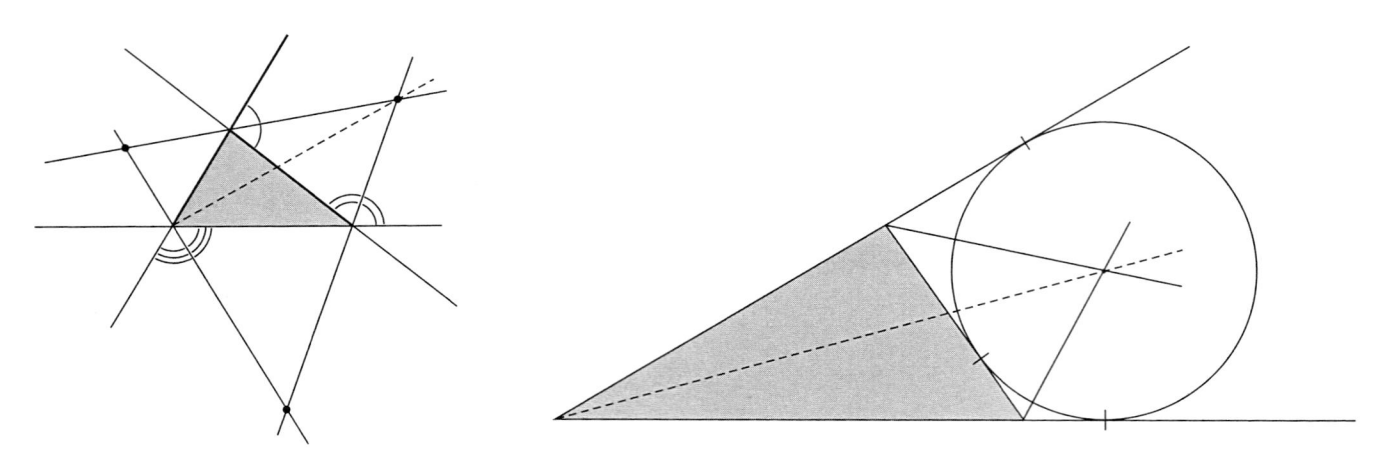

G – Base média de um triângulo

G1) Definição: O segmento determinado pelos pontos médios de dois lados de um triângulo é chamado base média do triângulo.

Note que um triângulo tem três bases médias (uma relativa a cada lado).

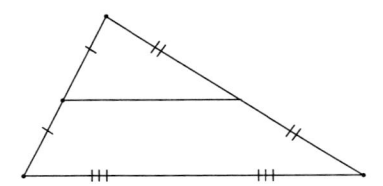

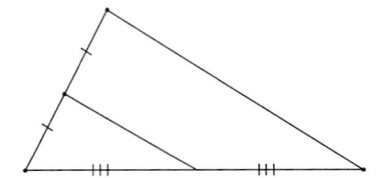

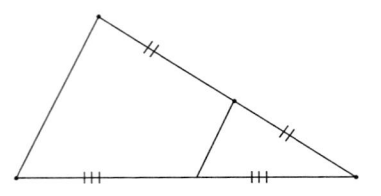

G2) Teorema: Cada base média de um triângulo é paralela a um lado e mede a metade deste

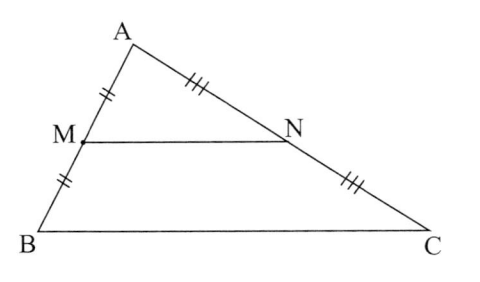

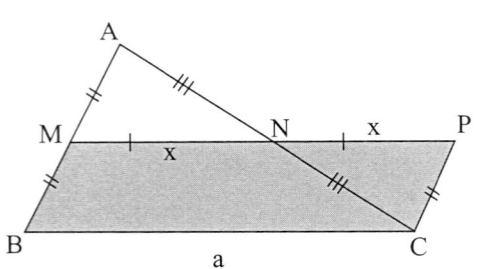

Prolongamos $\overline{MN}$ até P com NP = MN = x

MBCP é um paralelogramo. Então: $\overline{MN}$ é paralelo a $\overline{BC}$ e $2x = a \Rightarrow x = \dfrac{a}{2}$

G3) Teorema: Se uma reta que passa pelo ponto médio de um lado de um triângulo e é paralela a um lado, então ela passa também pelo ponto médio do outro lado.

como os triângulos sombreados são congruentes obtemos:

x = y. Isto é:

N é ponto médio de $\overline{AC}$

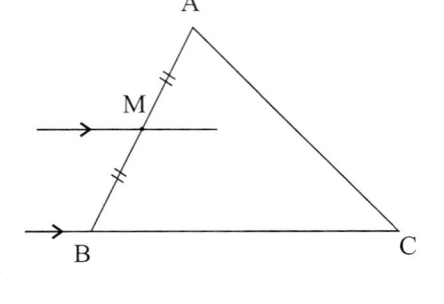

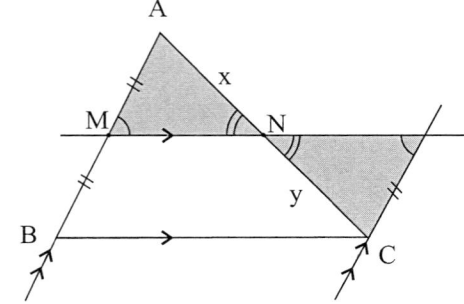

G4) Consequência: Se duas retas **r** e **s** são paralelas e um segmento PA com **A** em **r** tem o ponto médio em **s**, então todos os segmentos com uma extremidade em **P** e a outra em **r** terão os seus pontos médios também em **s**.

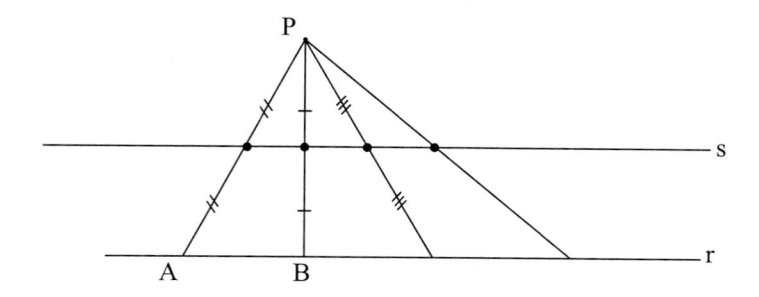

G5) Consequência: Se três retas **a**, **r** e **b** são paralelas e um segmento com uma extremidades em **a** e outra em **b** tem o seu ponto médio em **r**, então um segmento qualquer, que tem extremidades em **a** e **b**, também terá o seu ponto médio em **r**.

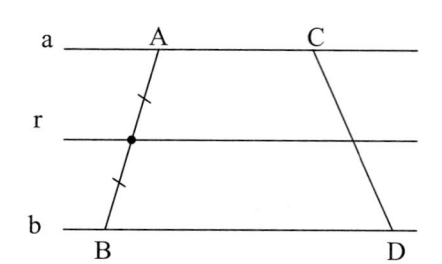

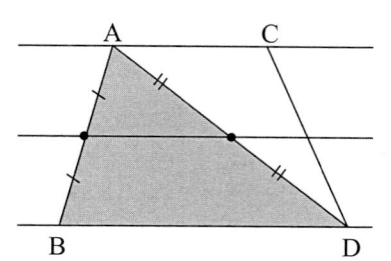

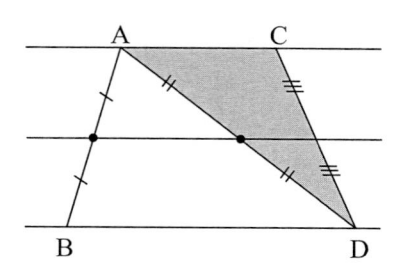

G6) Consequência: Se um conjunto de retas paralelas dividem um segmento em partes de medidas iguais, então qualquer segmento que tem extremidades em duas retas, não sucessivas, desse conjunto, também será dividido em partes de medidas iguais pelas retas do conjunto que o interceptam.

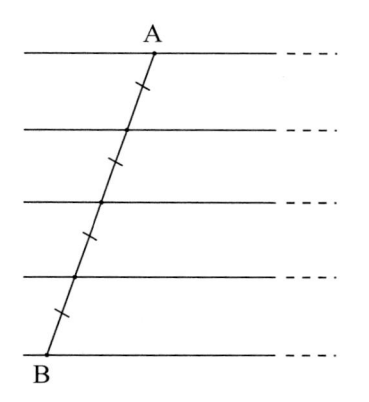

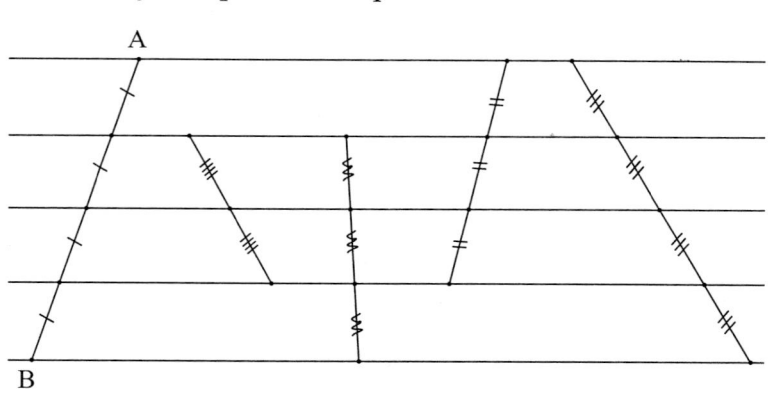

H – Propriedade do Baricentro

O baricentro de um triângulo (onde as medianas se cruzam) divide cada mediana em duas partes de modo que a que tem extremidade no vértice é o dobro da outra.

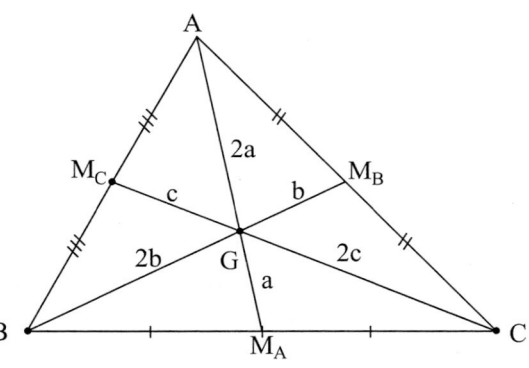

Se G é baricentro do $\triangle ABC$, temos:

$$\begin{cases} AG = 2\,GM_A \\ BG = 2\,GM_B \\ CG = 2\,GM_C \end{cases}$$

75

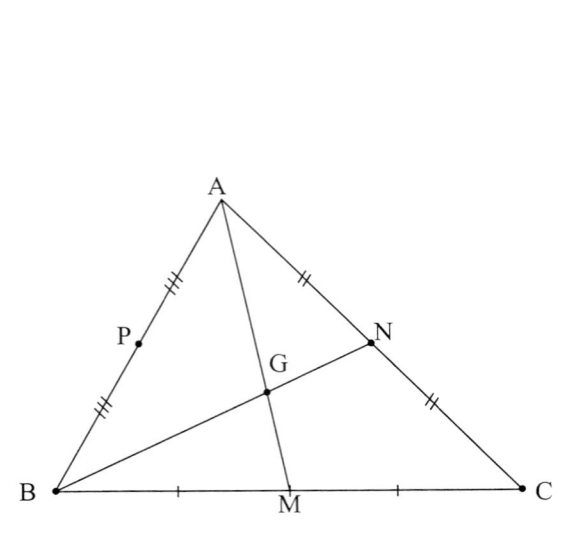

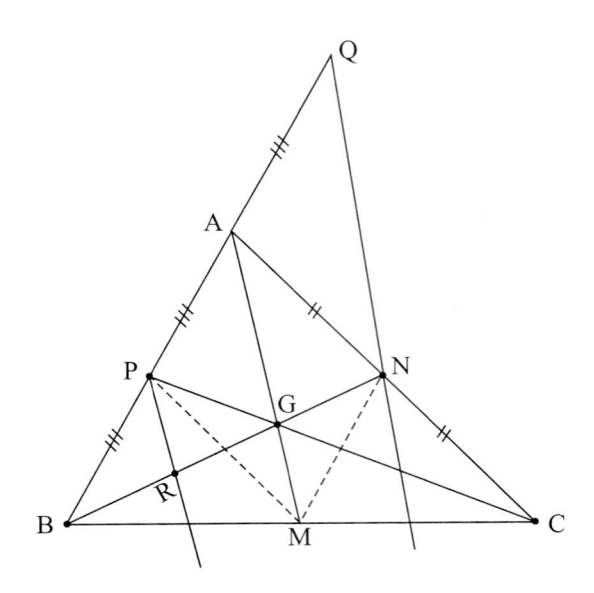

Vamos considerar as medianas $\overline{AM}$ e $\overline{BN}$. Pelo ponto médio P de $\overline{AB}$ e por N, traçamos paralelas a mediana $\overline{AM}$. Como PMNA e AMNQ são paralelogramos, obtemos PA = AQ. Então BP = PA = AQ. Então

BR = RG = GN. Isto é: BG = 2 GN.

I – Triângulo órtico

O triângulo cujos vértices são os pés das alturas de um ΔABC é chamado **triângulo órtico** do ΔABC. Prova-se que, no triângulo acutângulo, as alturas do triângulo são bissetrizes dos ângulos do triângulo órtico.

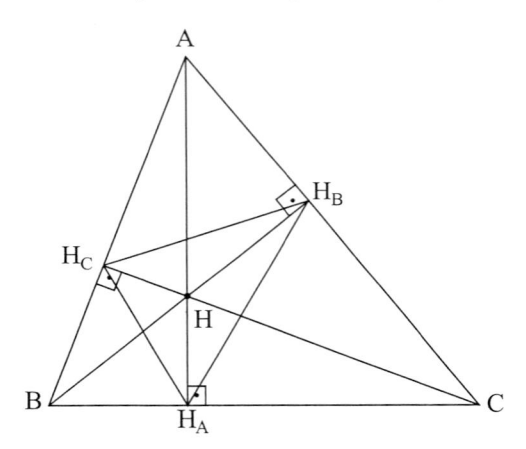

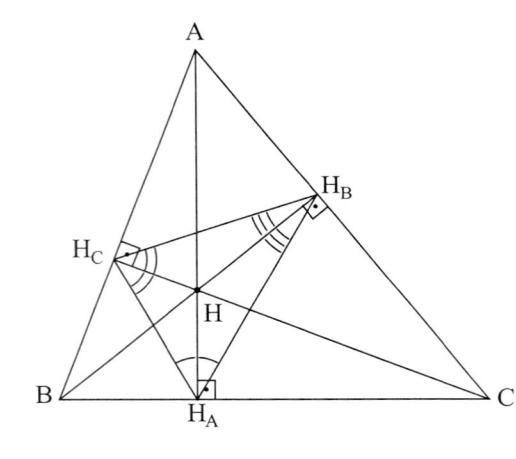

H é ortocentro de ABC

H é incentro de $H_A H_B H_C$

J – Desigualdades no triângulo

J1) Teorema do ângulo externo

Um ângulo externo de um triângulo é maior que cada um dos ângulos internos não adjacentes a ele.

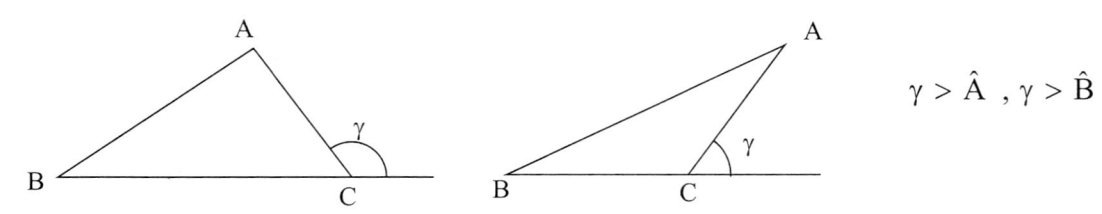

$\gamma > \hat{A}$, $\gamma > \hat{B}$

J2) Maior ângulo, maior lado

Se um lado de um triângulo é maior que outro, então o ângulo oposto a esse lado é maior que o ângulo oposto ao outro e reciprocamente. (Ao maior lado de um triângulo opõe-se o maior ângulo e, reciprocamente, ao maior ângulo opõe-se o maior lado).

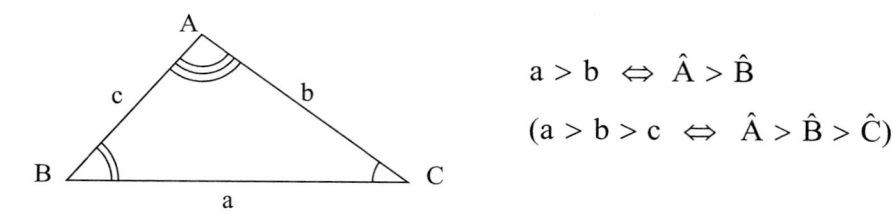

$$a > b \Leftrightarrow \hat{A} > \hat{B}$$
$$(a > b > c \Leftrightarrow \hat{A} > \hat{B} > \hat{C})$$

J3) Um lado e a soma dos outro dois

Cada lado de um triângulo é menor que a soma dos outros dois.

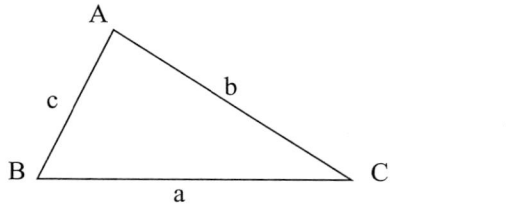

$$\begin{cases} a < b + c \\ b < a + c \\ c < a + b \end{cases} \quad \text{ou} \quad |a - c| < b < a + c$$

J4) Desigualdade dos terceiros lados

Se dois lados de um triângulo são congruentes a dois lados de outro, então aquele em que esses lados formam um ângulo maior, tem o terceiro lado maior que o terceiro lado do outro. (E reciprocamente).

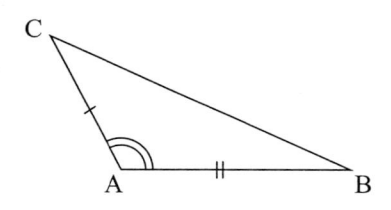

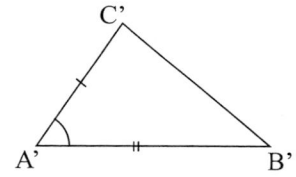

$$\begin{cases} AC = A'C' = b \\ AB = A'B' = c \\ \hat{A} > \hat{A}' \end{cases} \Rightarrow a > a'$$

K – Propriedades

K1) Soma dos ângulos

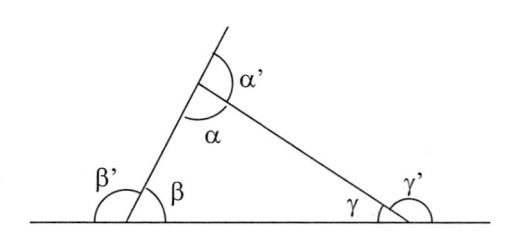

$$\begin{cases} \alpha + \beta + \gamma = 180º \\ \alpha' + \beta' + \gamma' = 360º \end{cases} \quad \begin{cases} \alpha' = \beta + \gamma \\ \beta' = \alpha + \gamma \\ \gamma' = \alpha + \beta \end{cases}$$

Obs: *Nos problemas considerar para o △ABC o seguinte:*

$AB = c$, $AC = b$, $BC = a$, $\hat{A} = \alpha$, $\hat{B} = \beta$, $\hat{C} = \gamma$, h_a, h_b e h_c são as alturas relativas aos lados a , b e c, respectivamente, m_a, m_b e m_c as medianas, s_a, s_b e s_c as bissetrizes, H_A, H_B, H_C os pés das alturas, M_A, M_B e M_C os pés das medianas e S_A, S_B e S_C os pés das bissetrizes. Considere A , B e C nomeados no sentido anti-horário.

K2) Triângulos, isósceles de base $\overline{BC}$

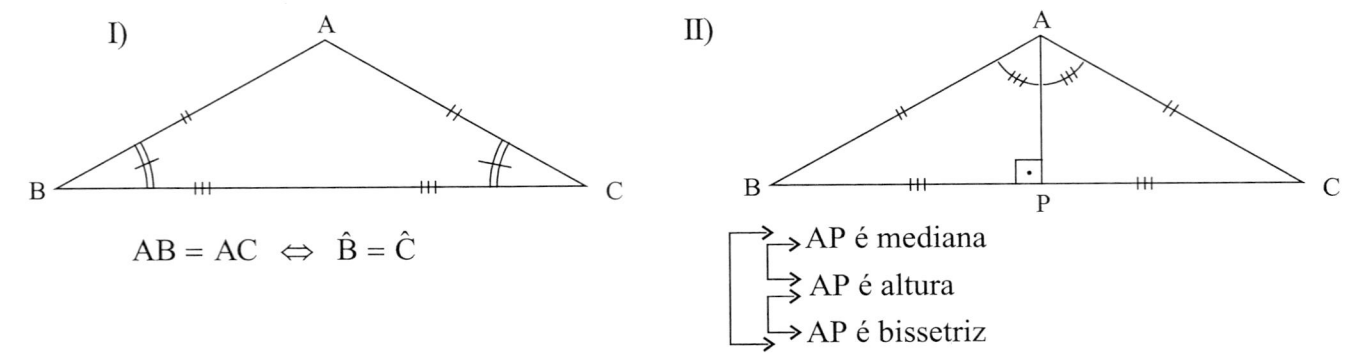

I)

$$AB = AC \Leftrightarrow \hat{B} = \hat{C}$$

II)

AP é mediana
AP é altura
AP é bissetriz

L – Reta de Euler

O ortocentro **H**, o baricentro **G** e o circuncentro **O** de um triângulo estão sempre em uma mesma reta, chamada reta de Euler, com **G** entre **H** e **O** e $HG = 2\,GO$.

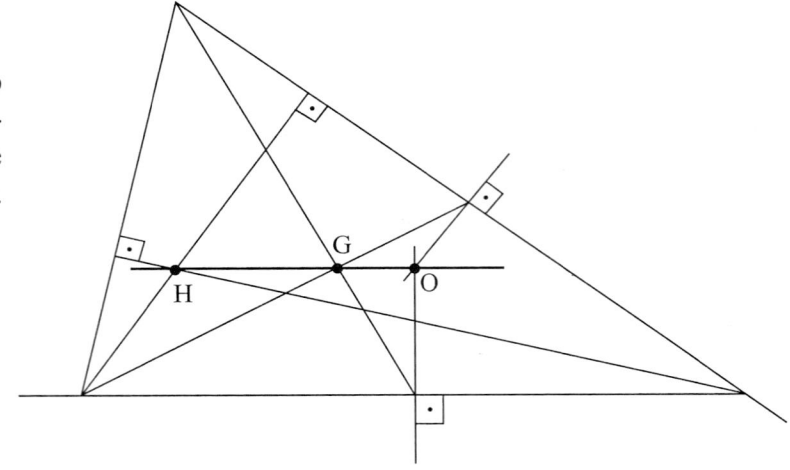

M – Círculo dos nove pontos

Em todo triângulo, os pés das alturas (3 pontos), os pontos médios os lados (3 pontos) e os pontos médios dos segmentos que vão do ortocentro até cada vértice (3 pontos) pertencem a uma mesma circunferência.

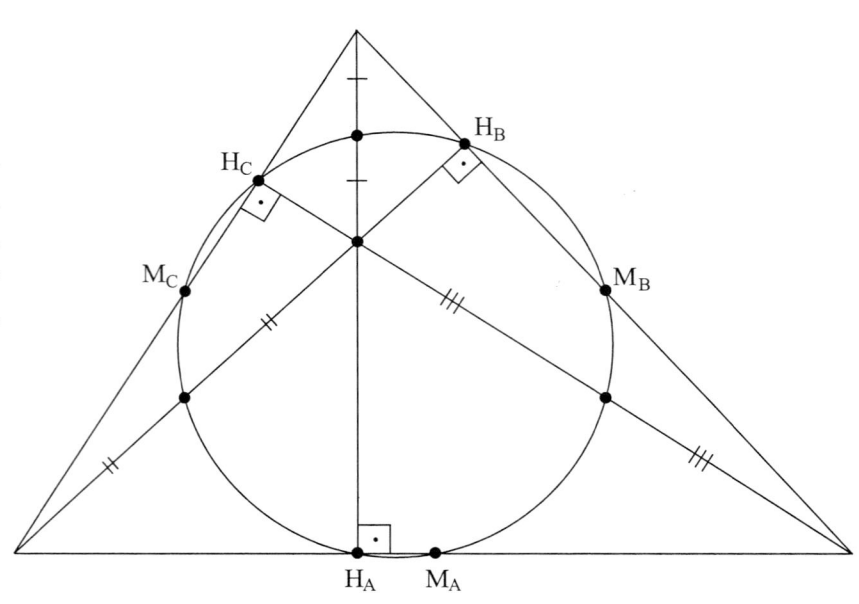

EXERCÍCIOS

121 Em cada caso desenhar o que se pede:
  a) A outra altura
  b) A outra mediana
  c) A outra bissetriz

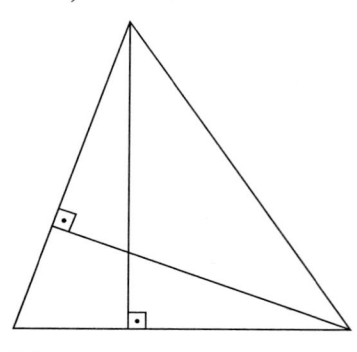

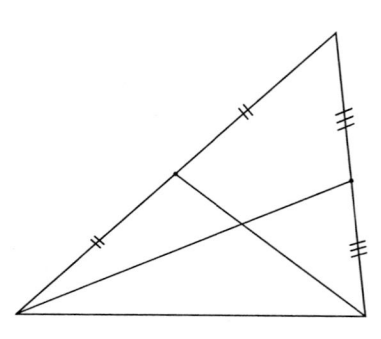

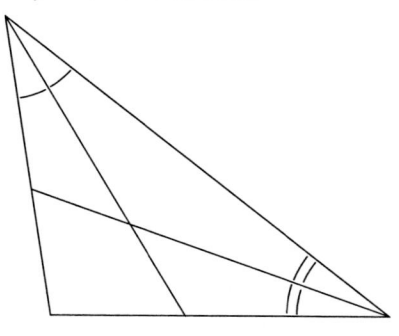

122 .... ΔABC relativa ao vértice
  a) A
  b) B

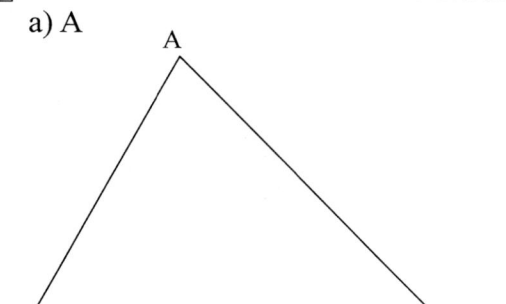

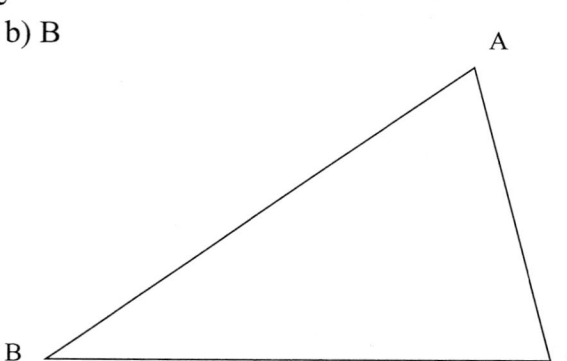

123 Traçar a altura do ΔABC relativa ao vértice **A**, nos casos:
  a)
  b)

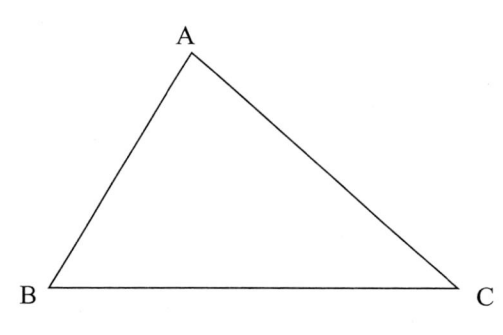

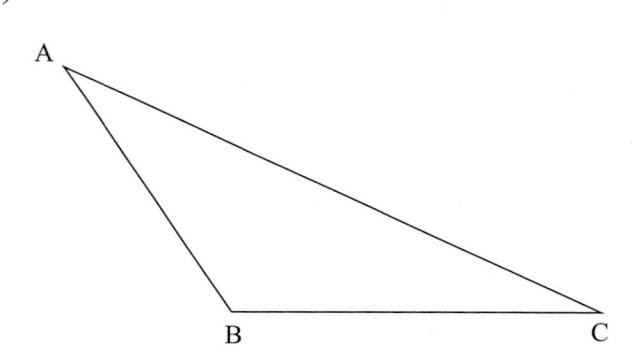

124 Achar o ponto médio do lado BC, nos casos:
  a)
  b)

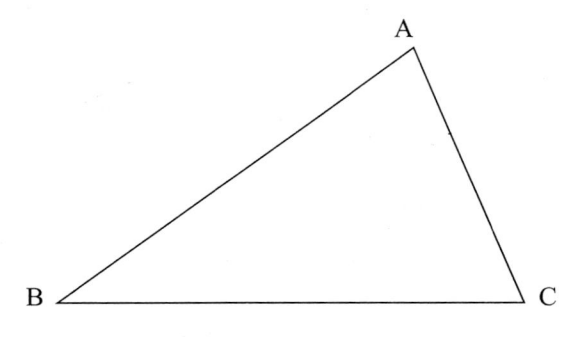

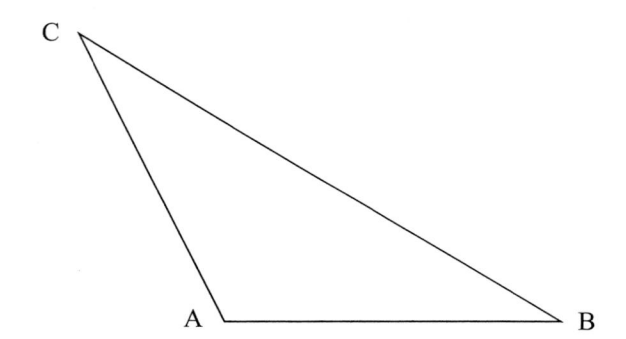

79

125 Traçar a mediana relativa ao vértice:

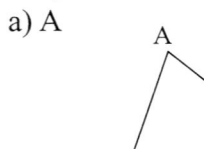

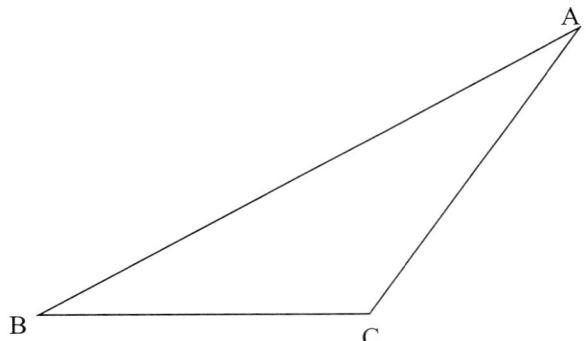

a) A

b) B

126 Em cada caso é dado um △ABC, traçar as suas

a) Bissetrizes

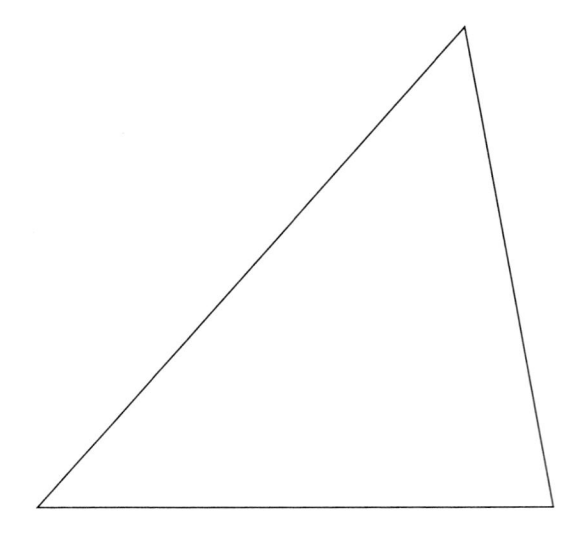

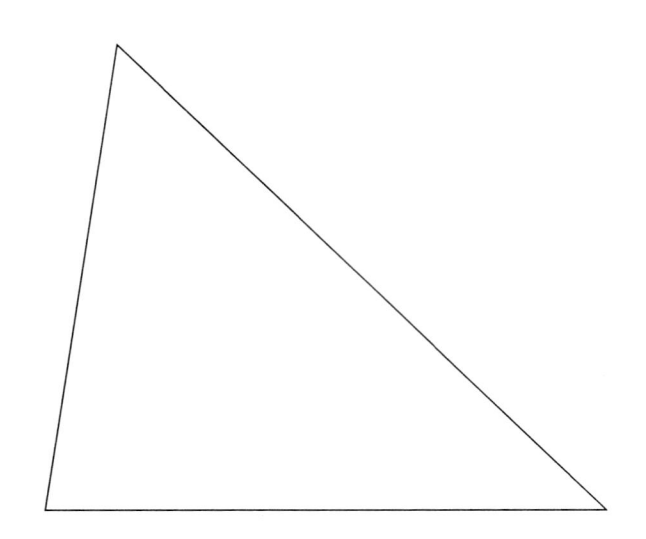

b) Medianas

c) Alturas

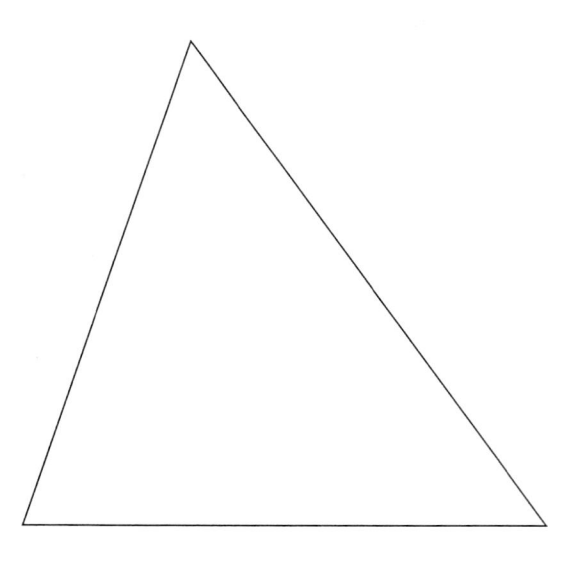

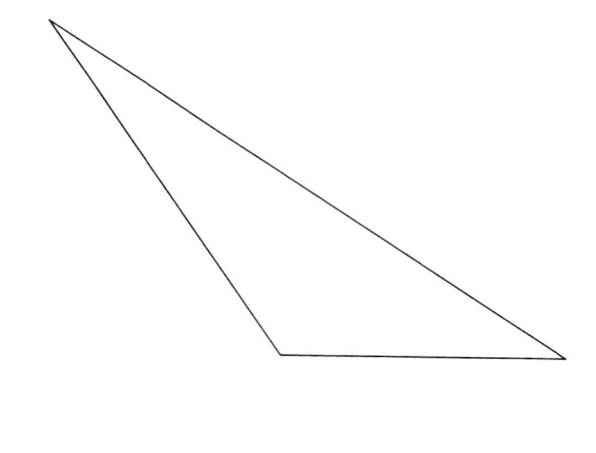

d) Alturas

80

127 Em cada caso é dado um triângulo. Determine o seu:
  a) Incentro
  b) Baricentro

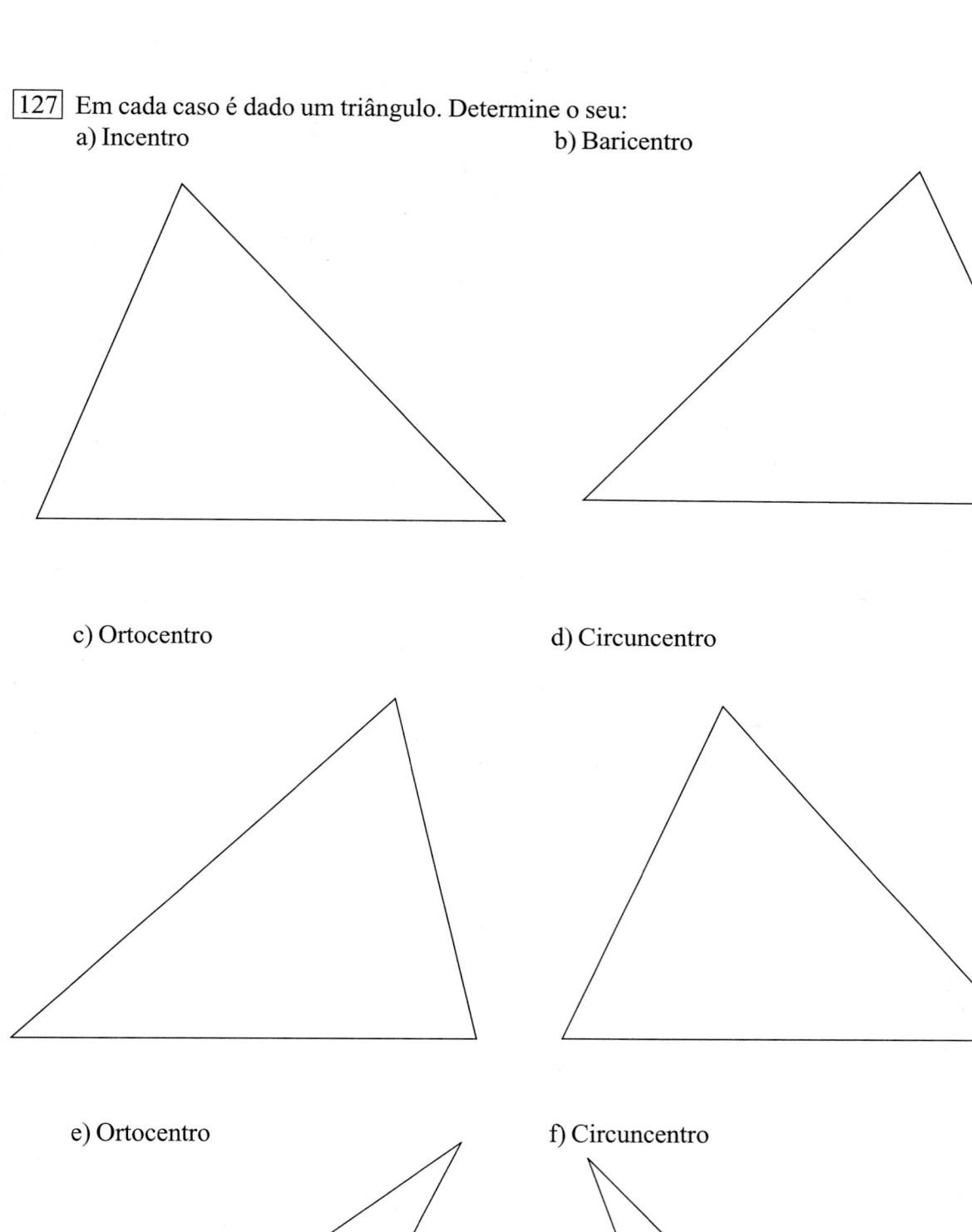

  c) Ortocentro
  d) Circuncentro

  e) Ortocentro
  f) Circuncentro

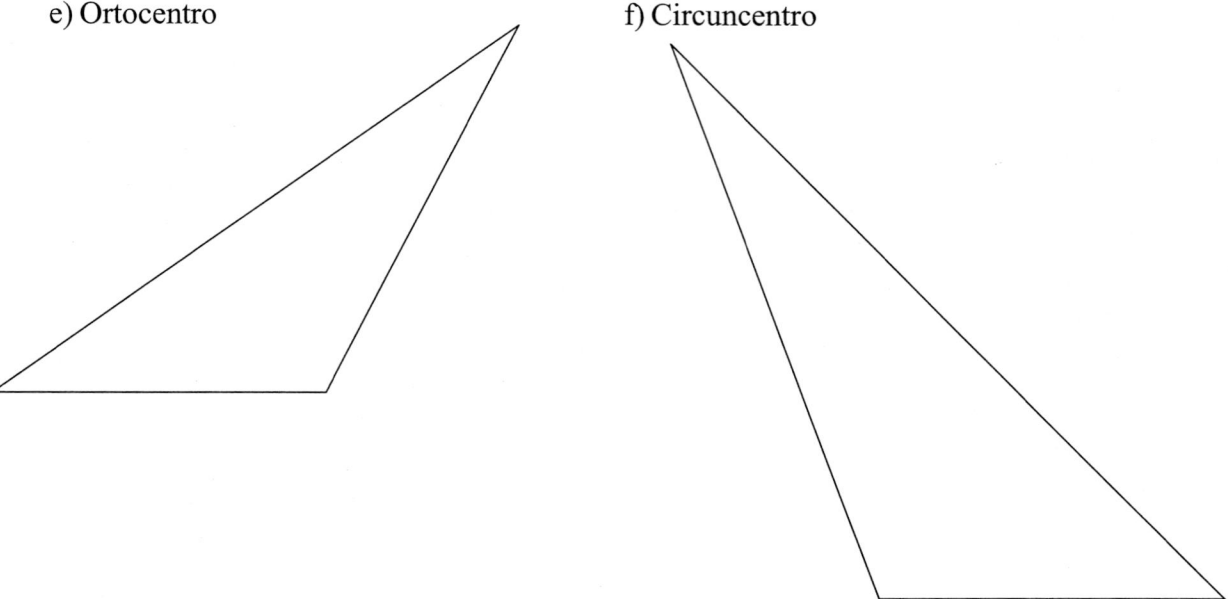

128 Em cada caso é dado um triângulo retângulo

a) Traçar a altura relativa à hipotenusa e determinar o ortocentro do triângulo

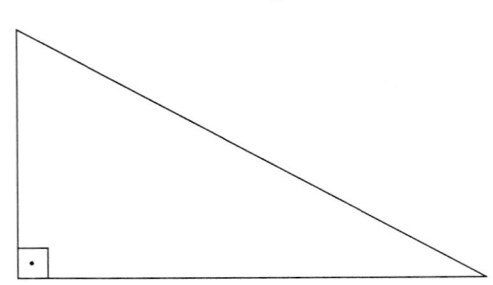

b) Traçar as mediatrizes dos catetos e determinar o seu circuncentro

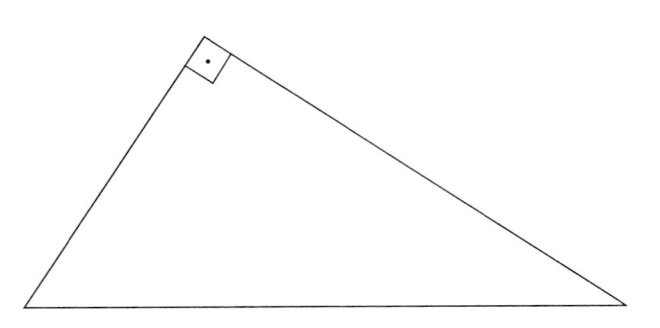

129 Determine o **circuncentro** de cada triângulo e traçar a circunferência **circunscrita** ao triângulo, nos casos:

a) triângulo acutângulo

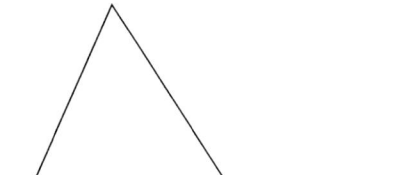

b) triângulo obtusângulo

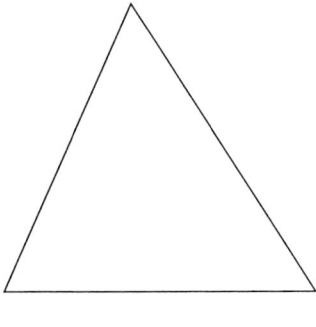

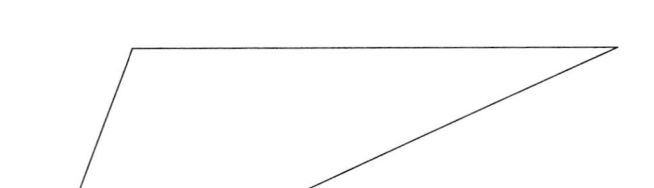

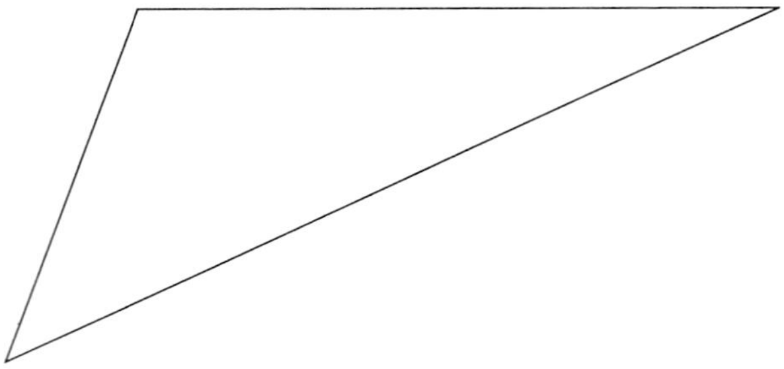

c) triângulo retângulo

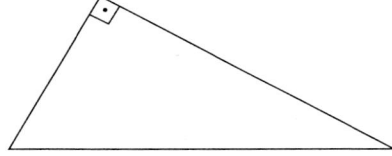

130 Traçar a altura a bissetriz e a mediana relativas ao vértice A do △ABC dado.

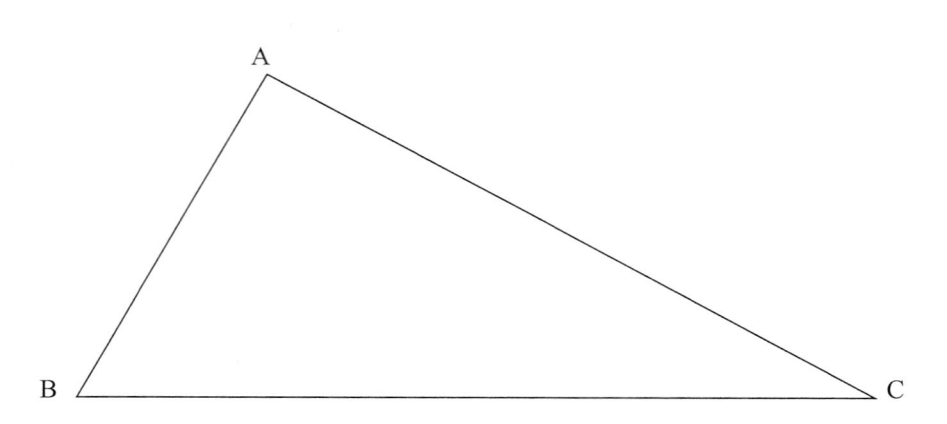

131 Traçar a altura, a bissetriz e a mediana relativas ao vértice A do ΔABC dado.

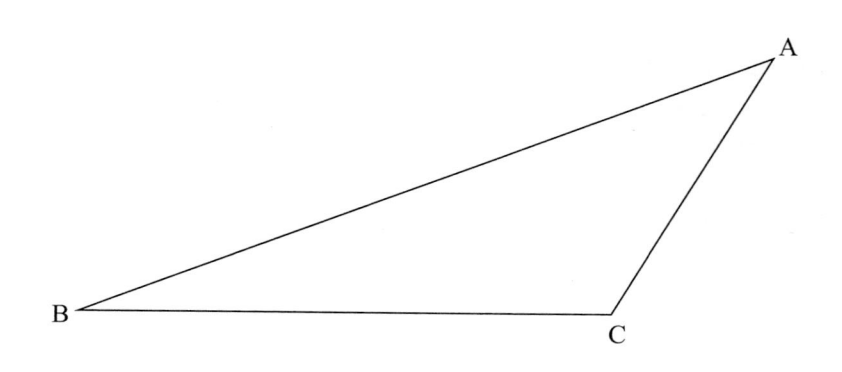

132 Resolver:
a) Traçar as alturas medianas e bissetrizes do triângulo equilátero dado

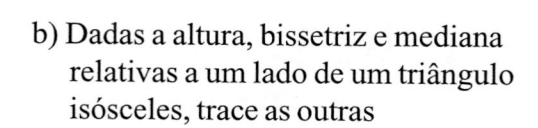

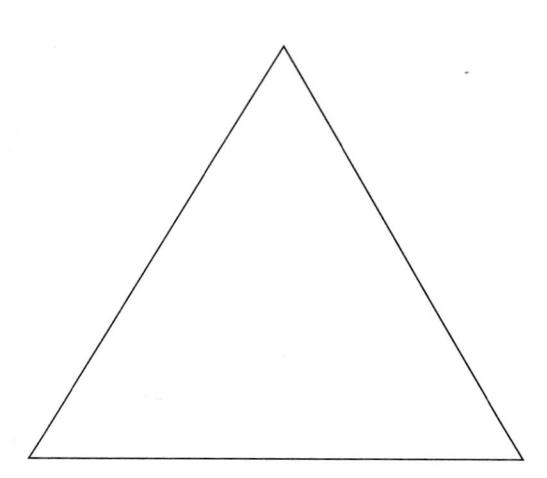

b) Dadas a altura, bissetriz e mediana relativas a um lado de um triângulo isósceles, trace as outras

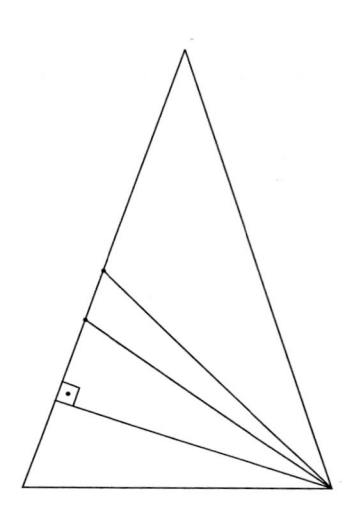

133 Em cada caso é dado um triângulo isósceles de base BC, traçar as suas alturas medianas e bissetrizes:
a)   b)

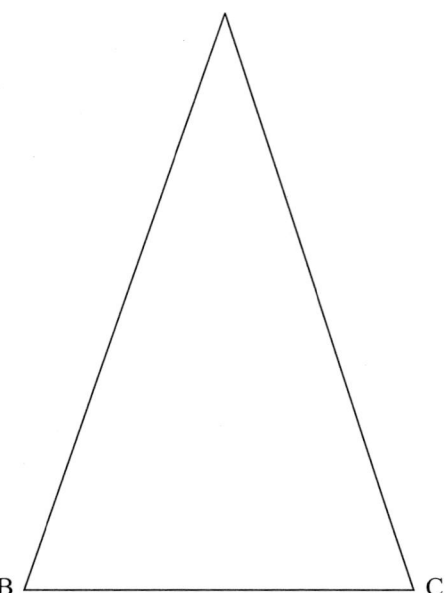

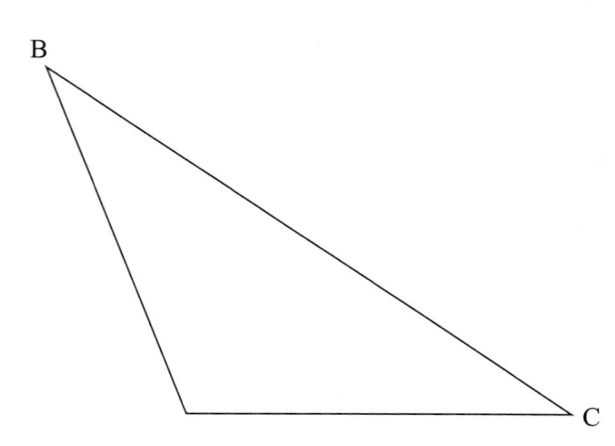

83

134 Determine o **circuncentro** e o **ortocentro** do triângulo isósceles de base BC dado.

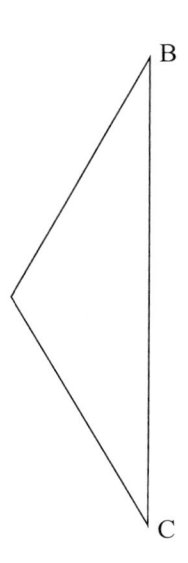

135 Construir um △ABC, nos casos, dados:

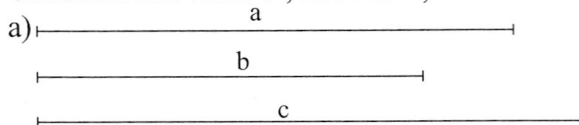

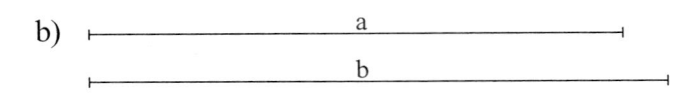

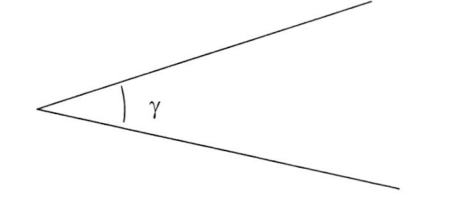

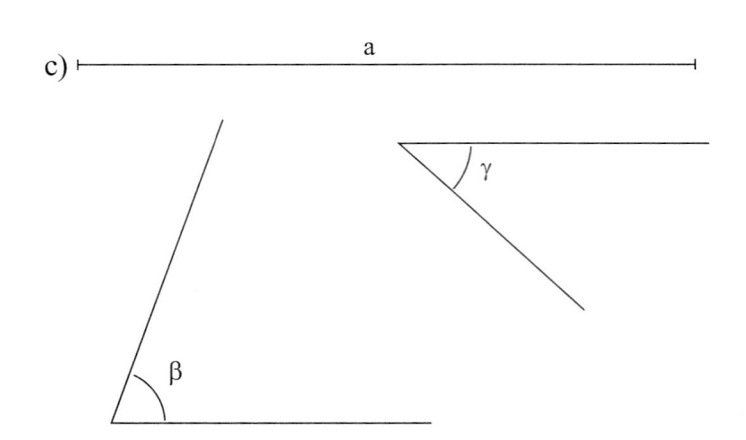

a) a, b, c

b) a, b, γ

c) a, β, γ

d) |———— a ————|

β   α

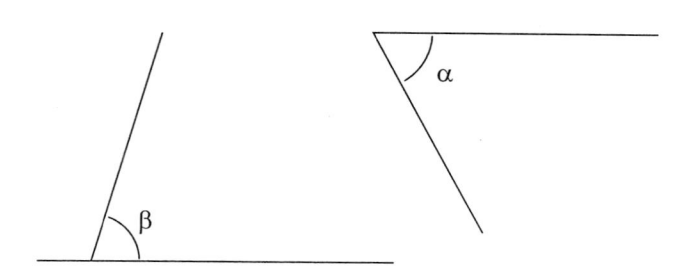

136 Em cada caso é dado o lado $\overline{BC}$ de um $\triangle ABC$ e a semireta de origem B, que contém o lado $\overline{AB}$ (É dado o ângulo $\hat{B}$). Construir o triângulo.

a) |———— b ————| b) |———— b ————|

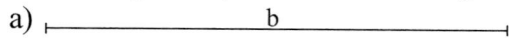

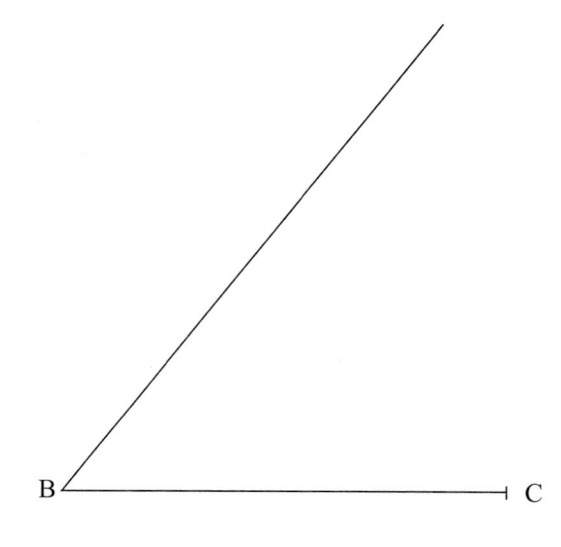

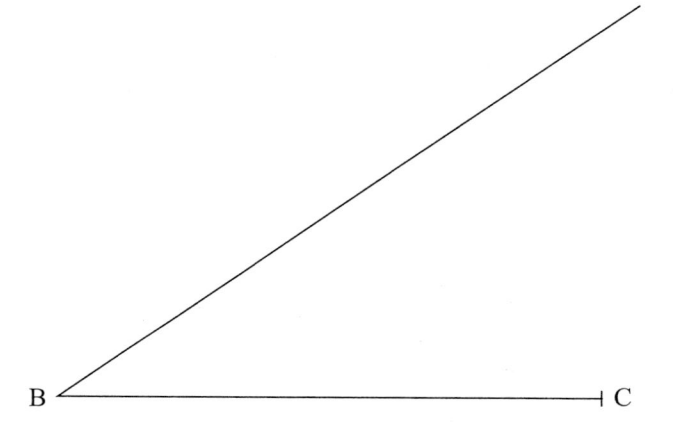

c) |———— h_a ————| d) |———— s_b ————|

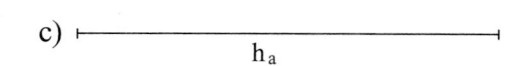

85

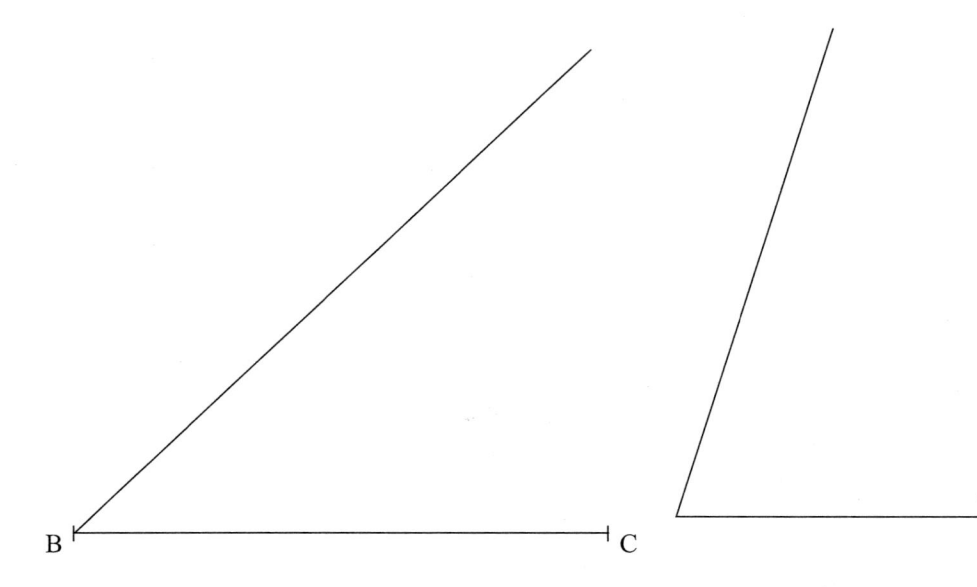

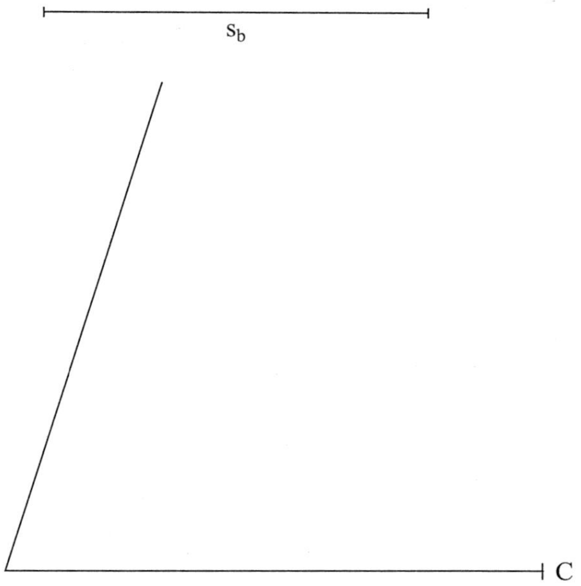

e) |———— m_a ————| ف) |———— s_c ————|

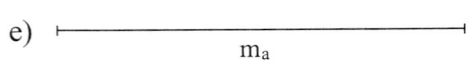

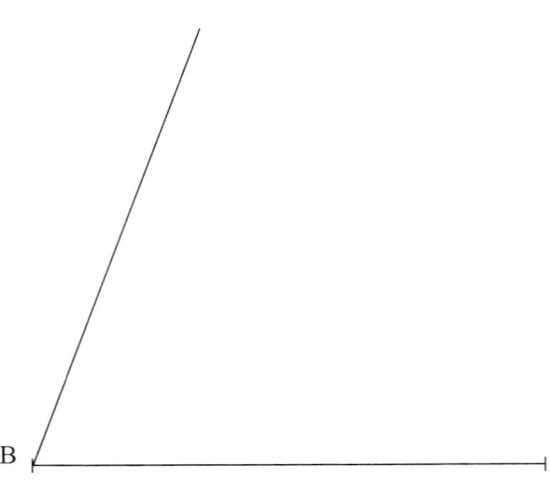

B ∠_____| C   B ∠_____| C

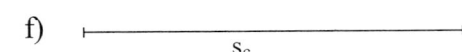

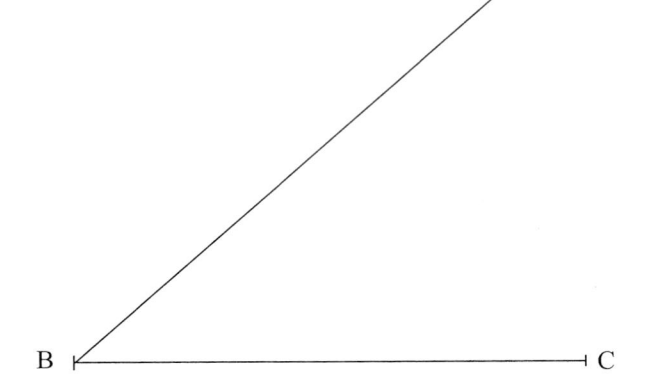

137 Nas resoluções dos problemas seguintes faça sempre, em um bloco para rascunho, um esboço de um triângulo, para nele destacar os elementos dados, para descobrir por onde é melhor começar o desenho. Construir um △ABC, nos casos:

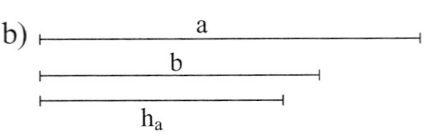

a) |———— a ————| b) |———— a ————|
   |——— b ———| |——— b ———|
   |——— m_a ———| |——— h_a ———|

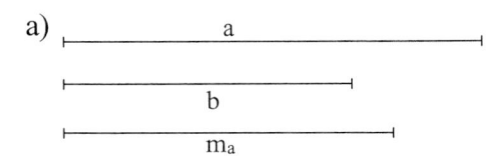

c) |———— b ————|
   |———— c ————|
   |——— h_a ———|

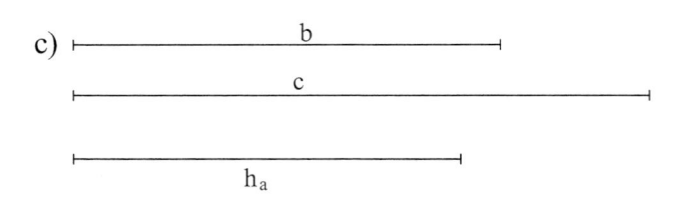

138 Construir um $\triangle ABC$, com $a = 70$ mm nos casos: (Quando houver duas respostas faça apenas a que couber completa na folha).

a) h_a / m_a

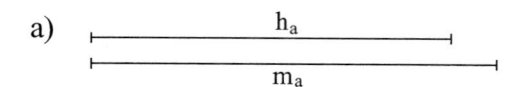

b) h_a / h_b

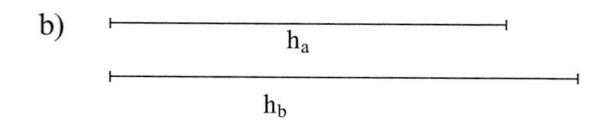

c) m_a / h_b

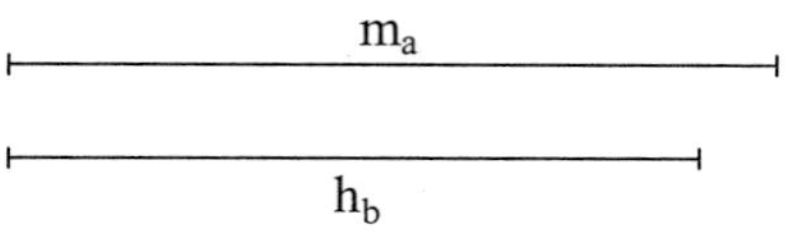

d) s_c / h_b

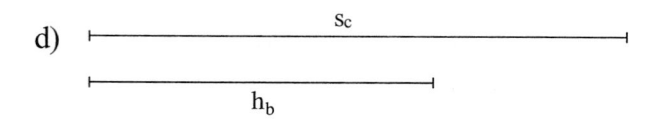

e) s_b / h_b

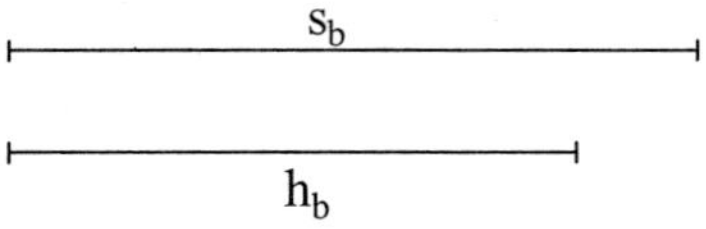

f) s_b / h_c

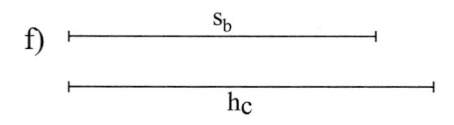

139 Construir um $\triangle ABC$ nos casos:

a) h_a ⊢―――――――⊣

m_a ⊢――――――――――⊣

β

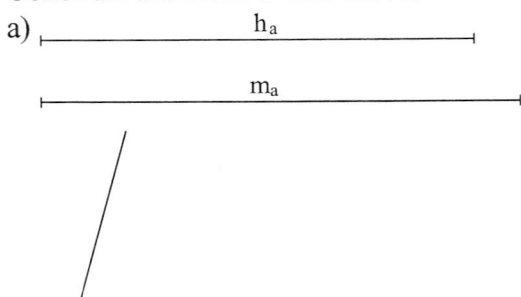

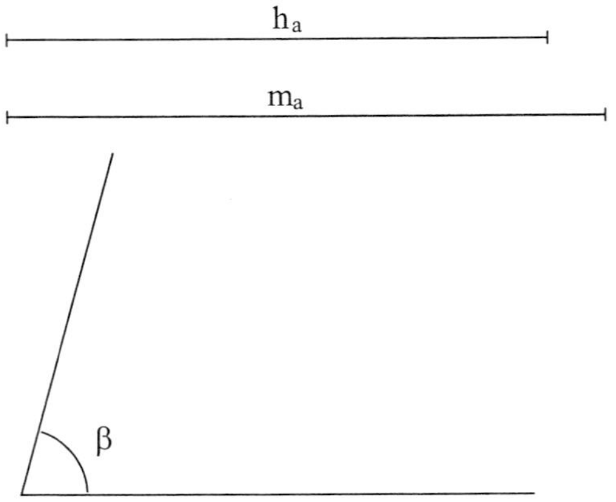

b) h_a ⊢―――――――――⊣

s_a ⊢―――――――――⊣

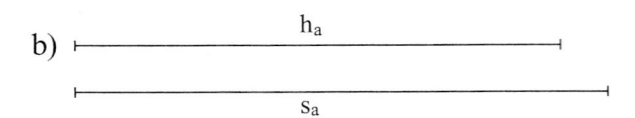

β igual do item **a**

c) h_a ⊢――――――――⊣

h_c ⊢―――――――――⊣

β

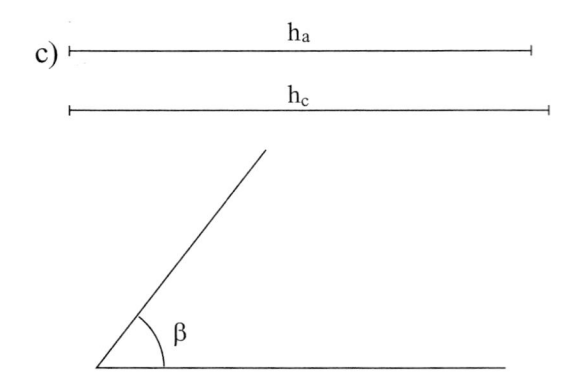

140 Construir um $\triangle ABC$ com $h_a = 65$ mm, nos casos:

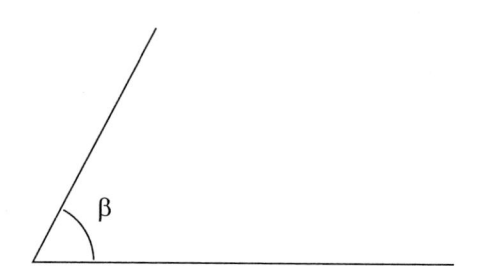

a) |————— s_b —————|

∠β

b) β igual do item **a**

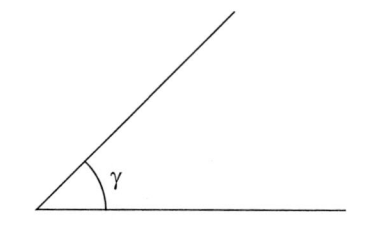

∠γ

c) |————— s_c —————|

∠γ

141 Traçar a base média do △ABC dado, relativa à base:

a) $\overline{BC}$

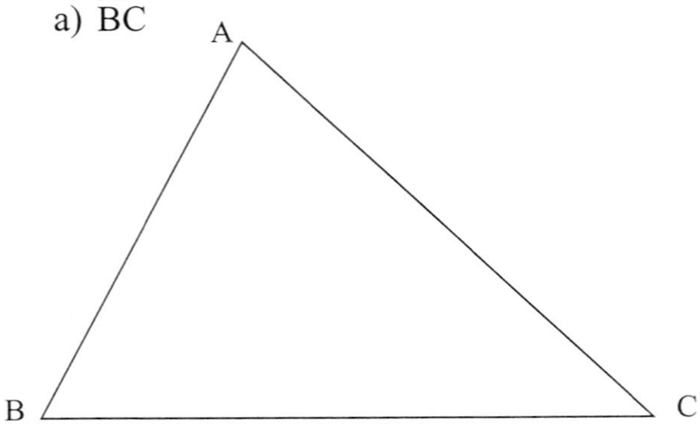

b) $\overline{AB}$

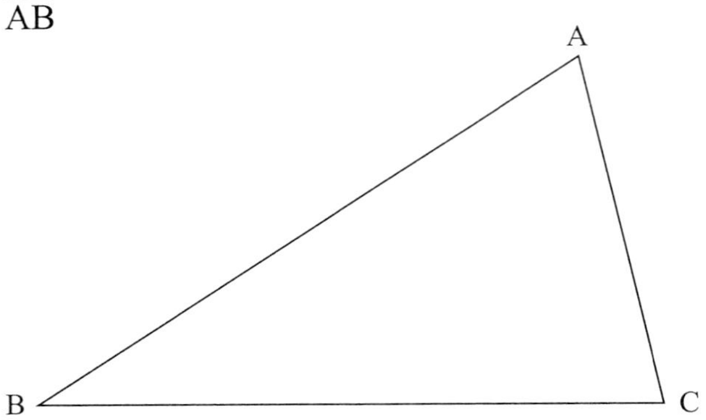

142 Dados os pontos médios dos lados de um triângulo, construir esse triângulo nos casos:

a)

b)

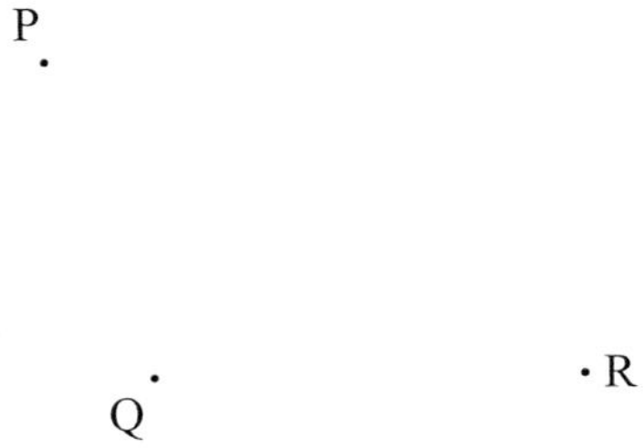

143 Se M é ponto médio do lado $\overline{BC}$ de um △ABC e G é o baricentro do triângulo, determine A, nos caso:

a)

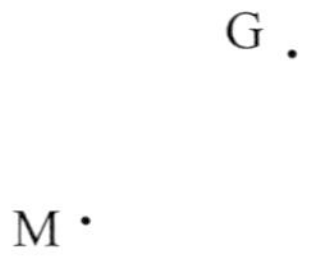

b)

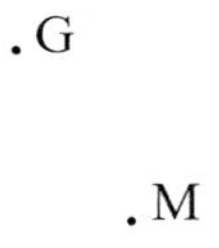

c)

144 Se G é o baricentro de um △ABC, resolver:

a) Dado A determine M_A

b) Dado B determine M_B

145 Dados os pontos médios M e N de dois lados de um triângulo e o seu baricentro, construir esse triângulo nos casos:

a)

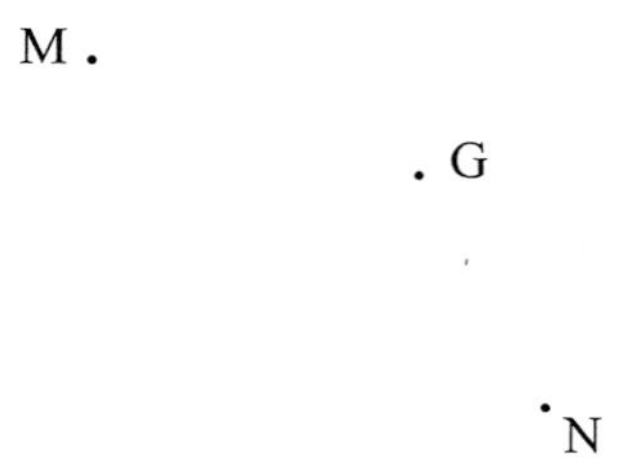

M.

. G

.N

b)

M.   .N

G

146 Dados dois vértices e o baricentro de um △ABC, construir esse triângulo nos casos:

a)

A.

.G

B.

b)

G.

B.

C.

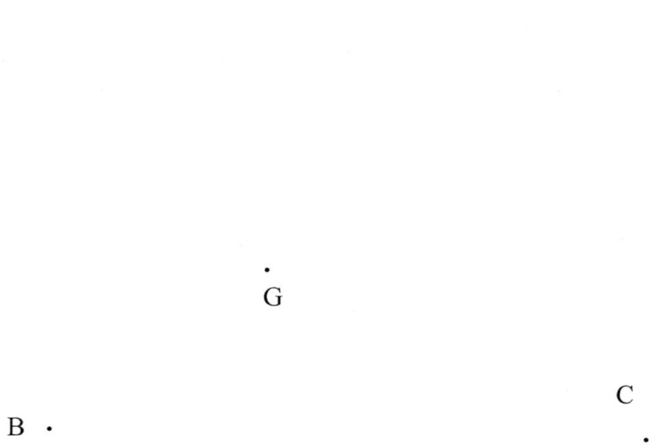

147 O feixe de retas paralelas dado divide o segmento $\overline{AB}$ em 5 partes de medidas iguais. Usando esse feixe, dado um segmento **a**, determine $x = \dfrac{a}{5}$, $y = \dfrac{a}{4}$, $z = \dfrac{a}{3}$ e $w = \dfrac{a}{2}$.

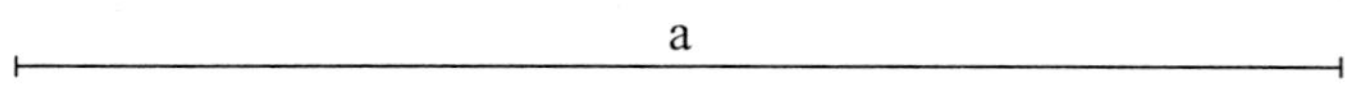

a

A

B

148 Dividir o segmento AB em 3 partes de mesma medida, nos casos:
a)   b)

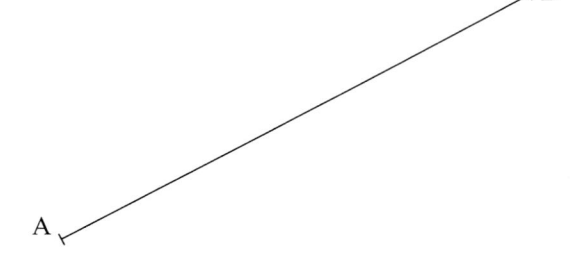

A ├────────────────────┤ B

149 Dividir o segmento AB dado em 5 partes de medidas iguais.

150 Em cada caso é dada a mediana AM de um △ABC. Determine o baricentro desse triângulo.
a)   b)

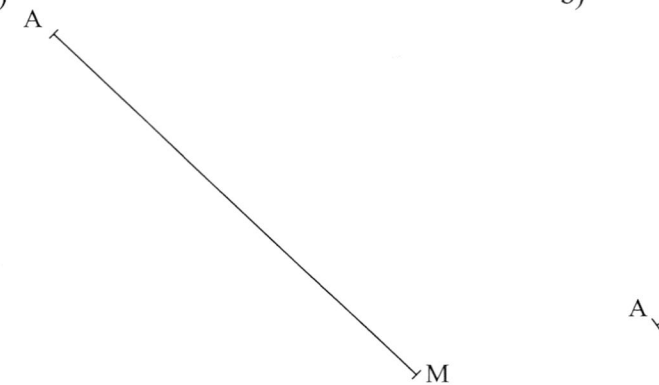

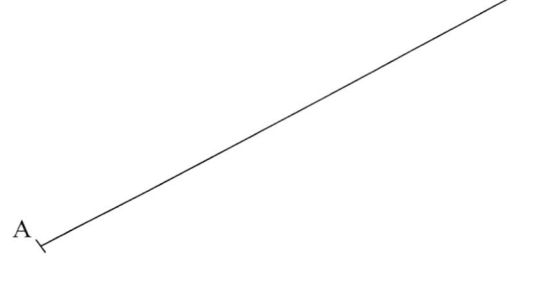

151 Construir um triângulo qualquer que tenha PM como uma de suas medianas, onde P é vértice do triângulo e depois determine o baricentro desse triângulo.

M ├────────────────────────────┤ P

92

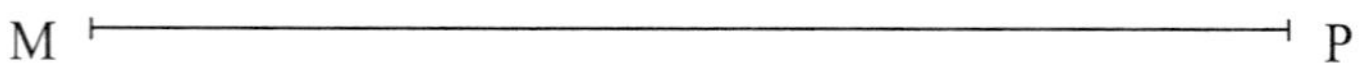

152 Construir um triângulo qualquer que tenha $\overline{AB}$ como uma de suas medianas e a partir dessa construção dividir o segmento AB em três partes de mesma medida.

A ⊢───────────────────────────────⊣ B

153 Dados um ponto A e uma reta r, desenhar o lugar geométrico

a) Dos pontos médios de todos os segmentos que têm uma extremidades em A e outra em r

A ·

b) Dos pontos médios dos lados AB e AC dos △ABC que têm $\overline{BC}$ em r

A ·

─────────────── r   r ───────────────

c) Das extremidades M_B e M_C das medianas BM_B e CM_C de todos os △ABC que têm $\overline{BC}$ em r.

A ·

r ───────────────

d) Dos baricentros de todos os △ABC que têm $\overline{BC}$ sobre r.

A ·

r ───────────────

93

154 Traçar a reta de Euler do △ABC nos casos:
a)
b)

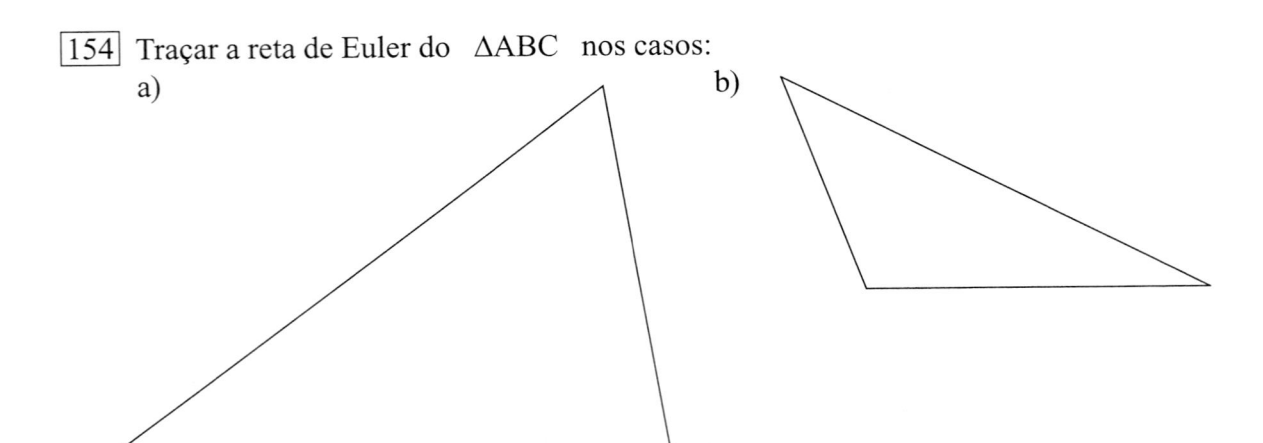

155 Sendo **H** o ortocentro, **G** o baricentro e **O** o circuncentro de um △ABC, dados
a) G e O, determine H
b) H e G, determine O

c) H e O obtenha G

156 Dado o ortocentro H, o circuncentro O e o ponto médio M do lado BC de um △ABC, construir este triângulo.

157 Dado o $\triangle ABC$, construir o círculo dos nove pontos, nos casos:
a) Triângulo acutângulo

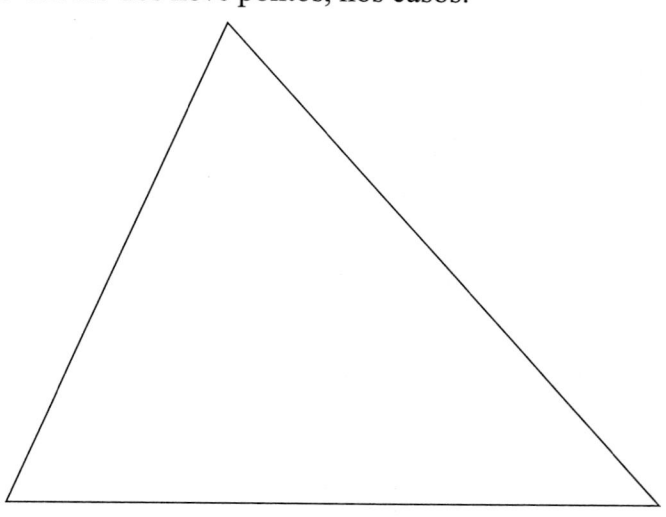

b) Triângulo retângulo

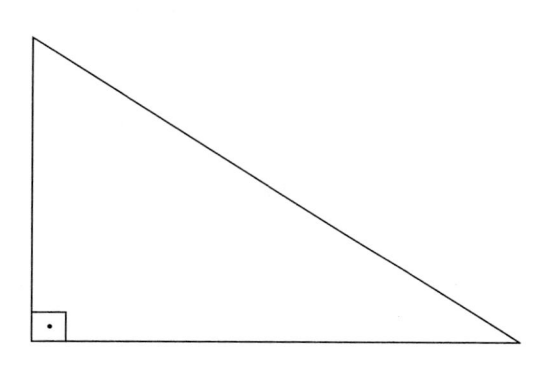

c) Triângulo retângulo

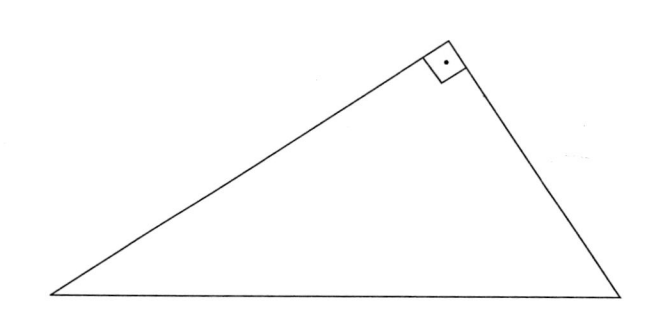

158 Construir o círculo dos nove pontos traçando a circunferência que passa pelos pontos médios dos lados do triângulo dado. Usando a circunferência construida, traçar as alturas do triângulo.

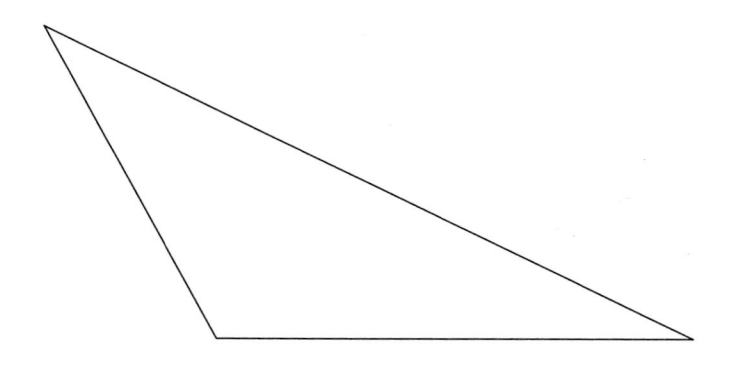

159. Dado a circunferência dos nove pontos, **A** e H_A, de um $\triangle ABC$, construir esse triângulo.

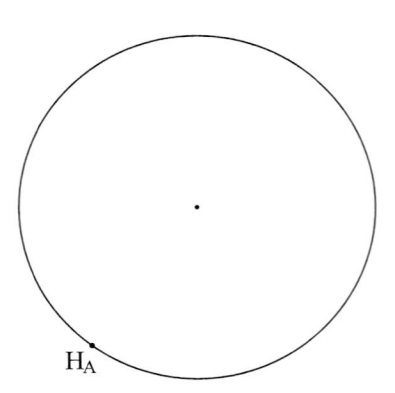

160. Construir um $\triangle ABC$, nos casos, dados:
a) $a = 10,3$ cm
$h_a = 6,2$ cm
$m_b = 7,3$ cm
β é agudo

b) $a = 111$ mm
$b = 66$ mm
$m_b = 76$ mm

161 Construir um △ABC, nos casos, dados:
a) $h_a = 69$ mm
$m_b = 95$ mm
β

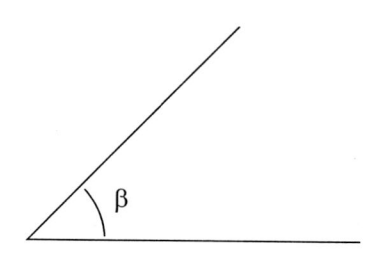

b) $b = 60°$
$h_a = 63$ mm
$m_c = 100$ mm

c) $h_a = 61$ mm
$m_b = 60$ mm
$m_c = 76$ mm

162 Construir um $\triangle ABC$, nos casos, dados;

a) Usando propriedade do baricentro
   $a = 9$ cm
   $m_b = 6$ cm
   $m_c = 9$ cm

b) Por paralelogramo
   $a = 9,5$ cm
   $m_b = 6,1$ cm
   $m_c = 8,9$ cm

c) $a = 115$ mm
   $m_a = 66$ mm
   $m_b = 78$ mm

163 Construir um ΔABC, nos casos, dados:

a) $h_a = 57$ mm
   $m_a = 60$ mm
   $m_b = 72$ mm
   $c < b$

b) $h_a = 57$ mm
   $m_a = 60$ mm
   $m_b = 72$ mm
   $c > b$

c) $a = 9,6$ cm
   $h_b = 6$ cm
   $m_c = 9,4$ cm

164 Construir um △ABC dadas as medianas
$m_a = 7,5$ cm
$m_b = 8,4$ cm
$m_c = 11,1$ cm

165 Construir um △ABC, acutângulo, dados os pés das alturas H_A, H_B e H_C (vértices do triângulo órtico).

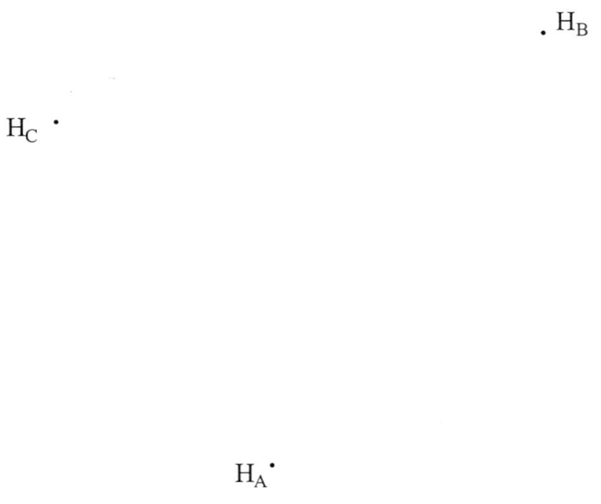

· H_B

H_C ·

H_A ·

166 Construir um △ABC, obtusângulo, dados os pés das alturas H_A, H_B e H_C.

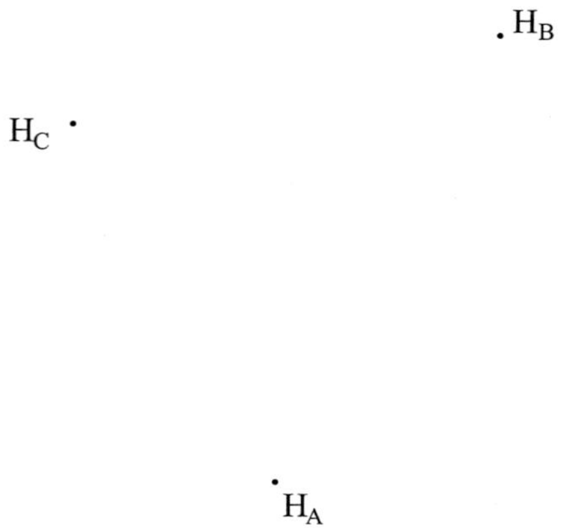

· H_B

H_C ·

· H_A

167 Construir um △ABC dados
a = 9 cm
b + c = 14 cm
γ = 45°

168. Construir um △ABC nos casos, dado:
a) a = 11,5
   b − c = 4 cm
   γ = 30°

b) a + b + c = 16,5
   β = 60°
   γ = 45°

c) a = 6,5 cm
   b + c = 12,5 cm
   α = 60°

169 Construir um triângulo equilátero, nos casos:
a) Um mediana mede 3,5 cm
b) Uma bissetriz mede 3,7 cm

170 Construir um triângulo isósceles ABC de base BC, nos casos:
a) a = 5 cm
   h_a = 6 cm
b) a = 4,1 cm
   h_b = 4,2 cm

c) b = 7,5 cm
   h_b = 5,5 cm
d) a = 6,5 cm
   m_b = 6,2 cm

171. Construir um triângulo isósceles ABC de base BC, nos casos:
   a) $m_a = 6{,}5$ cm
   $m_b = 5{,}5$ cm
   b) $m_a = 5{,}6$ cm
   $h_b = 4{,}6$ cm

172. Construir um triângulo retângulo ABC de hipotenusa BC, nos casos,
   a) $h_b = 5{,}9$ cm
   $h_c = 4{,}3$ cm
   b) $a = 7{,}7$ cm
   $h_b = 3{,}9$ cm

   c) $h_c = 6{,}7$ cm
   $h_a = 3{,}7$ cm
   d) $c = 6{,}5$ cm
   $h_a = 3{,}8$ cm

173 Construir um triângulo retângulo ABC de hipotenusa BC, nos casos:

a) $h_a = 37$ mm , $m_a = 40$ mm

b) $h_a = 39$ mm , $m_b = 55$ mm

c) $a = 83$ mm , $m_b = 56$ mm

d) $h_b = 80$ mm , $m_c = 83$ mm

e) $h_b = 50$ mm , $m_c = 68$ mm

f) $m_a = 44$ mm , $m_b = 77$ mm

174 Construir um triângulo equilátero, nos casos,
a) A soma s = 75 mm do lado com a altura (s = a + h = 75 mm)
b) A diferença d = 8 mm entre o lado e a altura (d = a − h)

175 Construir um triângulo retângulo de hipotenusa **a** e catetos **b** e **c**, nos casos:
a) a = 10,6 cm , b + c = 14,5 cm

b) a = 12 cm , b − c = 6 cm

176) Construir um triângulo retângulo de hipotenusa a e catetos b e c, nos casos, dados:
a) b = 5,5 cm , a + c = 15 cm

b) b = 5 cm , a − c = 1,5 cm

177) Dadas as retas r e s, concorrentes em um ponto P, e um ponto A, traçar a reta que passa pelos pontos P e A.

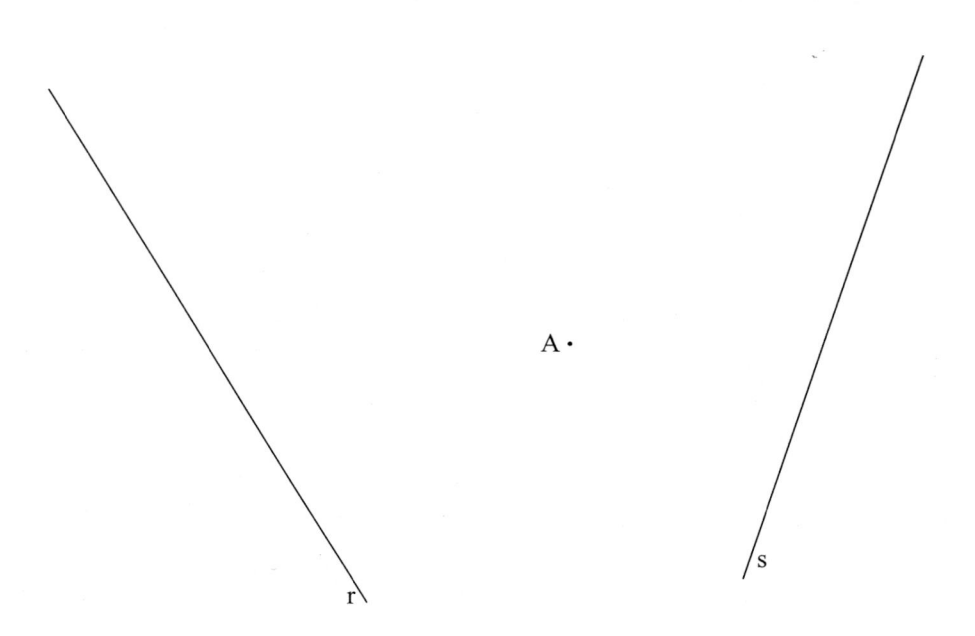

178 Construir com △ABC, nos caso

a) Retângulo com hipotenusa BC, dados $s_b = 5,7$ cm e $\hat{C} = \gamma$.

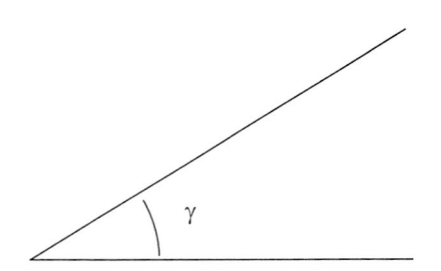

b) Isósceles com $A = \alpha$ e $s_b = 89$ cm.

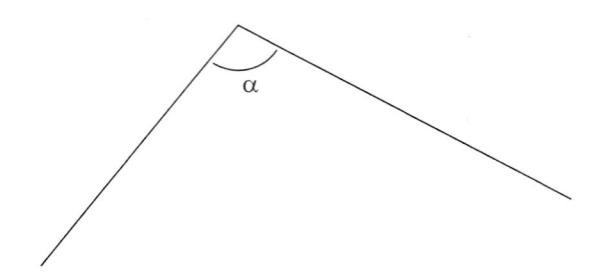

c) $\beta = 60°$, $\gamma = 45°$, $s_c = 97$ mm

179 Construir um ΔABC, nos casos:
a) a = 7 cm , b = 6 cm , c = 5 cm
b) a = 4 cm , b = 3 cm , c = 5 cm
c) a = 5 cm , b = 7 cm , c = 3 cm
d) a = 8 cm , b = 4 cm , c = 3 cm (E aí?)
e) a = 6 cm , c = 4 cm , β = 60°
f) a = 5 cm , c = 4,5 cm , β = 120°

180 Construir um ΔABC, nos casos:
a) a = 6 cm , β = 90° , γ = 30°
b) a = 6 cm , β = 105° , γ = 30°
c) a = 5 cm , β = 105° , γ = 120° (E aí?)
d) a = 5 cm , b = 7 cm , β = 120°
e) a = 7 cm , b = 6 cm , β = 120° (E aí?)
f) a = 7 cm , b = 5,5 cm , β = 45°
g) a = 8 cm , α = 60° , β = 75°
h) a = 7 cm , α = 30° , β = 105°

181 Construir um ΔABC, nos casos:
a) a = 90 mm , h_a = 63 mm , β = 45°
b) a = 105 mm , m_a = 64 mm , β = 60°
c) a = 100 mm , s_b = 75 mm , β = 60°
d) a = 102 mm , h_b = 90 mm , β = 45°
e) a = 7 mm , m_c = 9 cm , β = 120°
f) a = 84 m , s_c = 86 mm , β = 75°

182 Construir um ΔABC , nos casos:
a) a = 10 cm , h_a = 6,5 cm , m_a = 7 cm
b) a = 7,5 cm , h_a = 5 cm , h_b = 3,5 cm
c) a = 10 cm , b = 9 cm , m_a = 6 cm
d) a = 9 cm , b = 6,8 cm , h_a = 6 cm
e) a = 12 cm , h_b = 7 cm , s_c = 8,5 cm
f) b = 10 cm , c = 6 cm , h_a = 5 cm

183 Traçar
a) Duas retas paralelas r e s distantes 3 cm uma da outra (d (r, s) = 3 cm).
b) Cinco retas paralelas distintas, a , b , c , d , e , com d (a , b) = d (b , c) = d (c , d) = d (d , e) = 1,5 cm.

184 Considere uma reta r e um ponto A fora dela. Traçar o lugar geométrico dos pontos médios de todos os segmentos que tem uma extremidade em A e a outra em r.

185 Construir um ΔABC, nos casos:
a) a = 12 cm , h_a = 6 cm , m_b = 7,5 cm, β agudo
b) a = 2,2 cm , h_a = 4,2 cm , m_b = 2,4 cm
c) a = 10 cm , b = 8,5 cm , m_c = 8,7 cm
d) a = 8 cm , c = 5 cm , m_b = 6 cm
e) c = 7,5 cm , m_a = 5,5 cm , h_a = 5 cm
f) c = 5 cm , h_a = 4 cm , m_a = 8,5 cm

186 Construir um ΔABC, com Ĉ agudo, nos casos:
a) a = 12 cm , h_b = 6,5 cm , m_a = 3,8 cm
b) a = 8 cm , h_b = 6 cm , m_b = 6,3 cm
c) a = 11 cm , h_b = 5,7 cm , m_c = 10 cm

187 Construir um ΔABC, com γ obtuso, nos casos:
a) a = 6 cm , h_b = 4,5 cm , m_a = 8 cm
b) a = 6,5 cm , h_b = 5 cm , m_b = 8,5 cm
c) a = 8 cm , h_b = 6 cm , m_c = 4,4 cm

188 Construir ΔABC, nos casos:
a) a = 10 cm , h_b = 8 cm , m_a = 4,4 cm
b) a = 5,9 cm , h_b = 4 cm , m_b = 4,3 cm
c) a = 6 cm , h_b = 3,5 cm , m_a = 7 cm (Atenção)
d) a = 7,8 cm , h_b = 4,2 cm , m_c = 5,5 cm (Atenção)

189 Construir um ΔABC, nos casos:
a) β = 60° , h_a = 57 mm , m_c = 90 mm
b) β = 60° , h_a = 55 mm , s_b = 65 mm
b) β = 75° , h_a = 60 mm , s_a = 63 m
d) β = 60° , h_a = 50 mm , m_a = 61 mm
e) β = 60° , h_a = 64 mm , m_b = 75 mm

190 Construir um ΔABC, nos casos:
a) a = 13 cm , m_b = 9 cm , m_c = 12 cm
b) a = 12 cm , m_a = 7,2 cm , m_b = 8,1 cm

191 Construir um ΔABC, nos casos:
a) h_a = 7 cm , m_a = 7,5 cm , m_b = 9 cm , b > c
b) h_a = 6,8 cm , m_b = 11,1 cm , m_c = 8,7 cm
c) m_a = 9 cm , m_b = 9,3 cm , m_c = 13,2 cm

192 Construir um triângulo equilátero, nos casos:
   a) Uma altura mede 4,5 cm
   b) Uma mediana mede 43 mm
   c) Uma bissetriz mede 5 cm

193 Construir um triângulo isósceles ABC de base BC, nos casos:
   a) $a = 8$ cm, $h_a = 6$ cm
   b) $b = 6,5$ cm, $h_a = 5$ cm
   c) $a = 7,5$ cm, $h_b = 6,5$ cm
   d) $a = 9$ cm, $m_b = 7,5$ cm
   e) $a = 10$ cm, $m_b = 7,7$ cm
   f) $b = 8,2$ cm, $m_b = 6,5$ cm
   g) $h_a = 7$ cm, $m_b = 8$ cm
   h) $m_a = 6$ cm, $m_b = 9$ cm
   i) $h_a = 8,5$ cm, $h_b = 8$ cm

194 Construir um triângulo retângulo ABC de hipotenusa BC, nos casos:
   a) $a = 67$ mm, $b = 40$ mm
   b) $a = 80$ mm, $h_b = 50$ mm
   c) $h_b = 40$ mm, $h_c = 80$ mm
   d) $h_b = 50$ mm, $h_a = 40$ mm
   e) $h_b = 55$ mm, $m_a = 50$ mm
   f) $m_a = 45$ mm, $m_b = 63$ mm
   g) $h_b = 90$ mm, $m_b = 63$ mm
   h) $h_b = h_c = 60$ mm

195 Construir um $\triangle ABC$, nos casos:
   a) $g = 30°$, $a = 9$ cm, $b + c = 18$ cm
   b) $g = 45°$, $a = 9$ cm, $b - c = 3,8$ cm
   c) $a = 75°$, $b = 45°$, $a + b + c = 25$ cm
   d) $a = 60°$, $a = 8$ cm, $b + c = 15$ cm

196 Construir um triângulo equilátero de lado a e altura h, nos casos:
   a) $a + h = 17,5$ cm
   b) $a - h = 2$ cm

197 Construir um triângulo retângulo nos casos:
   a) $a = 12$ cm, $b + c = 15,5$ cm
   b) $a = 12,5$ cm, $b - c = 7,3$ cm
   c) $b = 10$ cm, $a + c = 15$ cm
   d) $b = 10,5$ cm, $a - c = 7$ cm

198 Construir um $\triangle ABC$, nos casos:
   a) $a = 90°$, $b = 30°$, $s_b = 16$ cm
   b) $b = g = 22°30'$, $s_b = 10$ cm
   c) $b = 60°$, $g = 45°$, $s_a = 8$ cm

199 Construir um $\triangle ABC$ e depois construir a circunferência dos **nove pontos** desse triângulo, nos casos:
   a) $a = 11$ cm, $b = 13$ cm, $c = 15$ cm
   b) $a = 90°$, $b = 6$ cm, $c = 10$ cm
   c) $a = 10$ cm, $b = 13,3$ cm, $c = 5,5$ cm

200 Construir um $\triangle ABC$ e depois traçar a reta de Euler desse triângulo, destacando o ortocentro H, o baricentro G e o circuncentro O, nos casos:
   a) $a = 10$ cm, $b = 13$ cm, $c = 16$ cm
   b) $a = 6$ cm, $b = c = 13$ cm
   c) $a = 10,5$ cm, $b = 14$ cm, $c = 6$ cm
   d) $\alpha = 90°$, $a = 14$ cm, $b = 12$ cm

201 De um $\triangle ABC$ acutângulo sabemos que $H_A H_B = 5$ cm, $H_A H_C = 6$ cm e $H_B H_C = 7$ cm. Construir este triângulo (H_A, H_B e H_C são os pés das alturas).

202 Um $\triangle ABC$ é obtusângulo com $\hat{A}$ obtuso. Construir este triângulo sabendo que $H_A H_B = 4,8$ cm, $H_A H_C = 5,3$ cm e $H_B H_C = 4,3$ cm.

203 Se ABC é triângulo isósceles de base BC e $OH = 3,9$ cm, $OB = 8,7$ cm e $HB = 6,5$ cm, onde H é o ortocentro e O é o circuncentro, construa esse triângulo.

Capítulo – 3 CIRCUNFERÊNCIA

A – Circunferência

A1) Definição: Dados um ponto O, em um plano, e uma distância r, o conjunto dos pontos, deste plano, que distam r de O é chamado circunferência de centro O e raio r. Indicamos uma circunferência c de centro O e raio r por:
c (O, r)

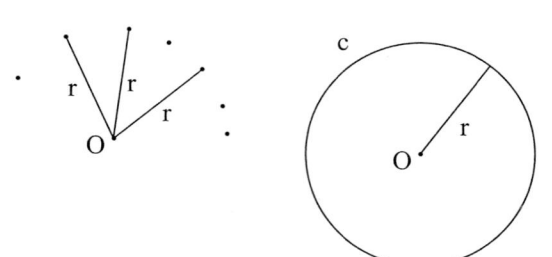

Obs: A circunferência de centro O e raio r é o lugar geométrico dos pontos que distam r de O. (Lugar geométrico no plano).

A2) Círculo: Círculo de centro O e raio r é a união da **circunferência** de centro O e raio r com a sua **região interna**. (Região interna é o conjunto de pontos cuja distância até O é menor que r.

circunferência: 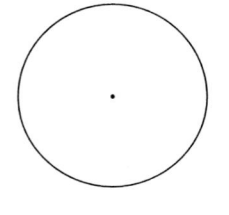   círculo:

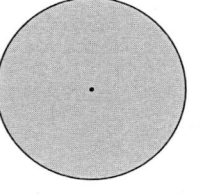

A3) Circunferências congruentes

Duas circunferências são congruentes se, e somente se, têm raios de medidas iguais.

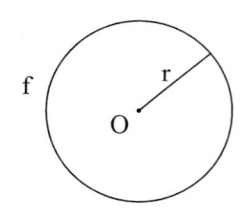

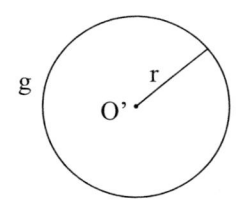

f (O , r) e g (O' , r) são congruentes)

A4) Circunferência concêntricas

Duas circunferências são concêntricas quando têm o mesmo centro.

f (O , r) e g (O , r') são concêntricas

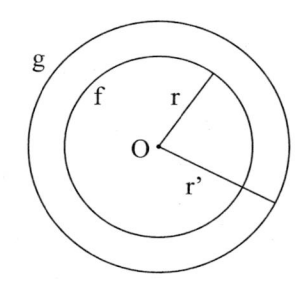

B – Elementos

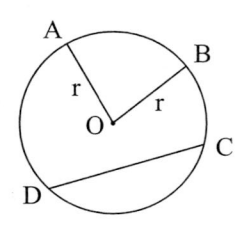

Centro: É o ponto O da definição

Raio: É a distância r da definição ou qualquer segmento com uma extremidade em O e outra na circunferência ($\overline{OA}$ e $\overline{OB}$ são raios).

Corda: Qualquer segmento cujas extremidades são dois pontos distintos da circunferência é chamado **corda** dessa circunferência ($\overline{CD}$ é uma corda).

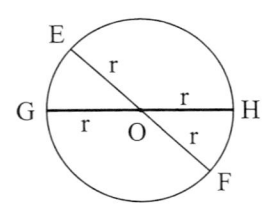

Diâmetro: Qualquer corda que passa pelo centro da circunferência é chamado **diâmetro** desse circunferência ($\overline{EF}$ e $\overline{GH}$ são diâmetros). Note que o diâmetro mede 2r (EF = GH = 2r).

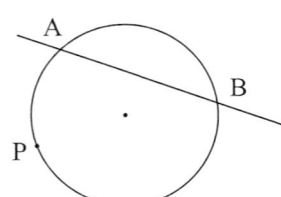

Arco: A Intersecção de uma circunferência com um semiplano cuja origem contém uma corda da circunferência é chamado **arco de circunferência**.
($\widehat{AB}$ e $\widehat{APB}$ são arcos de circunferência).

C – Posições relativas

C1) Posições relativas entre reta e circunferência

Secantes: Se uma reta s e uma circunferência f têm dois pontos distintos em comum, a reta e a circunferência são secantes.
Neste caso a distância d entre o centro O e a reta s é menor que r.

Tangentes: Se uma reta t e uma circunferência f têm um único ponto em comum, então a reta e a circunferência são tangentes.
O ponto em comum é chamado ponto de tangencia ou ponto de contacto.
Neste caso a distância d entre o centro O é a reta t é r.

Externas: Se uma reta e e uma circunferência f não têm ponto em comum (são disjuntos) dizemos que à reta é externa à circunferência.
Neste caso a distância d entre o centro O e a reta e é maior que r.

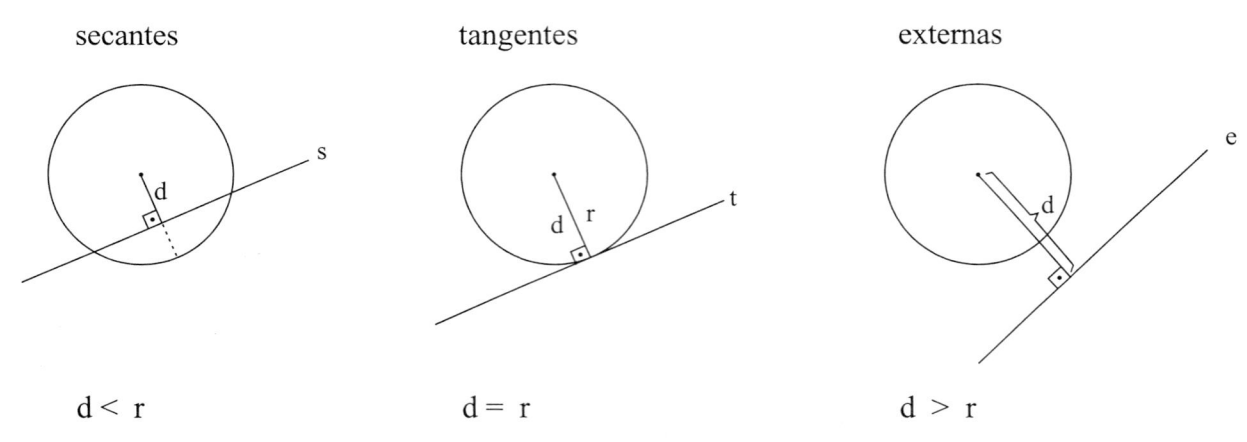

secantes	tangentes	externas
d < r	d = r	d > r

C2) Posições relativas entre circunferências

Secantes: Se duas circunferências f e g tem dois pontos distintos em comum, então f e g são chamadas circunferências secantes. Neste caso a distância d entre os centros é menor que a soma dos raios R e r e maior que diferença positiva entre os raios.

Exteriores: Se duas circunferência f e g não têm pontos em comum nem pontos internos em comum, então f e g são chamadas circunferências exteriores.
Neste caso a distância d entre os centros é maior que a soma dos raios R e r.

Tangentes externamente: Se duas circunferência f e g têm um único ponto em comum e não têm pontos internos em comum, então f e g são chamadas circunferências tangentes externamente.
O ponto em comum é chamado ponto de tangência ou ponto contacto.
Neste caso a distância d entre os centros é igual à soma dos raios R e r.

Tangentes internamente: Se duas circunferências f e g têm um único ponto em comum e os outros pontos de uma é interno à outra, então f e g são chamadas tangentes internamente (ou tangentes interiores). O ponto em comum é chamado ponto de tangência ou ponto de contacto.
Neste caso a distância d entre os centros é igual à diferença positiva entre os raios R e r.

Uma interior à outra: Se duas circunferência f e g não têm pontos em comum e o centro de uma delas é interno à outra, então f e g são ditas uma interior a outra (ou interiores).
Neste caso a distância d entre os centros é menor que a diferença positiva entre os raios R e r.

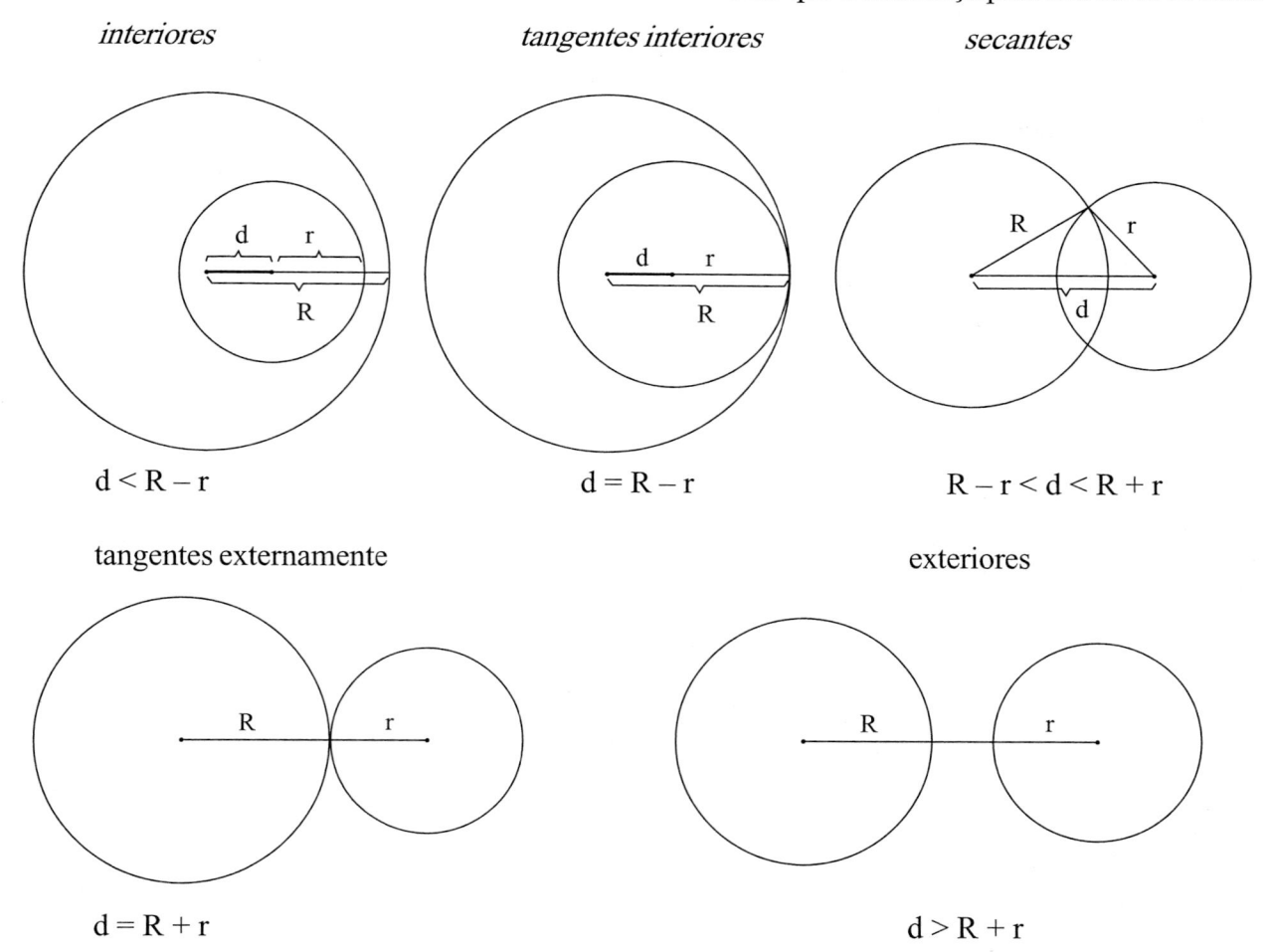

interiores   *tangentes interiores*   *secantes*

d < R − r   d = R − r   R − r < d < R + r

tangentes externamente   exteriores

d = R + r   d > R + r

D − Propriedades

D1) Mediatriz de corda

A mediatriz de uma corda de uma circunferência passa pelo centro desta circunferência (E reciprocamente).

Consequência: Um segmento que têm como extremidades o centro de uma circunferência e o ponto médio de uma corda é perpendicular a corda (E reciprocamente).

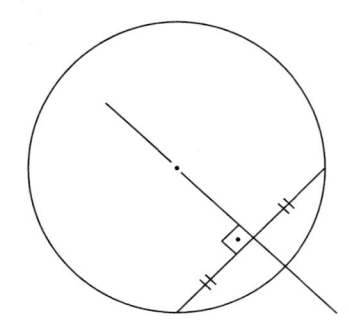

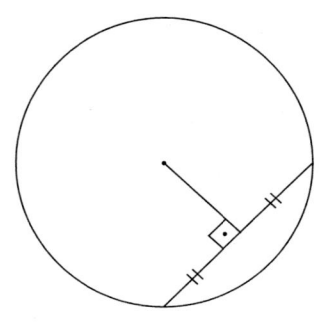

113

D2) Cordas congruentes

Duas cordas de uma mesma circunferência (ou de circunferências congruentes), igualmente afastadas do centro são congruentes (E reciprocamente).

D3) Reta tangente

Se uma reta é perpendicular a um raio, pela extremidade do raio que está na circunferência, então ela é tangente à circunferência (E reciprocamente).

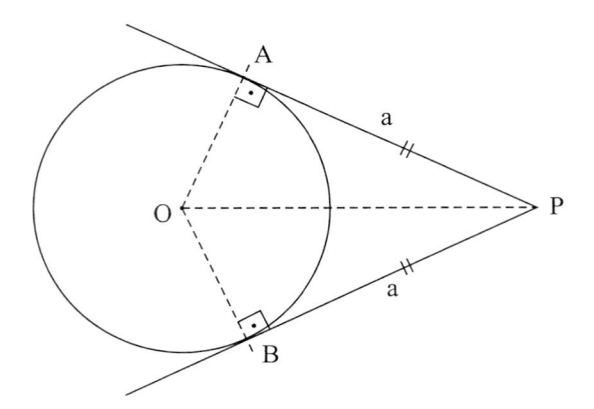

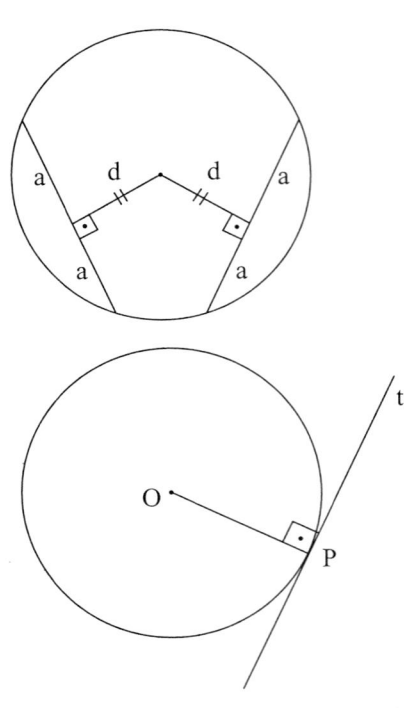

D4) Segmentos tangentes

Dois segmentos tangentes a uma circunferência, que tem uma extremidade em comum num ponto P externo à circunferências e as outras extremidades na circunferência são congruentes.

Conseqüência: Se dois segmentos são congruentes, têm uma extremidade em comum e as outras em uma circunferência, se um for tangente à circunferência, então o outro também o será.

D5) Circunferências tangentes

I) Se a distância entre os centros de duas circunferências é igual à soma dos raios, então elas são tangentes externamente (E reciprocamente).

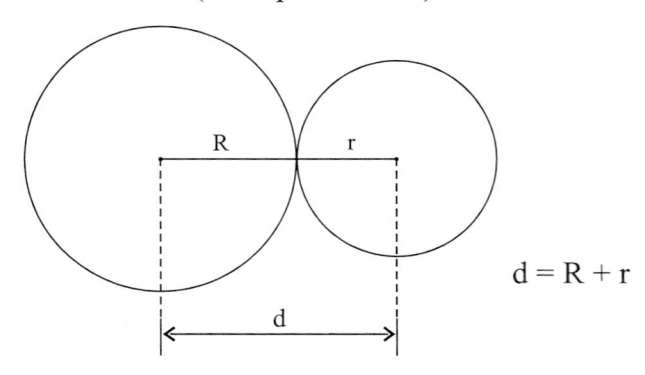

$$d = R + r$$

II) Se a distância entre os centros de duas circunferências for igual a diferença entre os raios, então essas circunferências são tangentes interiormente. (E reciprocamente).

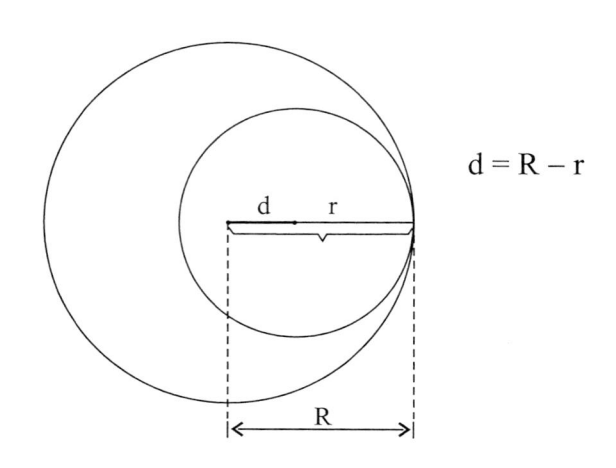

$$d = R - r$$

III) **Conseqüências:**

1 – Se duas circunferências de raios distintos são tangentes a uma reta num mesmo ponto, então elas são tangentes (E reciprocamente).

2 – Se duas circunferências são tangentes, então os centros e o ponto de contacto são colineares (estão em uma mesma reta).

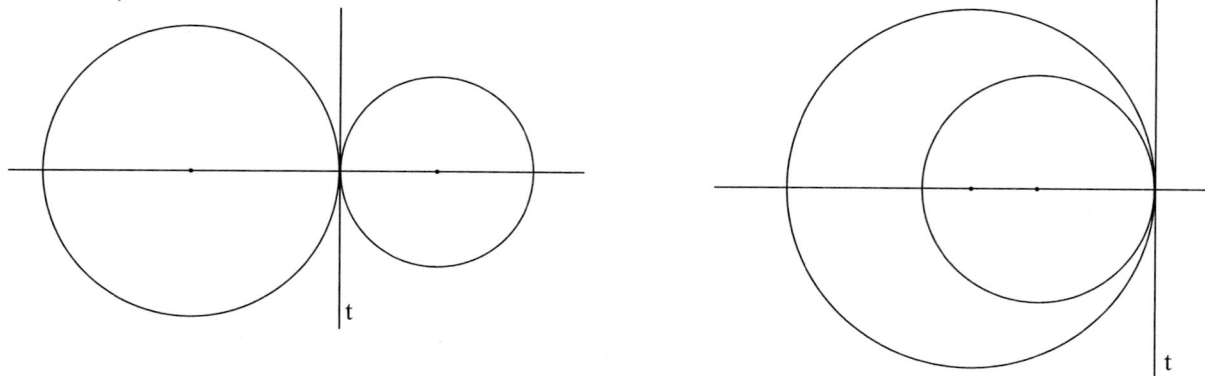

D6) Se um triângulo inscrito em uma circunferência (seus vértices são pontos da circunferência) tem um lado que é diâmetro, então ele é um triângulo retângulo cuja hipotenusa é esse diâmetro.

Outro enunciado: Todo triângulo inscrito em uma semi-circunferência é um triângulo retângulo.

Recíproco: Se um triângulo é retângulo, então a hipotenusa é o diâmetro da circunferência circunscrita.

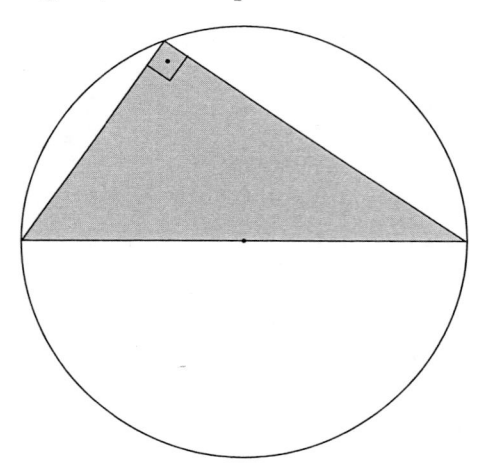

Obs:
1) *Os vértices dos ângulos retos de todos os triângulos retângulos que têm a mesma hipotenusa pertencem a uma mesma circunferência cujo diâmetro é a hipotenusa.*
2) *A mediana relativa à hipotenusa de um triângulo retângulo mede a metade desta (a mediana é raio e a hipotenusa é diâmetro).*

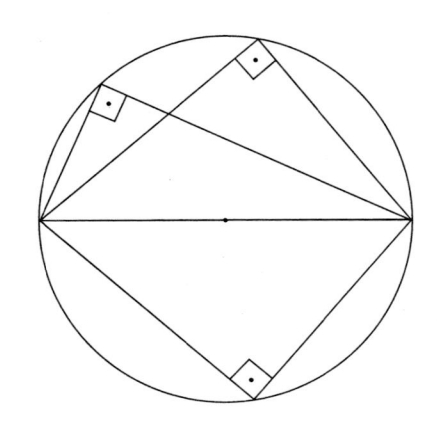

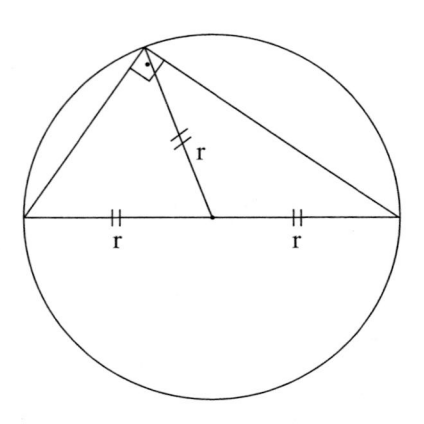

115

E – Lugares geométricos

E1) Circunferências com uma corda comum

O l.g. dos centros de todas as circunferências que têm uma corda AB em comum, é a mediatriz desta corda.

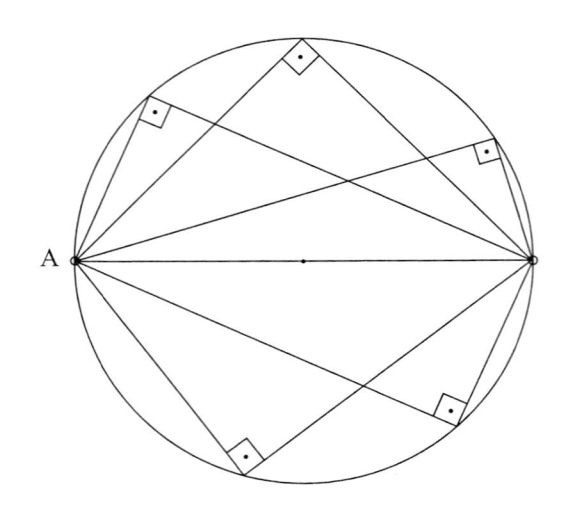

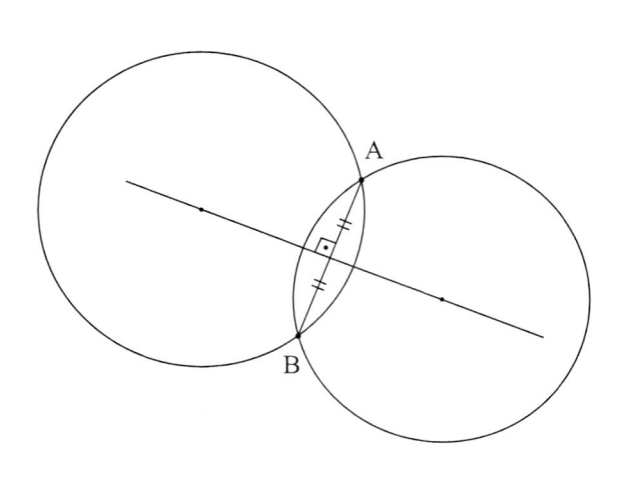

E2) Arco capaz de ângulo reto

Dado um segmento AB, o l.g. dos pontos que vêem este segmento sob ângulo reto é uma circunferência, fora os pontos A e B, de diâmetro $\overline{AB}$. Cada semi-circunferência de diâmetro AB é chamada **arco capaz** de 90°, sobre o segmento AB (arco capaz dos pontos que vêem $\overline{AB}$ sob ângulo reto).

E3) Pontos médios de cordas congruentes

Dadas uma circunferência de centro O e raio r e uma corda de comprimento c, desta circunferência, o lugar geométrico dos pontos médios de todas as cordas desta circunferência que têm comprimento c é uma circunferência de centro O e raio OM, onde M é o ponto médio de uma dessas cordas.

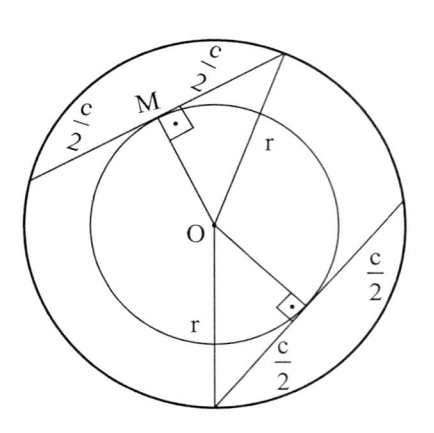

E4) Pontos médios de cordas contidas em retas concorrente num mesmo ponto

Dados um ponto P e uma circunferência de centro O, o l.g. dos pontos médios das cordas, desta circunferência, contidas em retas que passam por P é:

I – Uma circunferência de diâmetro OP se P está na circunferência ou é interno a ela

II – Um arco de circunferência $\widehat{AB}$, de diâmetro OP, contido no círculo.

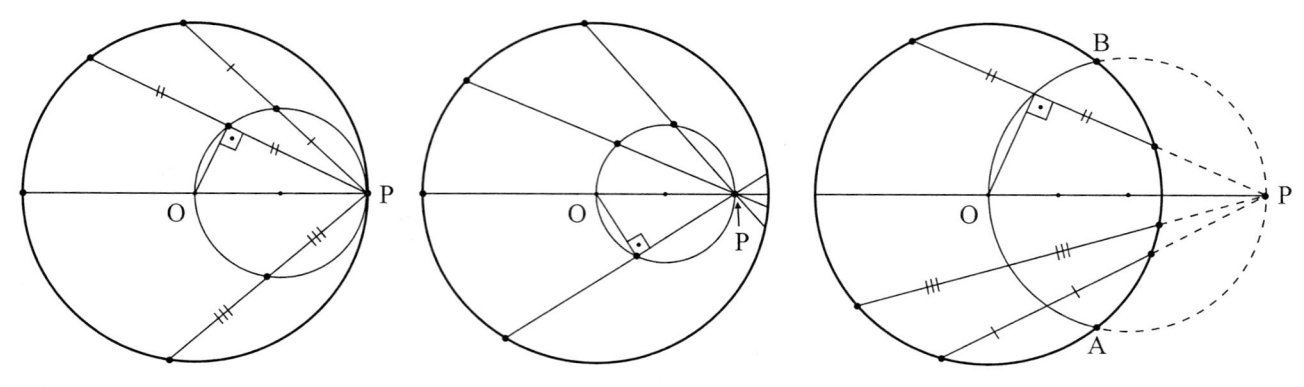

E5) Segmentos Tangentes congruentes

Dados um segmento de comprimento c e uma circunferência f de centro O e raio r, o l.g. das extremidades de todos os segmentos que têm a outra extremidade em f, têm comprimento c e são tangentes a f é uma circunferência de centro O e raio OP onde P é a extremidade fora de f de um daqueles segmentos.

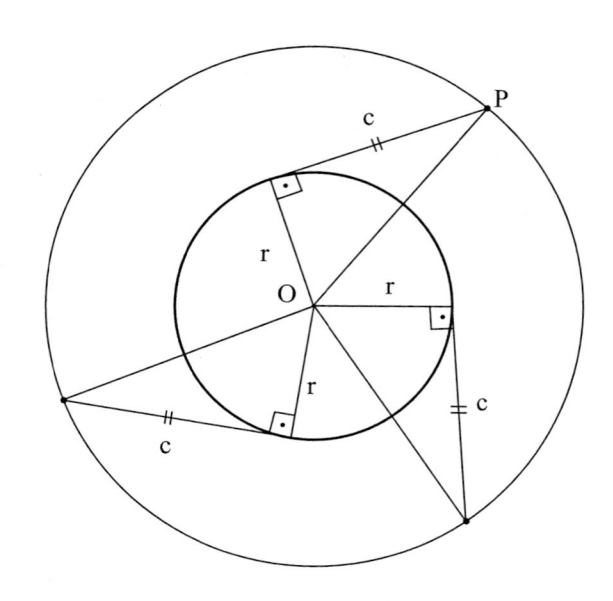

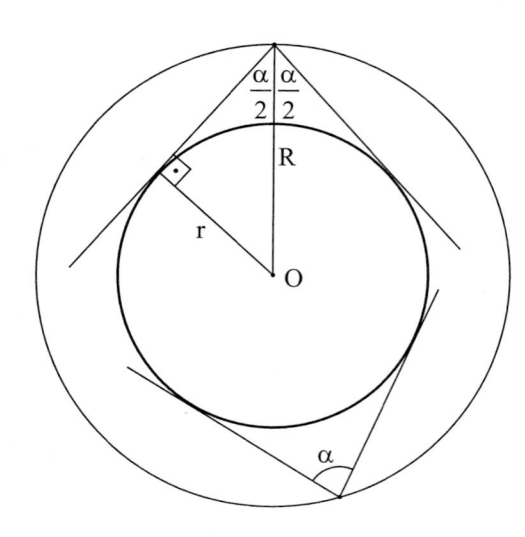

E6) Pontos que vêem uma circunferência dada sob ângulo α dado

Dados um ângulo α e uma circunferência f de centro O e raio r, o l.g. dos pontos que vêem f sob ângulo α é uma circunferência de centro O e raio R, onde R é a hipotenusa de um triângulo retângulo que tem um cateto r e o ângulo oposto igual a $\frac{\alpha}{2}$.

E7) Centros das circunferências que tangenciam uma reta num mesmo ponto

Dados uma reta t e um ponto P dela, o l.g. dos centros das circunferências que tangenciam t em P é a reta s, menos o ponto P, que passa por P é perpendicular a t.

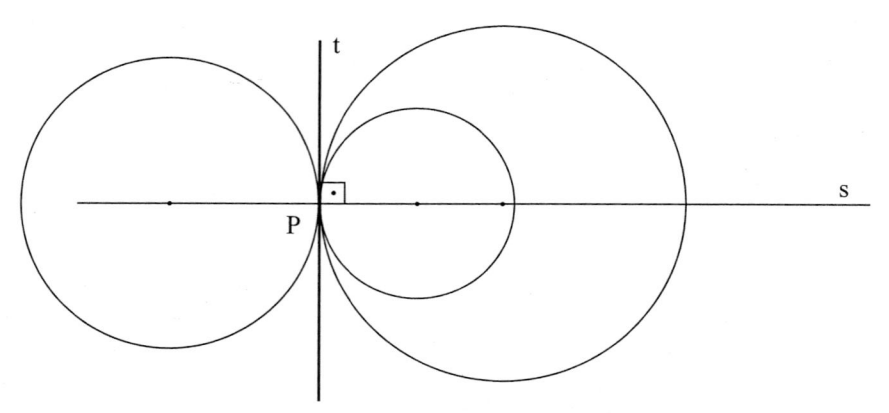

E8) Centros das circunferências congruentes que tangenciam uma reta dada

Dados uma reta t e um comprimento r, o l.g. dos centros das circunferências que têm raio r e tangenciam t é a união das retas a e b paralelas a t, distantes r de t.

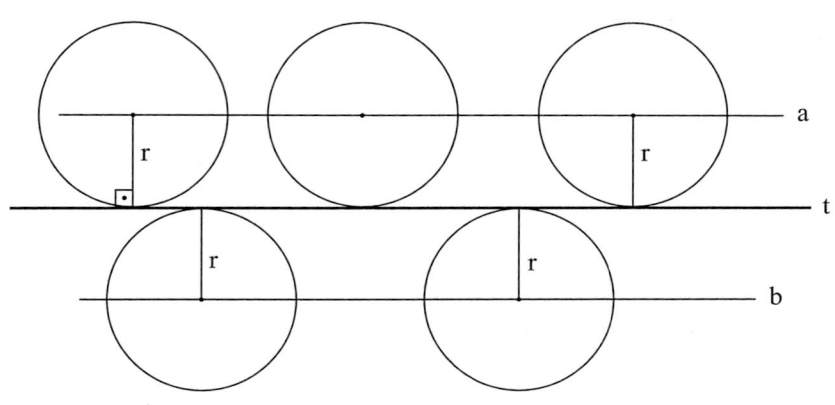

E9) Centros das circunferências que tangenciam duas retas paralelas dadas

Dadas duas retas paralelas **a** e **b**, o l.g. dos centros das circunferências que tangenciam **a** e **b** é a reta **s** paralela a ambas, equidistante delas.

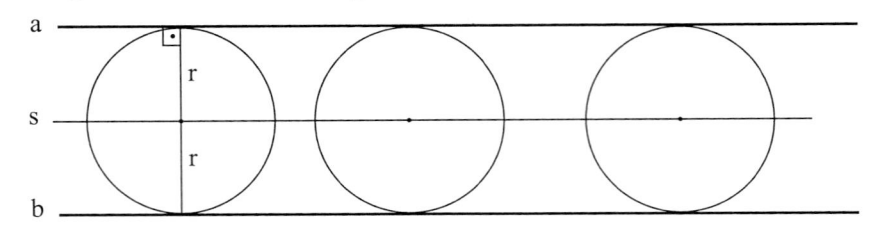

E10) Centros das circunferências que tangenciam duas retas concorrentes

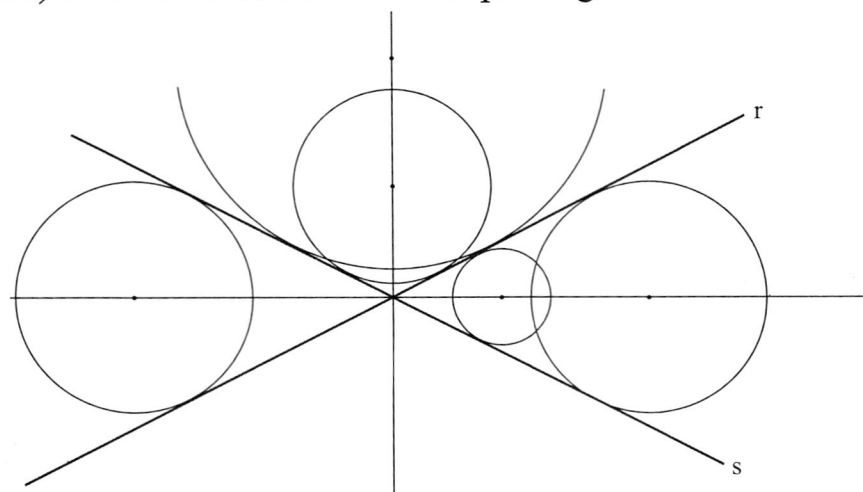

Dadas duas retas concorrentes **r** e **s**, o l.g. dos centros das circunferências que tan-genciam **r** e **s** é a união das retas que contêm a s bissetrizes dos ângulos formados por **r** e **s**.

E11) Centros das circunferências que tangenciam uma dada num ponto dado dela.

Dada uma circunferência **f** de centro **O** e um ponto **P** dela, o l.g. dos centros das circunferências que tangenciam **f** em **P** é a reta, exceto os ponto **O** e **P**, determinada pelos pontos **O** e **P**.

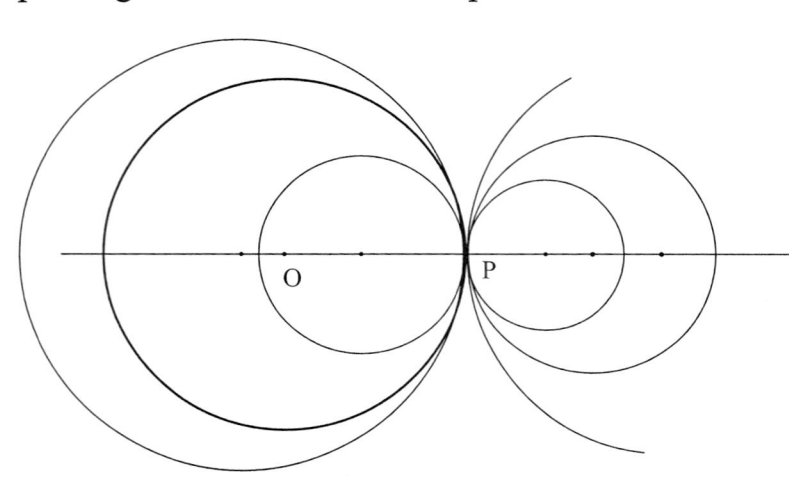

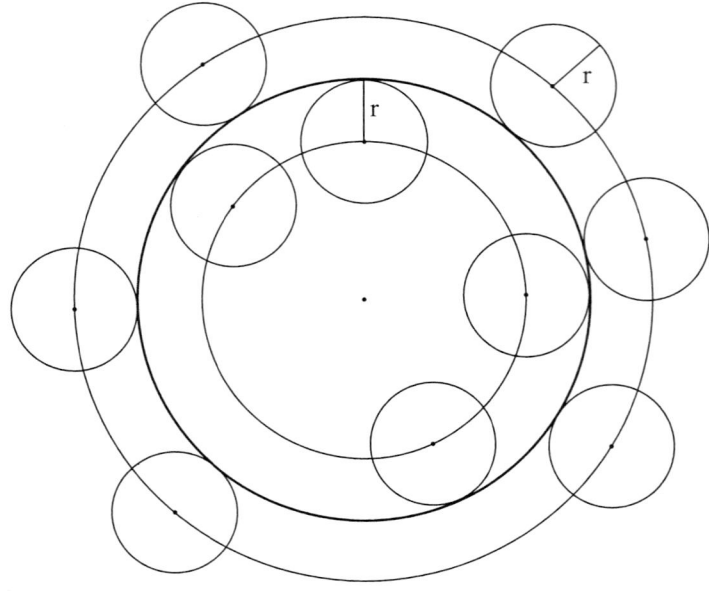

E12) Centros de circunferências congruentes que tangenciam uma circunferência dada.

Dada uma circunferência **f** de centro **o** e raio **R**, e um comprimento **r**, o l.g. dos centros das circunferências que tem raio **r** e tangenciam **f** é a união de duas circunferências de centro **O** e raios R + r e R − r.

Obs: Quando R < r essa circunferências terão raios R + r e r − R.

EXERCÍCIOS

204 Construir

a) A circunferência de centro O e raio r

b) A circunferência que passa por A e tem centro O

c) As circunferências de centro O, uma passando por A e a outra por B

205 Determine os pontos

a) da reta s que distam r do ponto O

b) que distam r de A e de B

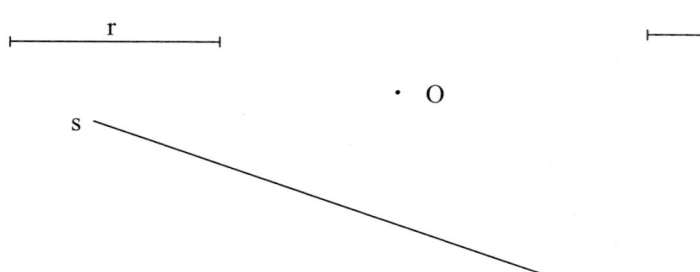

206 Dados os pontos A e B e as distâncias a e b determine os pontos que distam

a) a de A e b de B

b) a de um e b do outro

207 Dado o ponto A e r = 1,4 cm, construir:

a) Uma circunferência qualquer que passa por A e tem raio r

b) Duas circunferências quaisquer que passam por A e têm raio r

119

208) Dado um segmento r e um ponto O, desenhar o lugar geométrico (l.g.) dos
a) pontos que distam r de O
b) centros das circunferências que passam por O e têm raio r

209) Construir o lugar geométrico (l.g.) dos pontos que distam a do ponto A e também o l.g. dos pontos que distam b do ponto B.

210) Traçar duas circunferência quaisquer que:
a) Passam pelos pontos A e B

b) Têm $\overline{AB}$ como corda

120

211 Em cada caso é dada uma circunferência de centro **O**. Desenhar,
 a) Um raio qualquer, uma corda qualquer e um diâmetro qualquer dela. 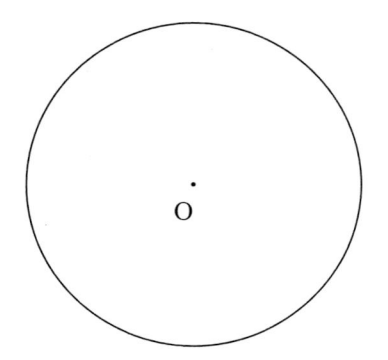
 b) Uma reta secante qualquer e uma reta secante que contém um diâmetro qualquer.

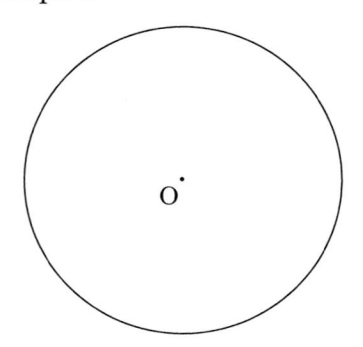

212 Traçar a mediatriz
 a) do segmento AB 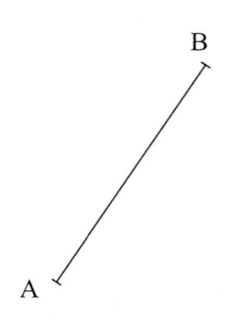
 b) da corda AB da circunferência

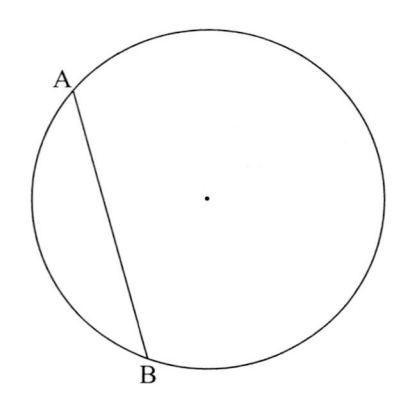

213 Desenhar o l.g. dos
 a) pontos que equidistam dos pontos A e B
 b) centros das circunferências que passam por A e B
 c) centros das circunferências que têm a corda AB em comum

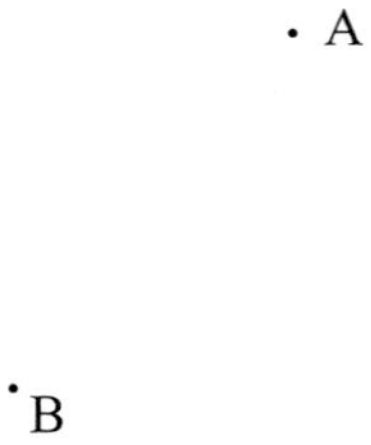

121

214 Desenhar o l.g. dos pontos que são

a) equidistante de A e B e também l.g. dos que são equidistante do B e C

b) centros das circunferências que têm AB como corda e também o l.g. dos pontos que têm BC como corda

215 Na figura são dados os segmentos AB e BC e as suas mediatrizes **r** e **s**. Desenhar a circunferência que passa pelos pontos A, B e C

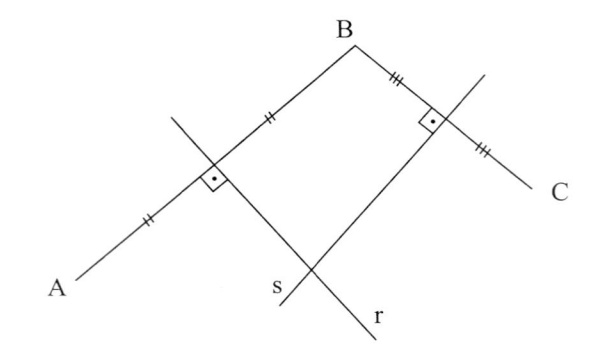

216 Construir:

a) A circunferência que passa pelos pontos A, B e C

b) A circunferência que passa pelos pontos A, B e C e também a que passa pelos pontos B, C e D

122

217 Em cada caso é dado um segmento AB:
  a) Determine o ponto médio de AB 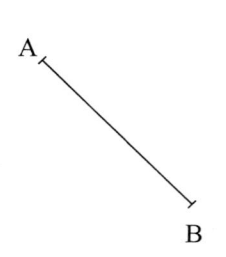
  b) Construir a circunferência de diâmetro AB
  (I)
  (II)

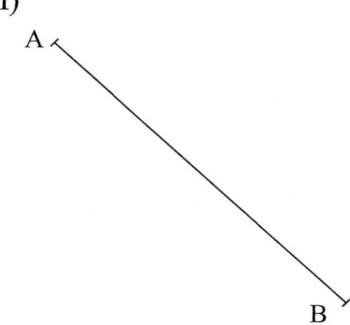

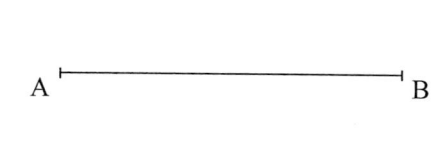

218 Construir a circunferência circunscrita ao △ABC nos casos:
Obs: O centro da circunferência circunscrita ao triângulo chama-se **circuncentro** do triângulo e pode estar interno, externo ou sobre um lado do triângulo.
  a) Triângulo acutângulo 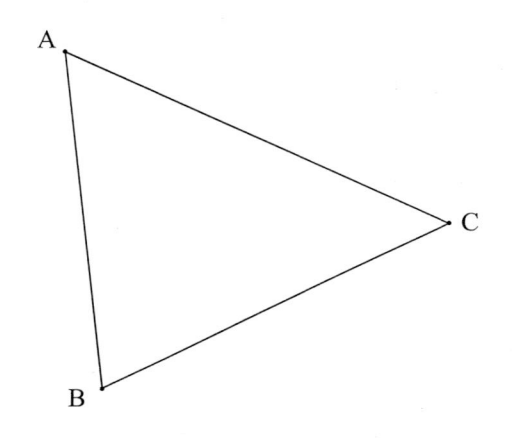
  b) Triângulo retângulo 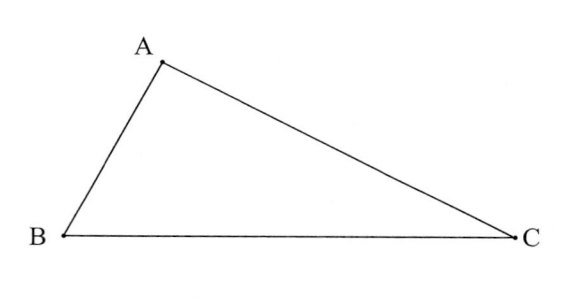
  c) Triângulo obtusângulo 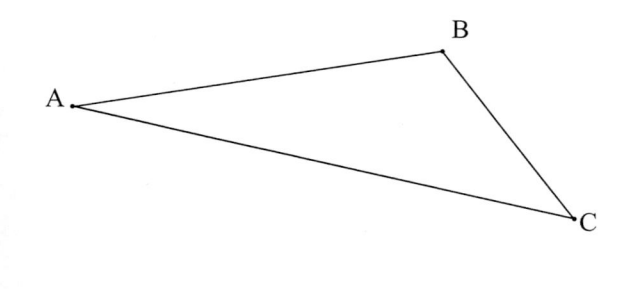
  d) Triângulo obtusângulo

123

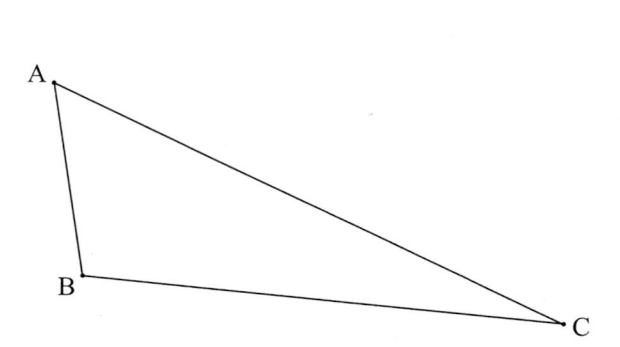

219 Resolver:
a) Traçar as mediatrizes das cordas AB e BC da circunferência dada. 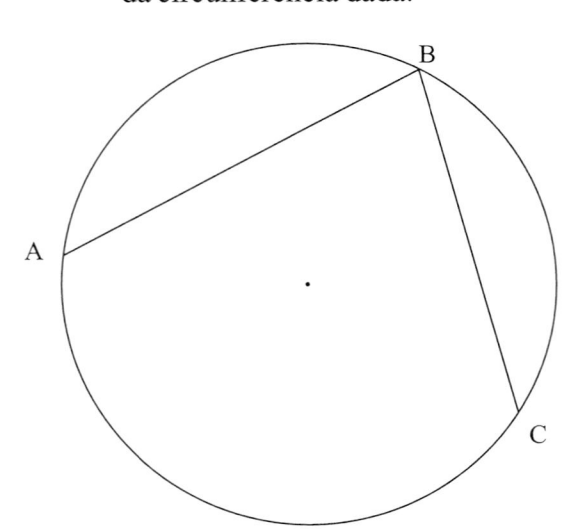
b) Determine o centro da circunferência dada.

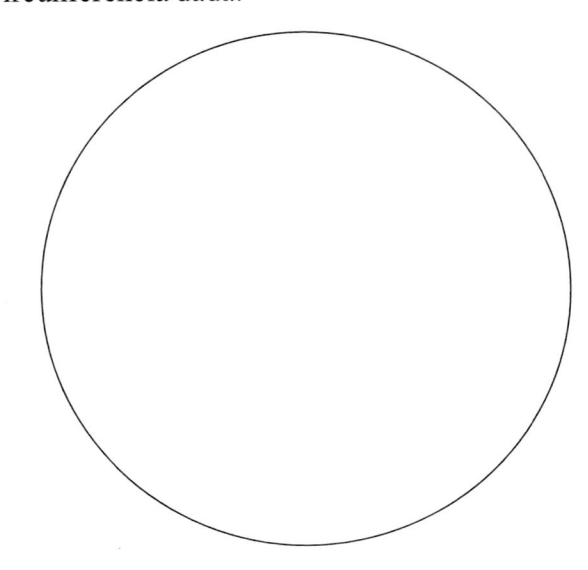

220 Dado o arco AB de uma circunferência, complete o desenho dessa circunferência.

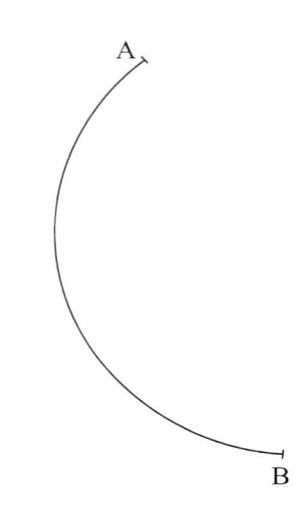

221 Dadas duas circunferências tangentes, determine o ponto de tangência
a) Tangentes exteriormente 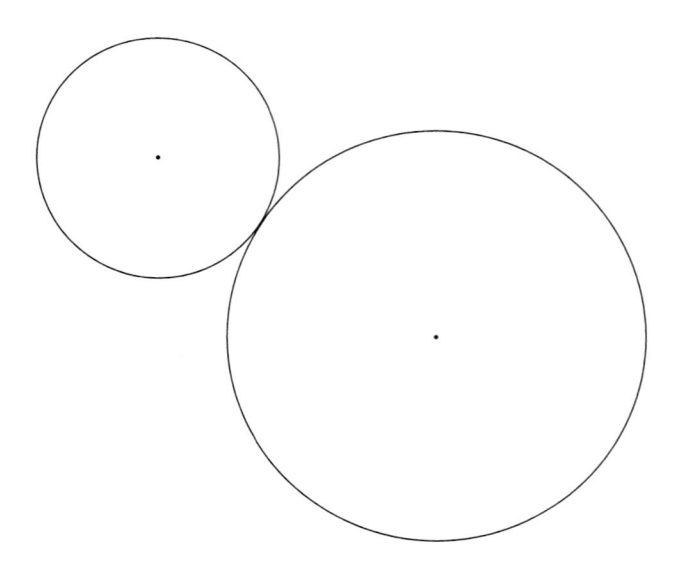
b) Tangentes interiormente

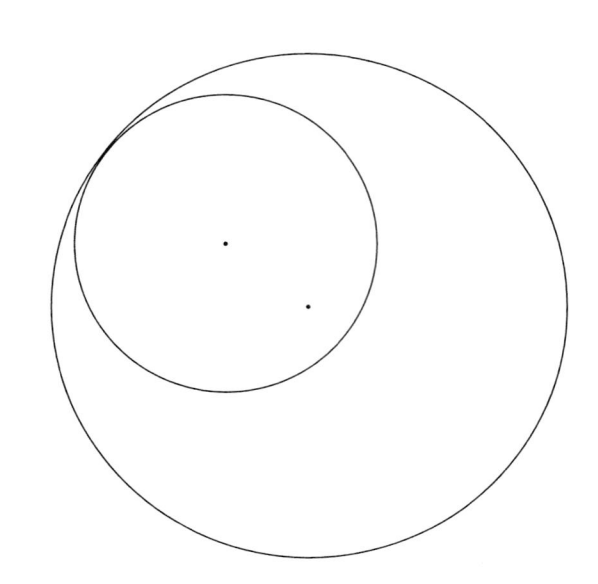

222 As circunferências dadas são tangentes. Determine o ponto de contacto (ponto de tangência).

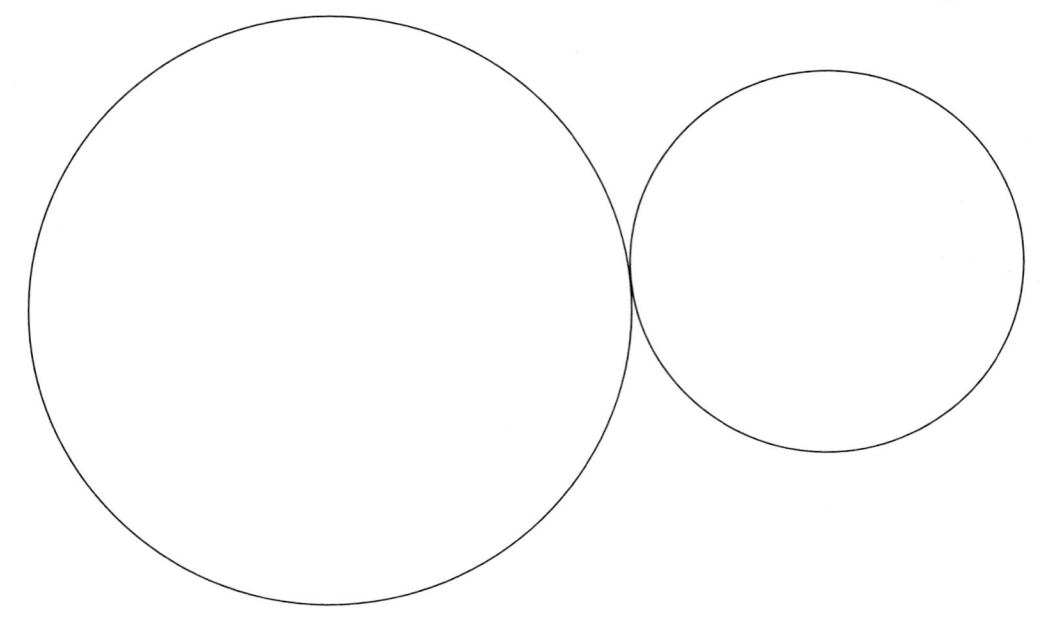

223 Dada uma circunferência f de centro O e uma semireta de origem O que intercepta f em P, construir as circunferências de raios 2,6 cm e 1,8 cm que tangenciam f em P e são exteriores a f.

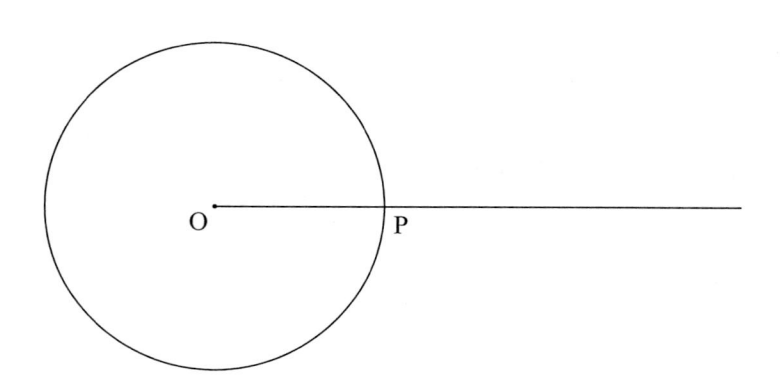

224 Dada uma circunferência f e uma semireta que passa pelo centro de f e tem origem em um ponto P de f, construir as circunferências de raios 1,7 cm e 4 cm, com centros na semireta dada, que tangenciam f em P.

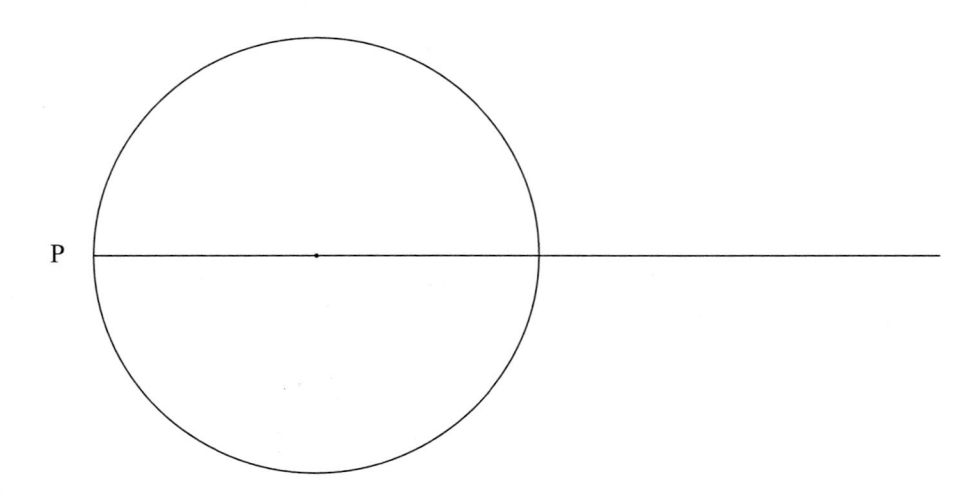

125

225 Construir o l.g. dos centros das circunferências que tangenciam a circunferência dada em **P** nos casos:
a) Elas são exteriores 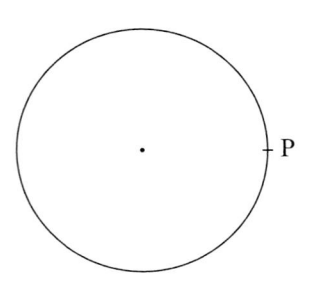
b) Uma é interna à outra

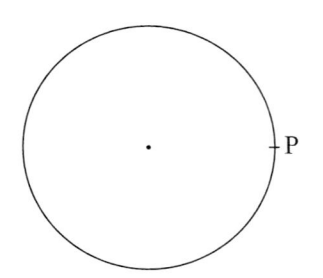

226 Construir as circunferências que tangenciam a circunferência dada em **P**, nos casos:
a) Elas têm 2,3 cm de raio 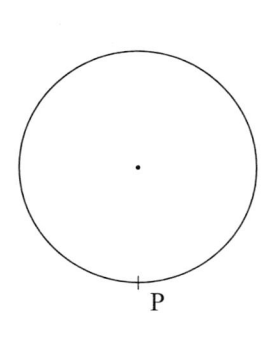
b) Elas têm 1,7 cm de raio

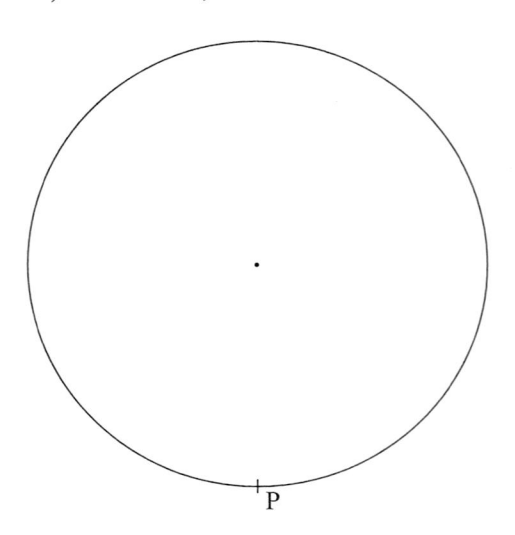

227 Construir a menor circunferência que tem centro **P** e tangencia a circunferência dada, nos casos:
a) 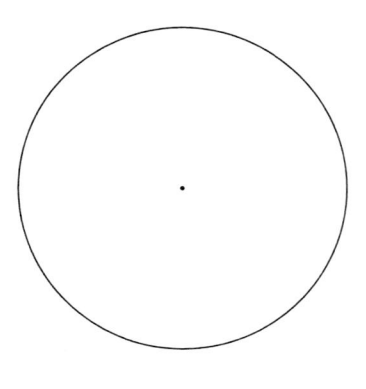
b)

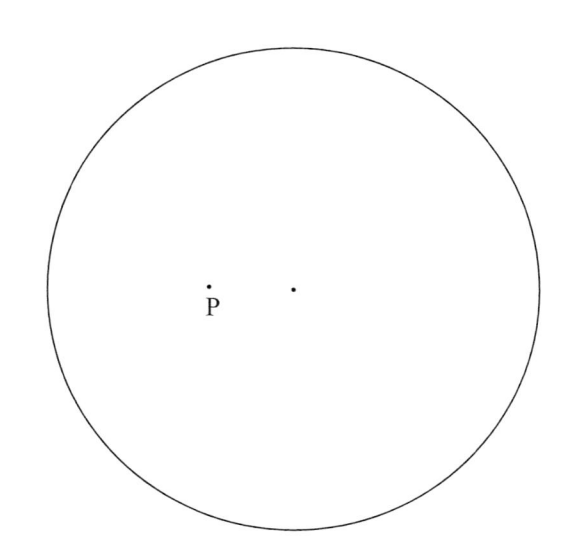

228 Construir a maior circunferência que tem centro **P** e tangencia a circunferência dada.
 a) b)

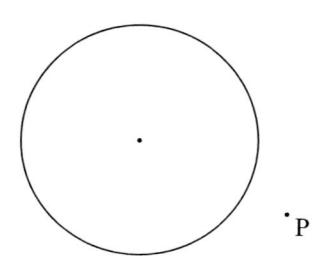

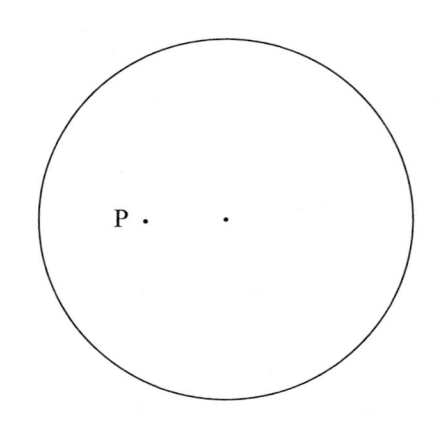

229 Construir uma circunferência que tem centro **P** e tangencia a circunferência dada nos casos:
 a) b)

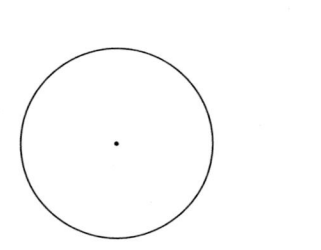

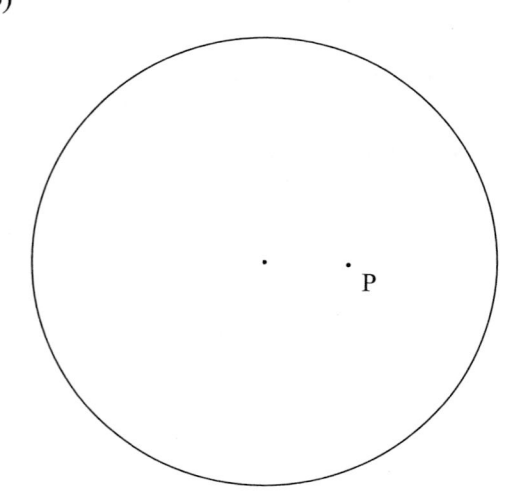

230 Dadas duas circunferências tangentes **f** e **g**, construir o l.g. dos centros das circunferências congruentes a **g** e que tangenciam **f**, nos casos:
 a) São exteriores b) Uma interior a outra

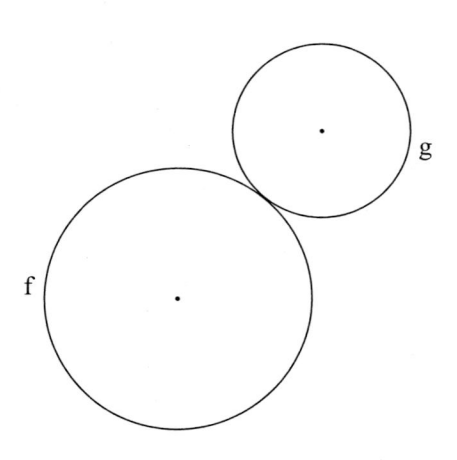

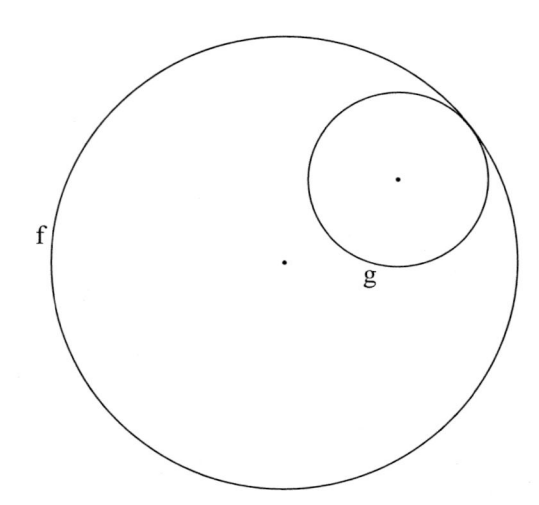

127

231 Construir o l.g. dos centros das circunferências que têm raio 1,2 cm e tangenciam a circunferência dada
a) Externamente
b) Internamente

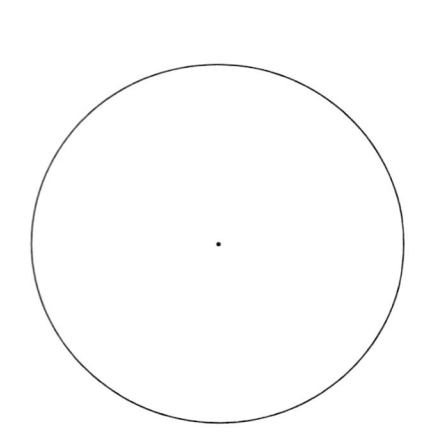

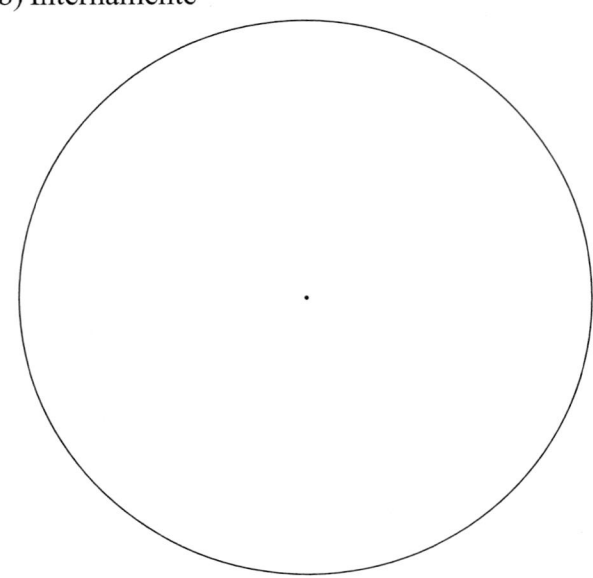

232 Em cada caso são dadas as circunferências **f** e **g** e r = 1,7 cm determine os pontos onde se interceptam os l.g. dos centros das circunferências de raio **r** que tangenciam:
a) **f** e **g** externamente

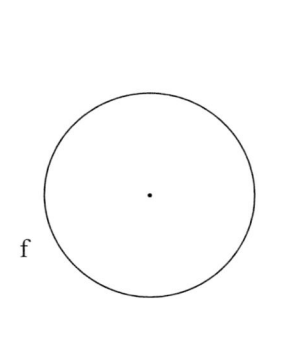

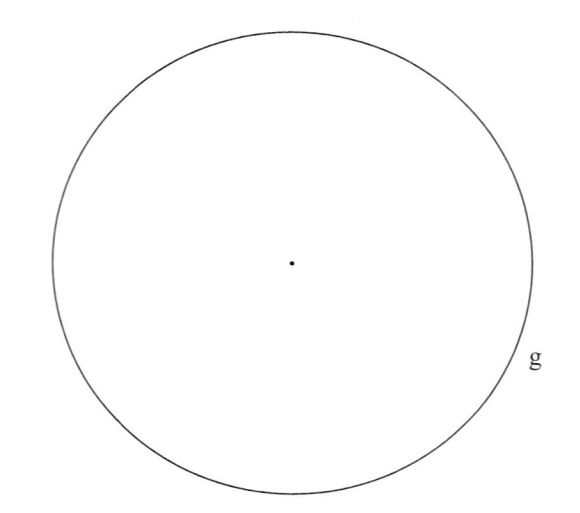

b) **f** externamente e **g** internamente

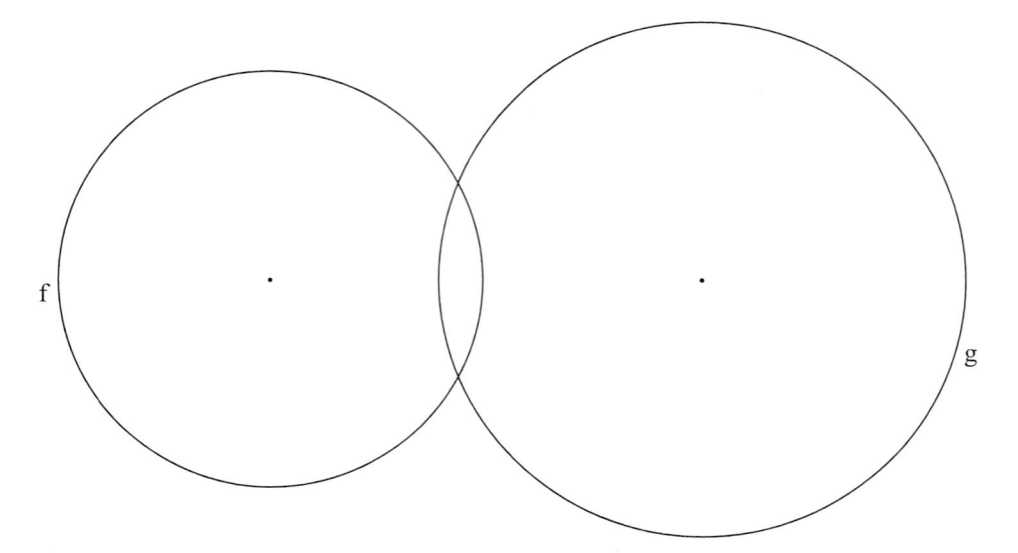

233 Construir uma circunferência de raio r, que seja tangente às circunferências dadas.

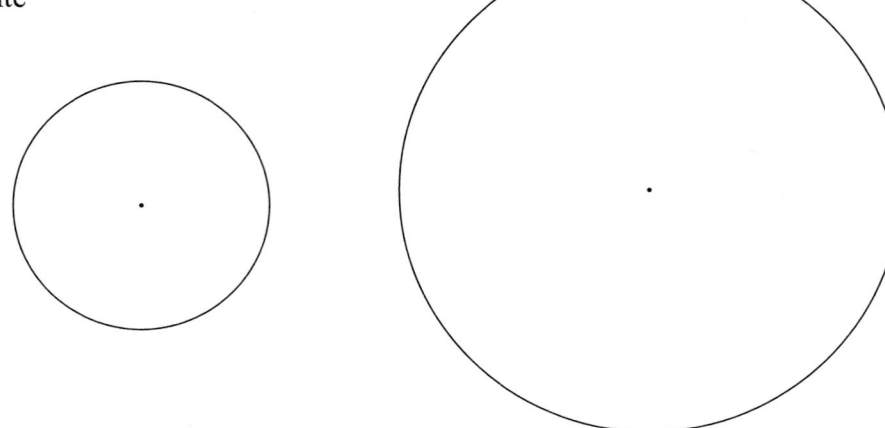

234 Construir uma circunferência de raio r, que tangencia a circunferência menor externamente e a maior internamente.

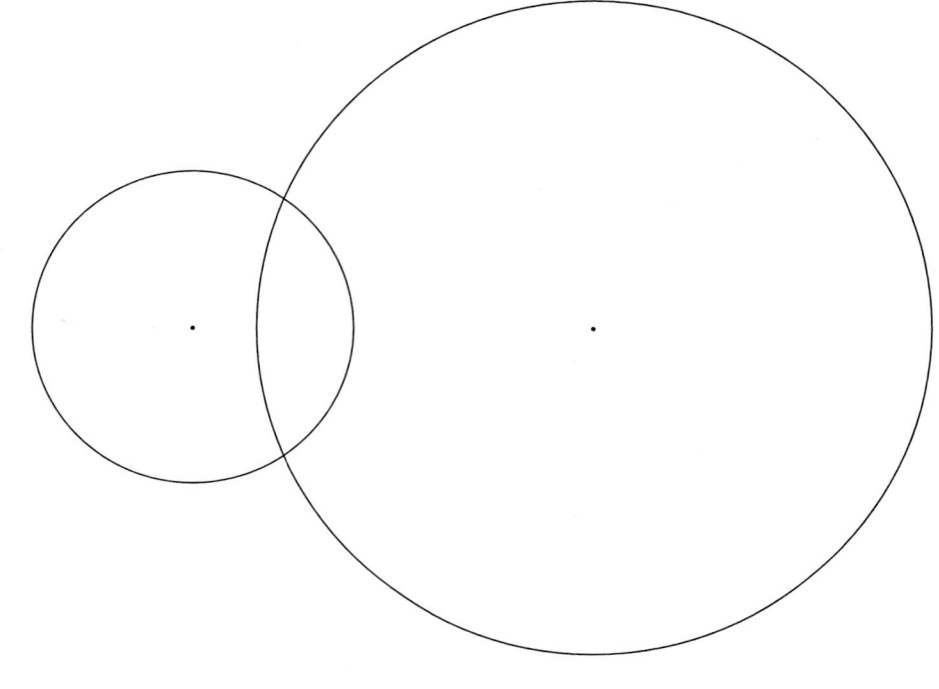

235 Construir o l.g. dos centros das circunferências que têm raio r e tangenciam a circunferência dada externamente e também o l.g. das que têm raio r e passam pelo ponto A.

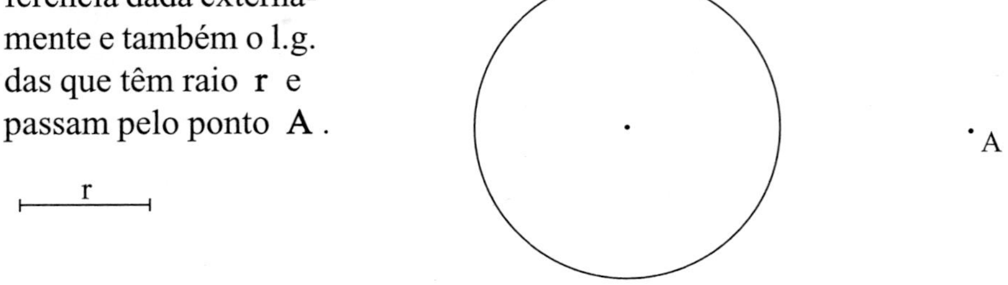

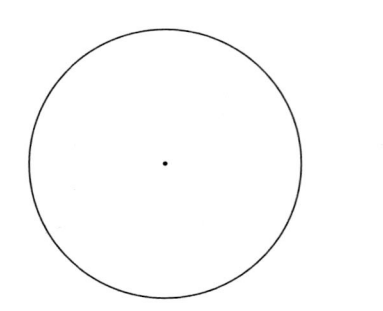

129

236 Construir uma circunferência de raio **r** que passa pelo ponto **A** e tangencia a circunferência dada.

|—— r ——|

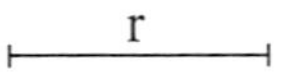

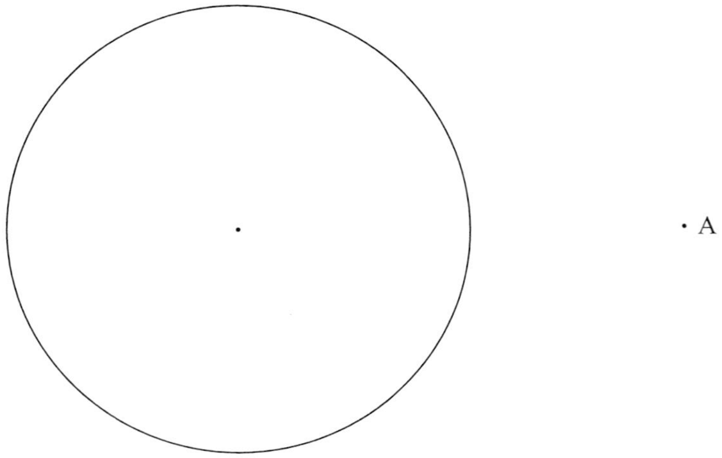

237 Construir uma circunferência de raio **r** que passa pelo ponto **A** e tangencia a circunferência dada.

|—— r ——|

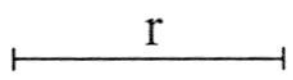

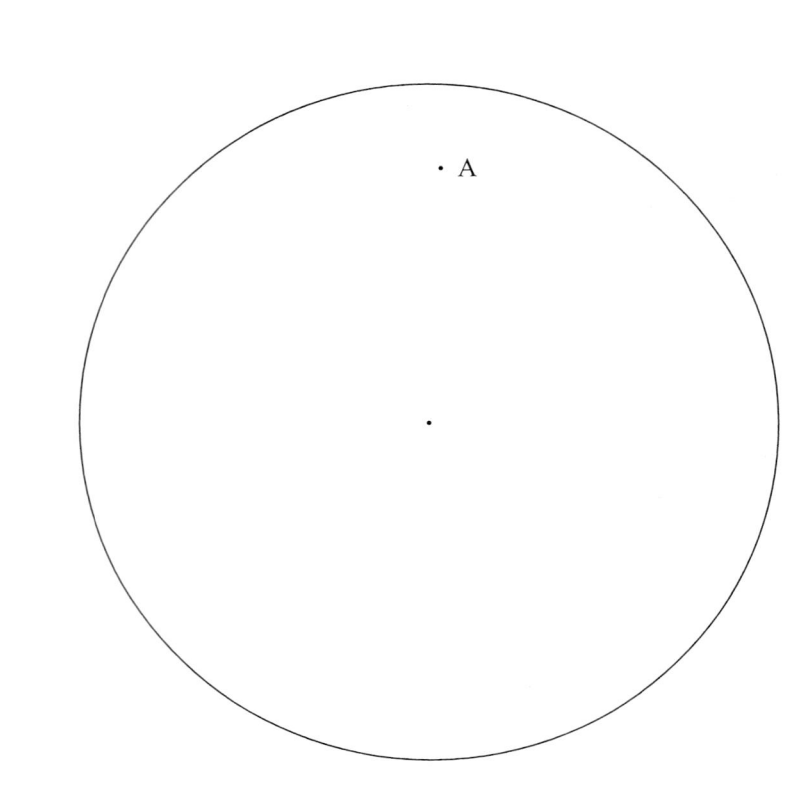

238 Construir o l.g. dos centros das circunferências que tangenciam a circunferência dada externamente em **P** e também o l.g. dos centros das circunferências que têm $\overline{AP}$ como corda.

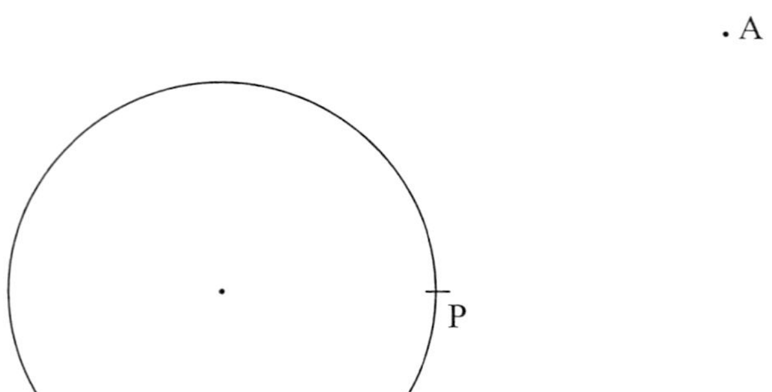

239 Construir a circunferência que passa pelo ponto A e tangencia a circunferência dada no ponto P, nos casos:

a)

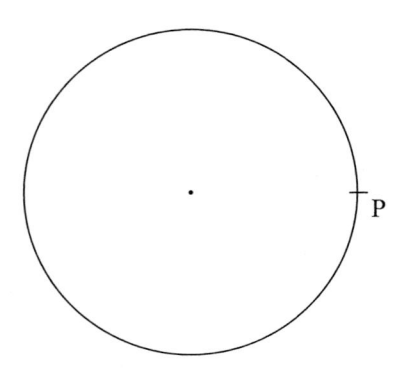

b)

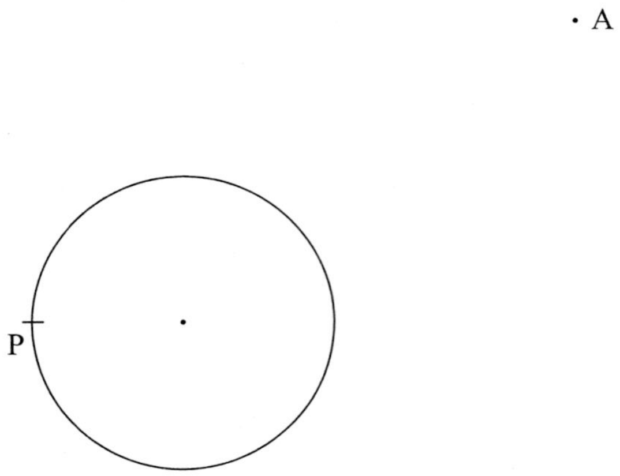

c)

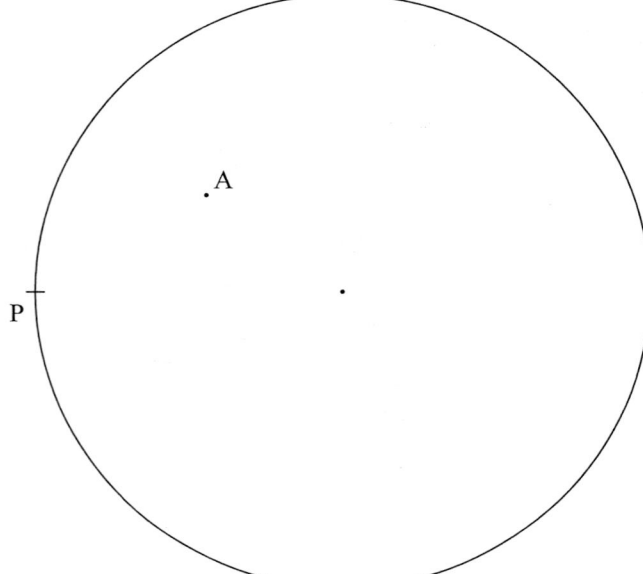

d)

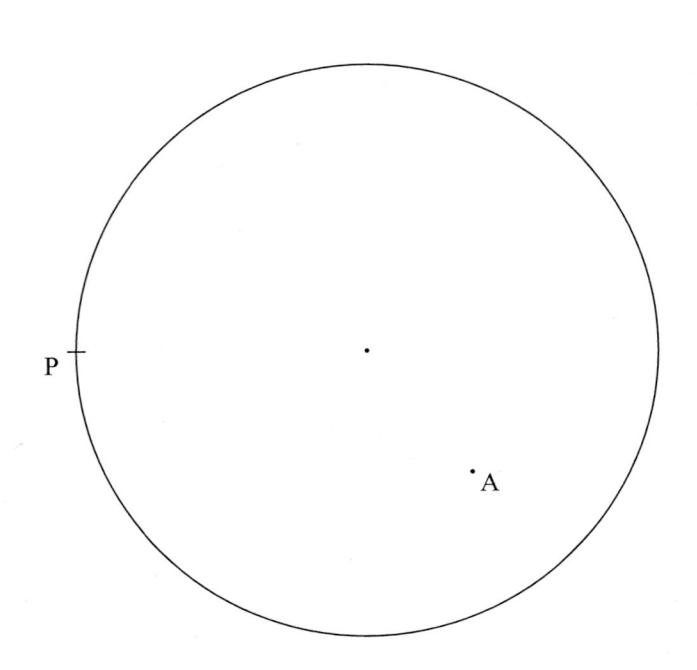

240 Construir três circunferências, duas a duas tangentes externamente, de raios **a**, **b** e **c**, nos casos:
  a) a = b = c = 1,7 cm
  b) a = 1,5 cm, b = 2 cm e c = 2,5 cm

241 Dado um triângulo equilátero, construir as circunferências, duas a duas tangentes externamente, com centros nos vértices desse triângulo.

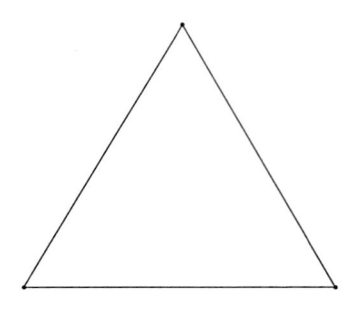

242 Dado um △ABC isósceles, de base BC, construir as circunferências tangentes, externamente, entre si, com centros nos vértices desse triângulo.

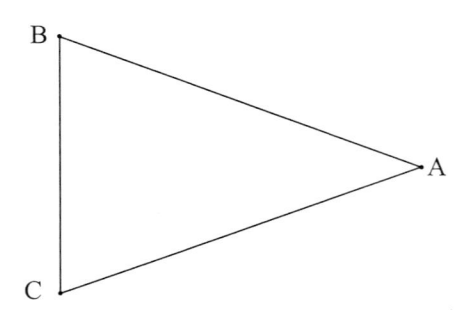

243 Dado o triângulo escaleno ABC, construir as circunferências que têm centros nos vértices A, B e C e são tangentes externamente, entre si.

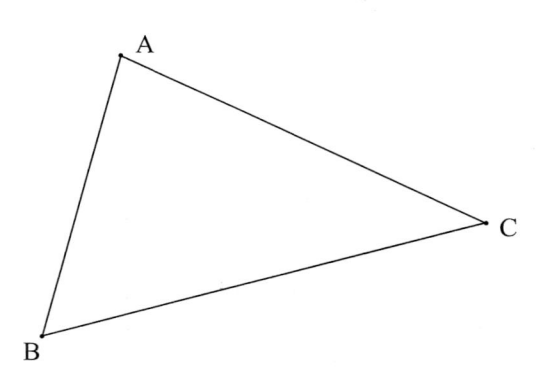

244 Em cada caso é dado um △ABC. Construir as circunferências com centros nos vértices, tangentes entre si, sabendo que as que têm centros em B e C são tangentes externamente e tangenciam a outra internamente.
a) △ABC é equilátero
b) △ABC é escaleno

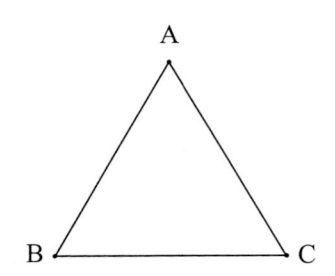

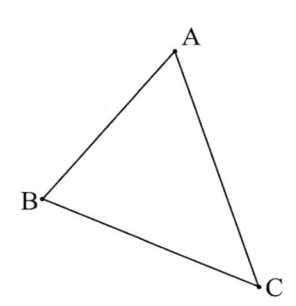

245 Resolver:

a) Traçar pelo ponto P a reta perpendicular à reta t

· P

_____ t

b) Determine o raio da circunferência que tem centro O e tangencia a reta t

· O

_____ t

c) Determine o ponto de contacto da circunferência de centro O com a reta t tangente à ela

· O

_____ t

246 Em cada caso é dada uma circunferência e uma reta tangente à ela. Determinar o ponto de contacto (ponto de tangência).

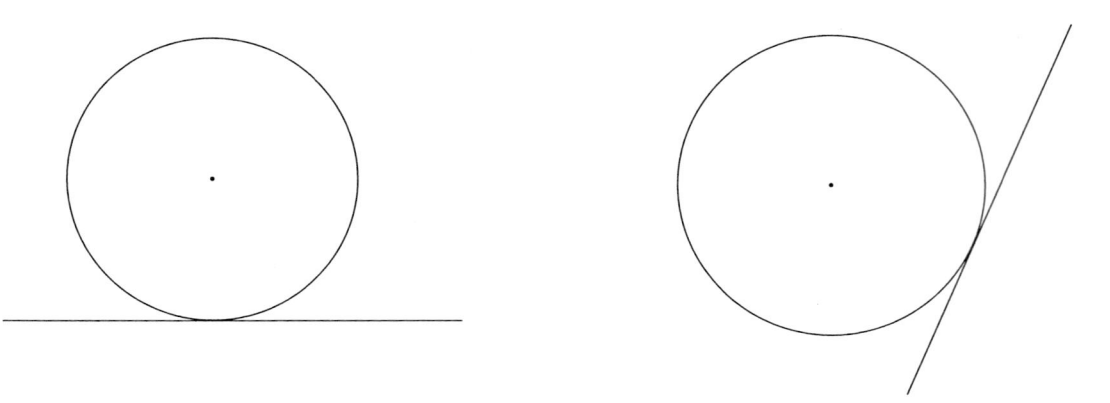

247 Dadas as retas perpendiculares s e t, desenhar as circunferências que têm centros nos pontos A e B e s e tangenciam a reta t

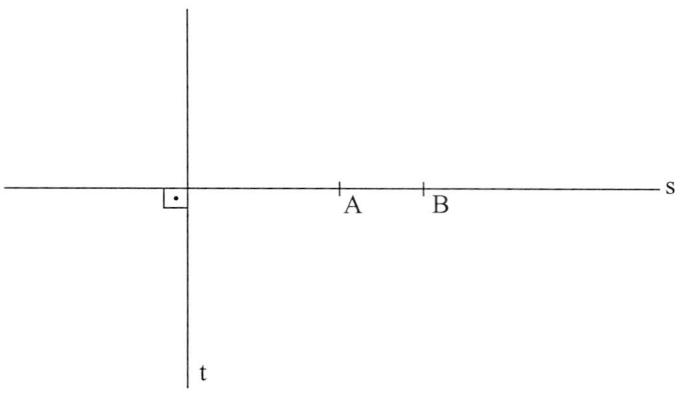

248 Construir a circunferência que tem centro O e tangencia a reta t, nos casos

a)

· O

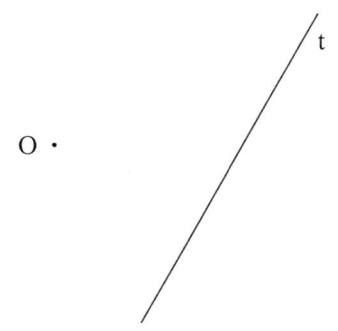

_____ t

b)

O ·

/ t

134

249 Construir a reta perpendicular ao raio OA pela extremidade A do raio nos casos
a)   b)

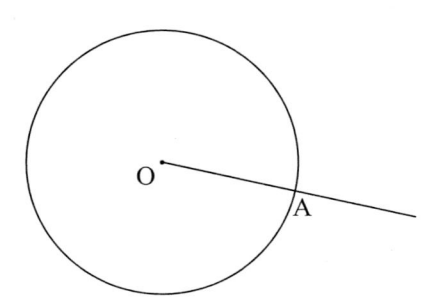

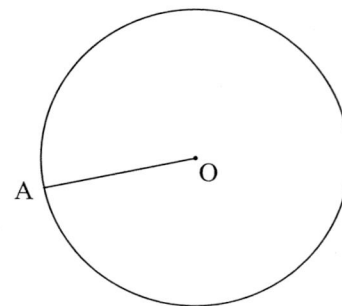

250 Construir pelas extremidades do diâmetro AB da circunferência dada, as retas perpendiculares a esse diâmetro.

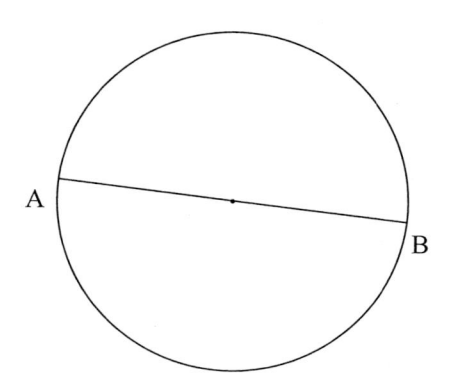

251 Construir pelo ponto A da circunferência dada a reta tangente a ela, nos casos
a)   b)

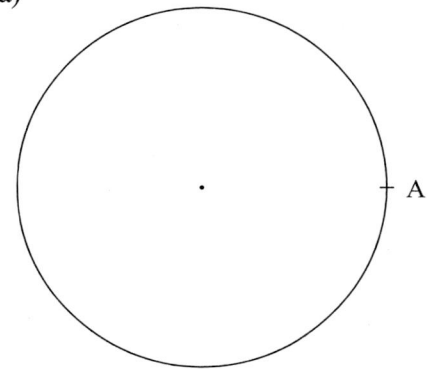

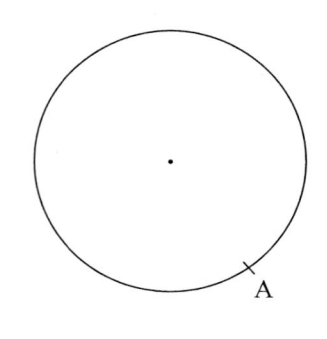

252 Traçar, pelos vértices do triângulo inscrito na circunferência dada, as retas tangentes a essa circunferência

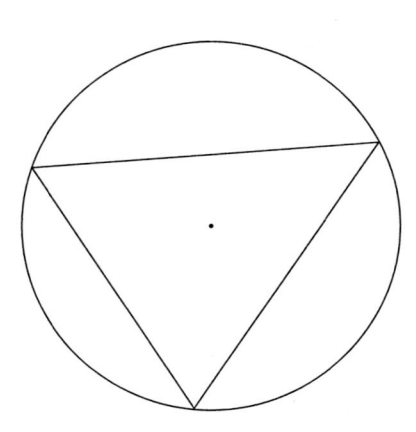

253 Traçar pelo ponto A da circunferência dada a reta tangente à ela.

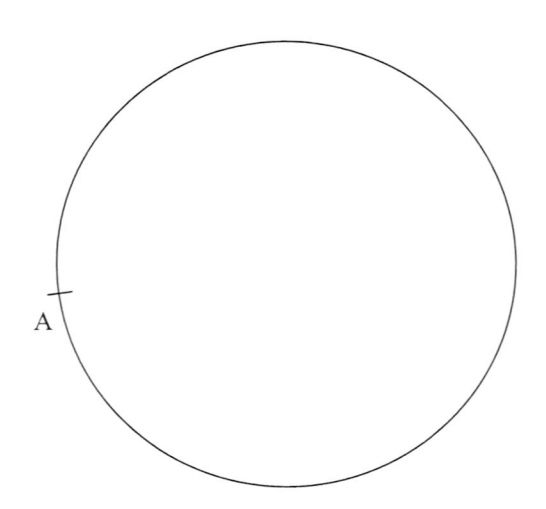

254 Em cada caso é dada uma circunferência f e uma reta s. Traçar uma reta t que seja tangente a f, de modo que:
a) t é paralela à s 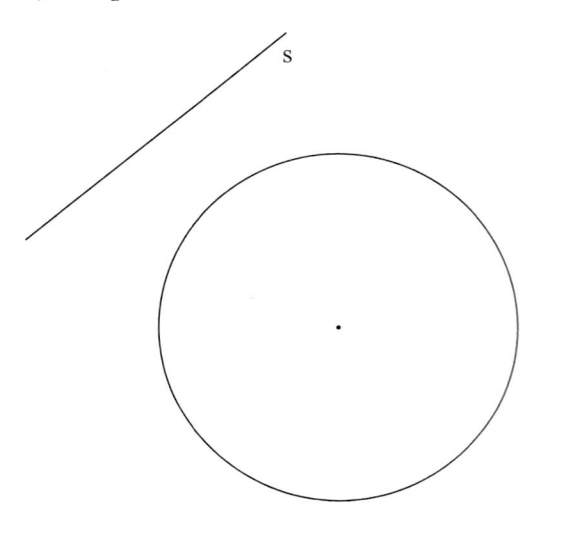
b) t é perpendicular à s

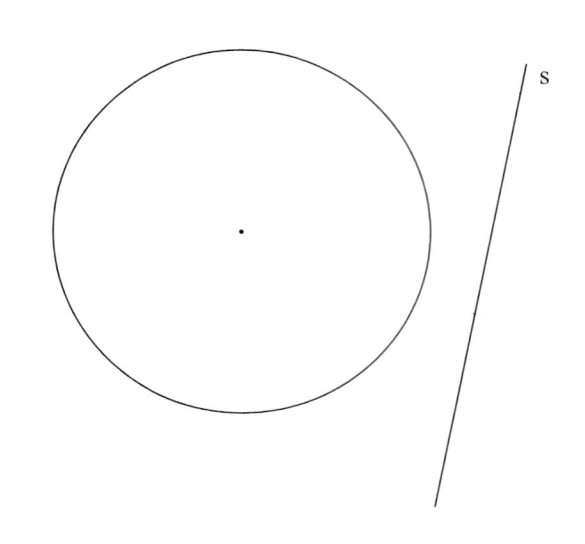

c) t é paralela à s 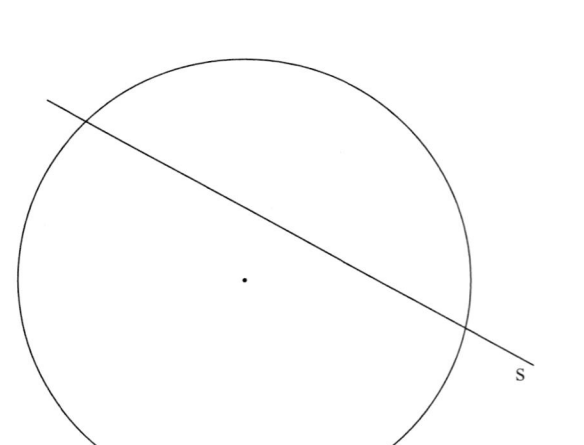
d) t é perpendicular à s

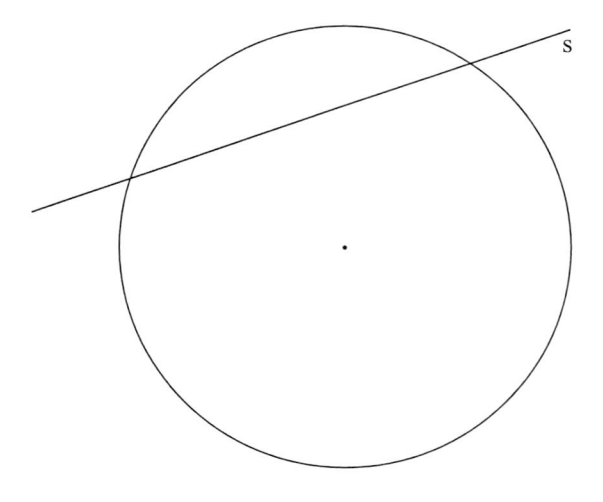

255 Resolver:

a) Traçar pelo ponto P da reta *s* a reta *t* perpendicular à ela

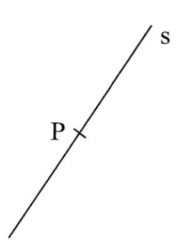

b) Traçar uma circunferência que tem raio 1,5 cm e tangencia a reta t em P

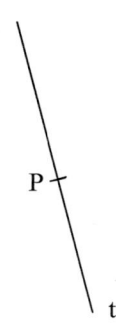

256 Na figura temos duas circunferências congruentes tangentes a uma reta t no ponto P. Construir o l.g. dos centros das circunferências que são congruentes à elas e também tangenciam a reta t.

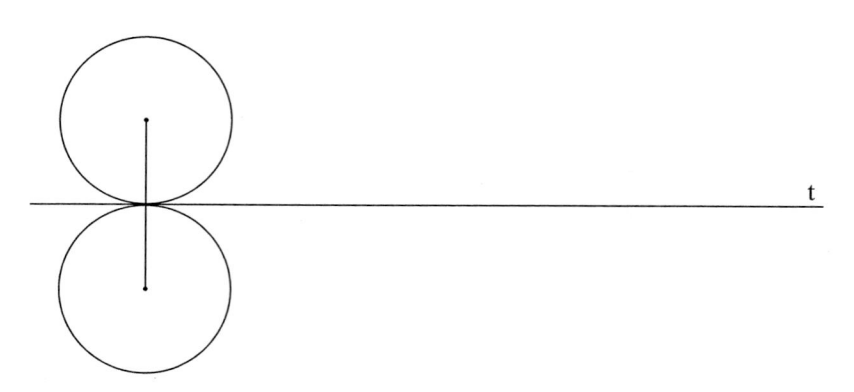

257 Dada uma circunferência f e uma reta t, tangentes, desenhar o l.g. dos centros das circunferências que são congruentes a f e também tangenciam a reta t

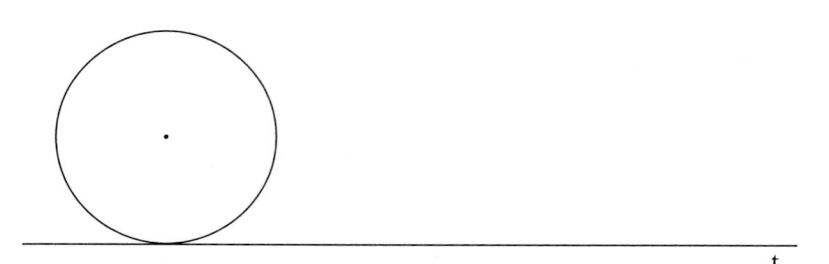

258 Construir o l.g. das circunferências que têm raio r e são tangentes à reta t

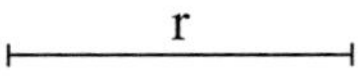

259 Dada uma reta t, uma reta s e uma distância r, construir as circunferências que têm raio r, centro em s e tangenciam a reta t

260 Dada uma circunferência f e uma reta t, construir as circunferências que têm raio r = 1,5 cm, centro em f e tangenciam a reta t

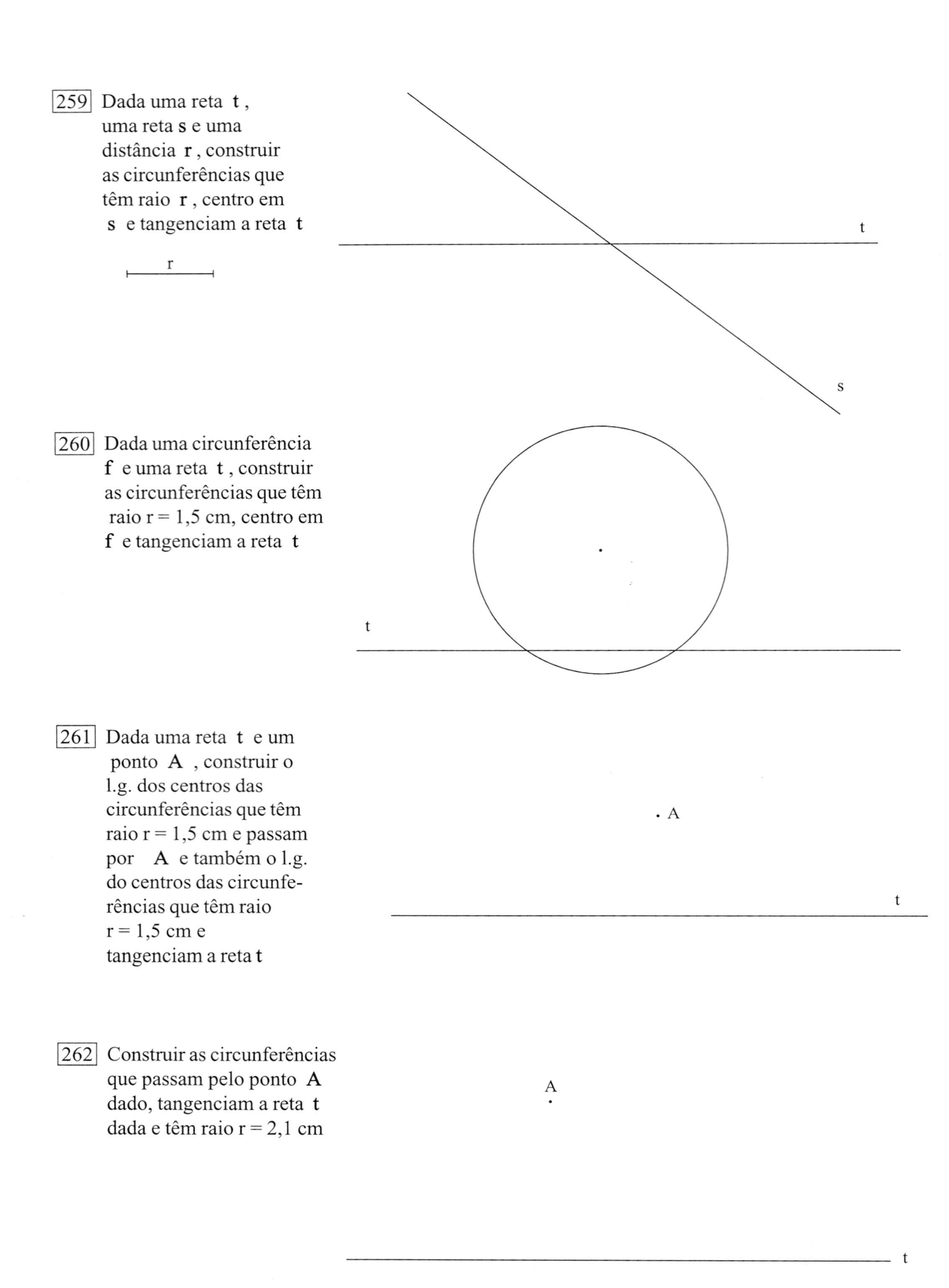

261 Dada uma reta t e um ponto A, construir o l.g. dos centros das circunferências que têm raio r = 1,5 cm e passam por A e também o l.g. do centros das circunferências que têm raio r = 1,5 cm e tangenciam a reta t

262 Construir as circunferências que passam pelo ponto A dado, tangenciam a reta t dada e têm raio r = 2,1 cm

263 Na figura temos uma circunferência **f** que tangencia as retas paralelas **s** e **t**. Construir o l.g. dos centros das circunferências que tangenciam **s** e **t**

264 Dadas as retas paralelas **a** e **b**, construir o l.g. dos centros das circunferências que tangenciam as retas **a** e **b**

265 Construir uma circunferência que tangencia as retas paralelas dadas sendo **P** um dos pontos de contacto

266 Construir as circunferência que passa pelo ponto **A** e tangenciam as retas paralelas **a** e **b** dadas

267 Dada uma circunferência inscrita em um ângulo (circunferência que tangencia os lados do ângulo), desenhar o l.g. dos centros das circunferências que estão inscritas no mesmo ângulo.

139

268 Desenhar o l.g. dos centros das circunferências que tangenciam os lados do ângulo dado.

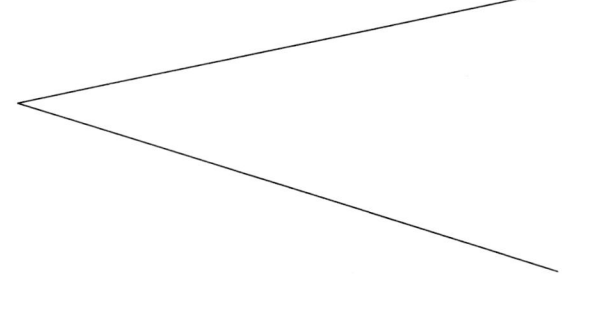

269 Dada uma reta que passa por um ponto A externo à uma circunferência f e a tangencia em P, traçar a outra reta que passa por A e também tangencia f.

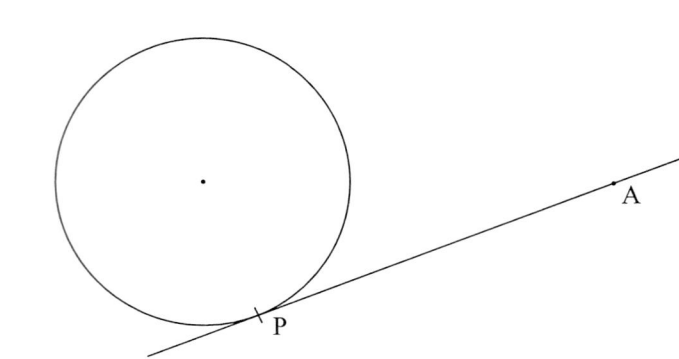

270 Dada uma circunferência, inscrita num ângulo, determine os pontos de tangencia.

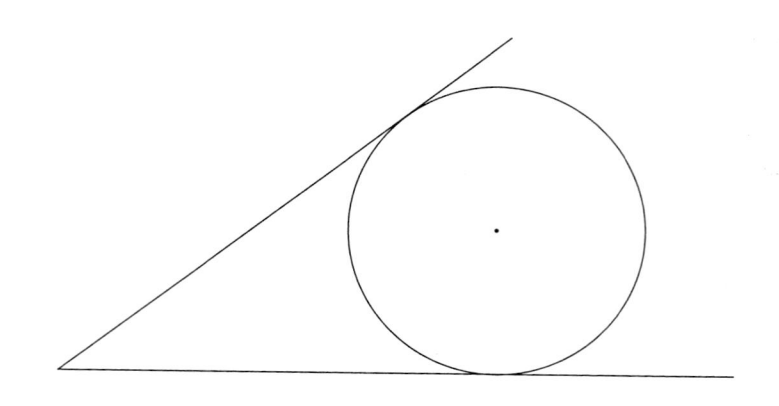

271 Dado um triângulo e
a) a circunferência inscrita nele, determine os pontos de contacto

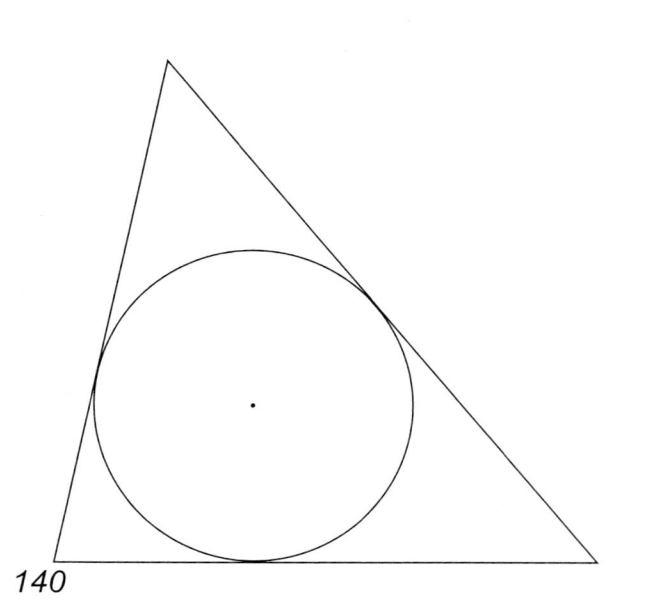

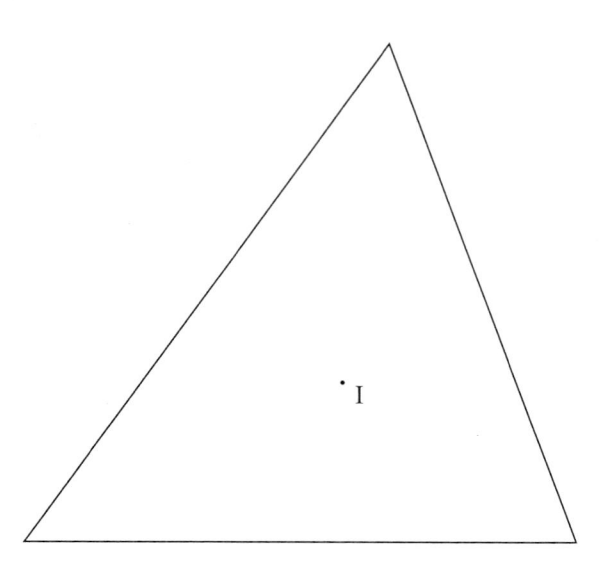

b) o seu **incentro** I (centro da circunferência inscrita nele), construir a circunferência inscrita nele.

140

272 Em cada caso é dado um triângulo.
a) Determine o incentro dele
b) Construir a circunferência inscrita nele.

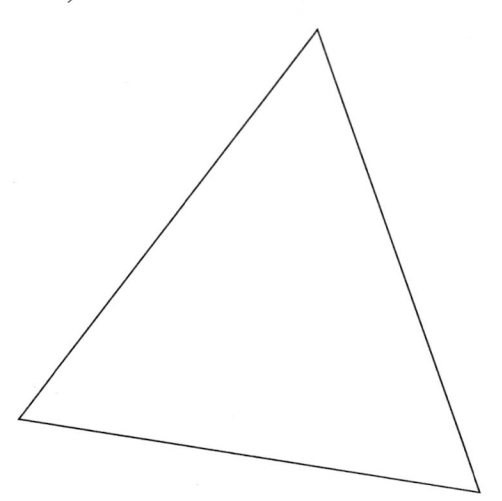

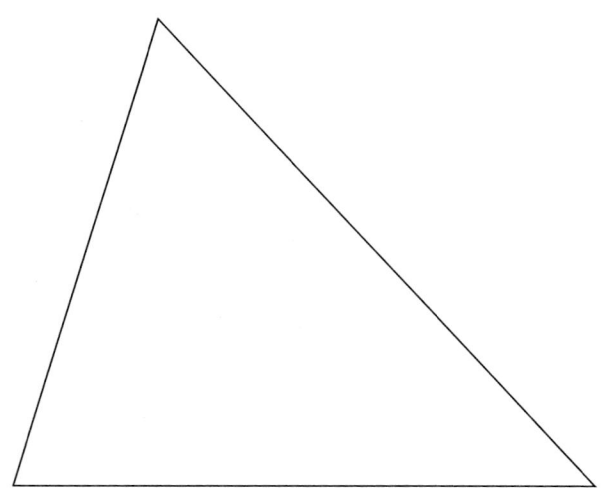

273 Construir a circunferência inscrita no ângulo dado nos casos:
a) O centro está na reta **s**
b) O ponto **P** é um dos pontos de contacto.

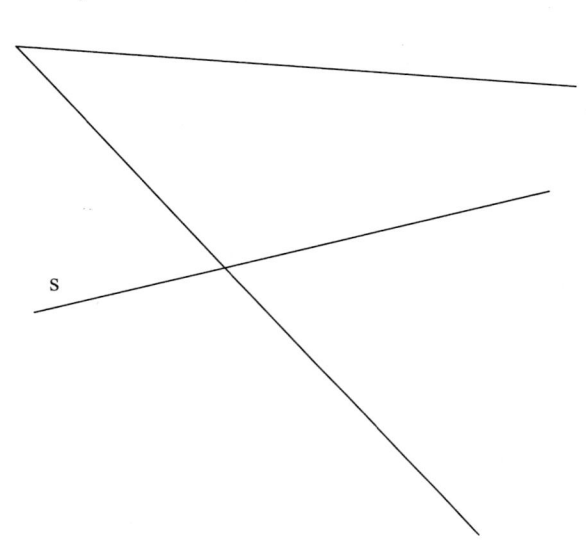

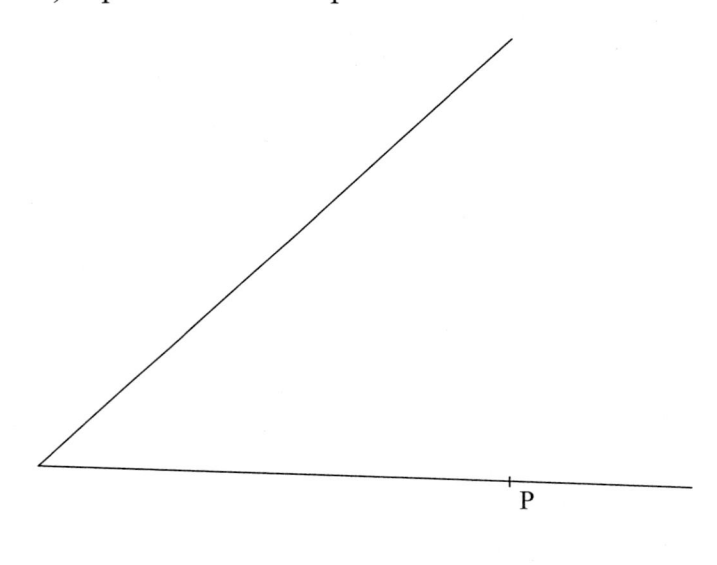

274 Inscrever uma circunferência de raio **r** no ângulo dado.

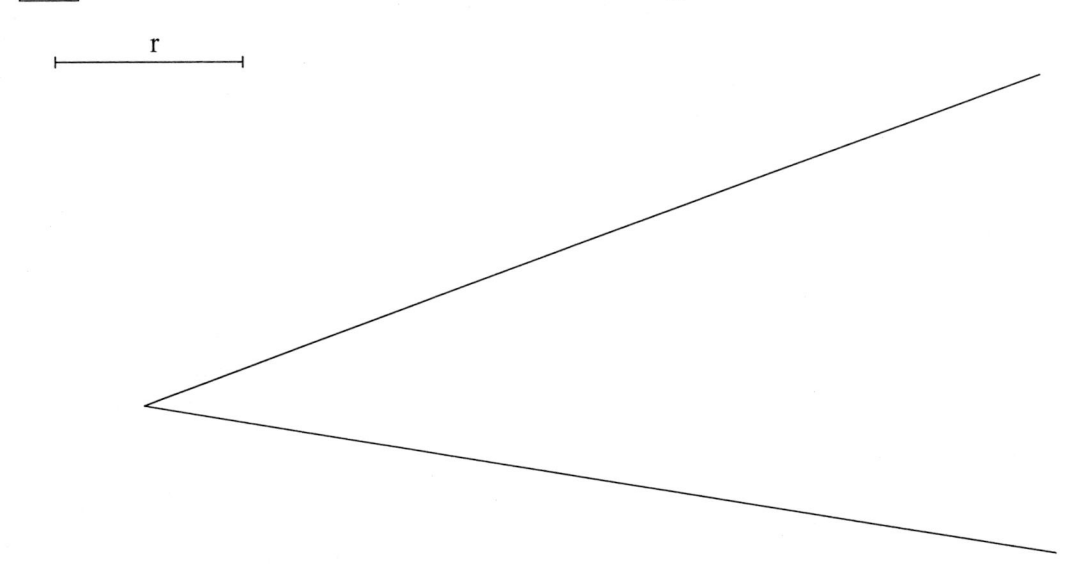

141

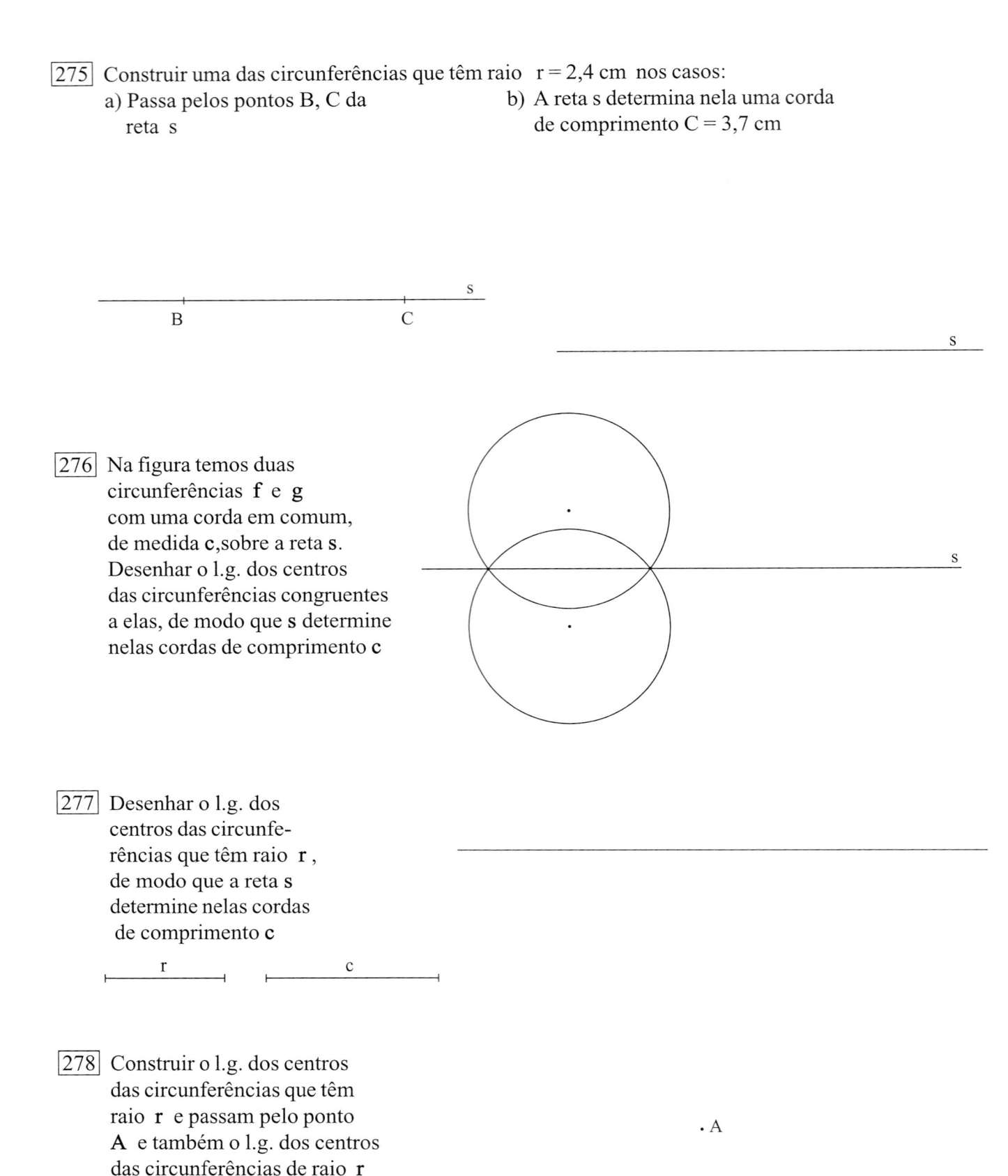

275 Construir uma das circunferências que têm raio r = 2,4 cm nos casos:
a) Passa pelos pontos B, C da reta s
b) A reta s determina nela uma corda de comprimento C = 3,7 cm

276 Na figura temos duas circunferências f e g com uma corda em comum, de medida c, sobre a reta s. Desenhar o l.g. dos centros das circunferências congruentes a elas, de modo que s determine nelas cordas de comprimento c

277 Desenhar o l.g. dos centros das circunferências que têm raio r, de modo que a reta s determine nelas cordas de comprimento c

278 Construir o l.g. dos centros das circunferências que têm raio r e passam pelo ponto A e também o l.g. dos centros das circunferências de raio r tais que a reta s determine nelas cordas de comprimento c

142

279 Construir uma circunferência que passa pelo ponto A e tem raio r, de modo que a reta s determine nela uma corda de comprimento c

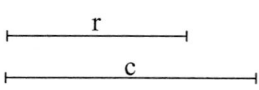

280 Dado um ângulo aP̂b, construir o l.g. dos pontos do setor aP̂b que são centros das circunferências que têm raio r e tangenciam o lado b, e construir também o l.g. dos pontos que são centros das circunferências que têm raio r tais que a determina nelas cordas de comprimento c.

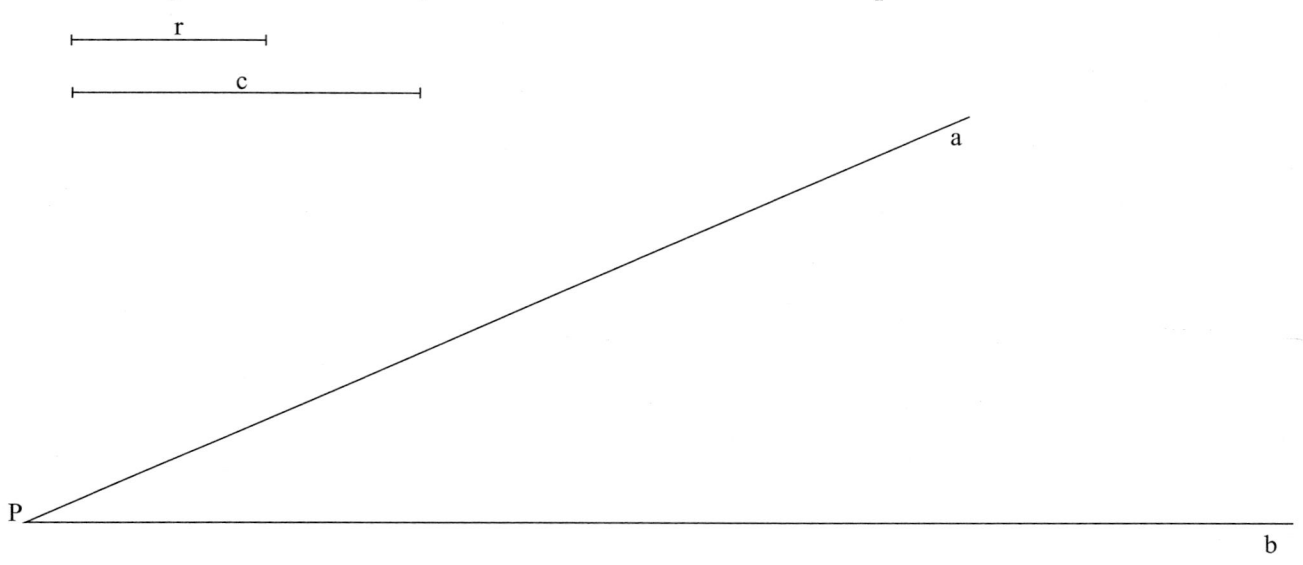

281 Dado um setor angular aP̂b, construir uma circunferência que tem raio r, centro nos setor aP̂b, tangencia o lado a e tal que o lado b determine nela corda de comprimento c.

282 Desenhar o l.g. dos centros das circunferências que
   a) tangenciam a reta t em P 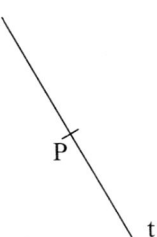
   b) Passam pelos pontos A e B

283 Construir a circunferência que passa pelo ponto A e tangencia a reta t no ponto P, nos casos:
   a) 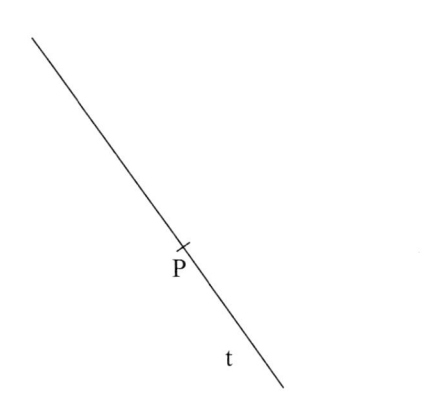
   b)

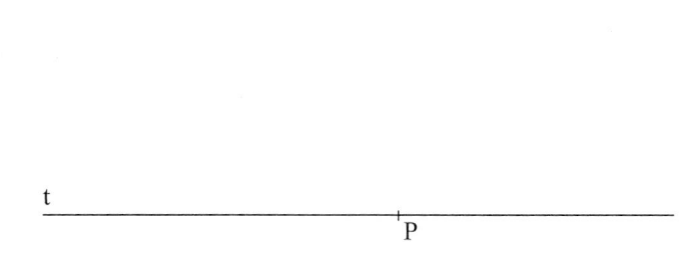

284 Traçar o l.g. dos
   a) Pontos que são equidistantes das reta r e s 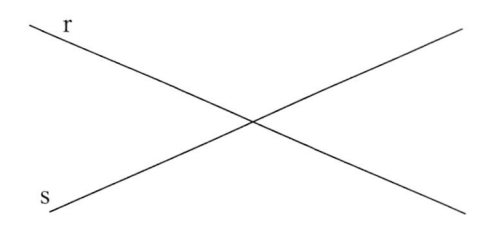
   b) Centros das circunferências que tangenciam as retas r e s

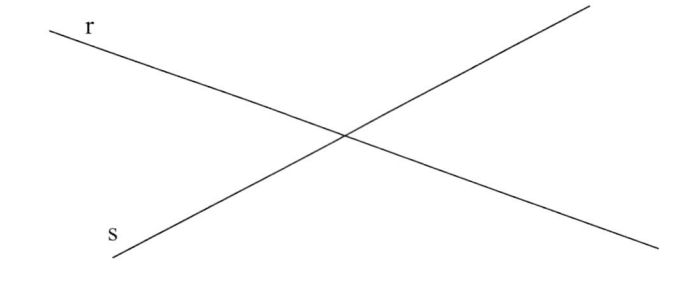

285 Dada uma reta t e uma circunferência f, construir uma circunferência de raio r = 1,5 cm que tangencia f e t.

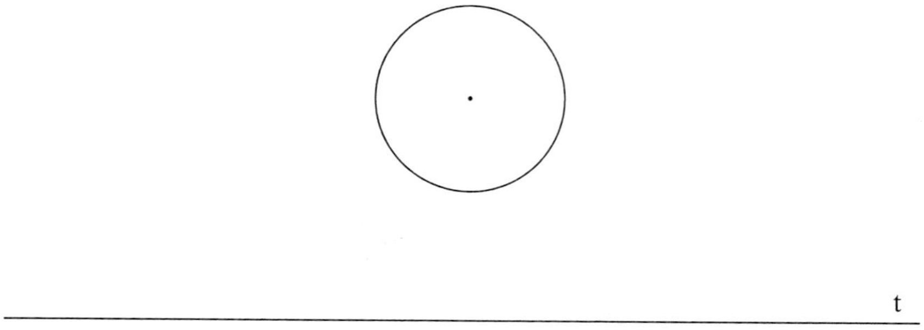

286 Dadas as retas **a**, **b** e **s**, construir uma circunferência que têm centro em **s** e tangencia as retas **a** e **b**.

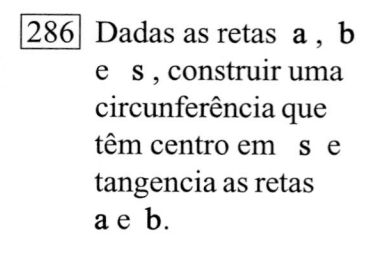

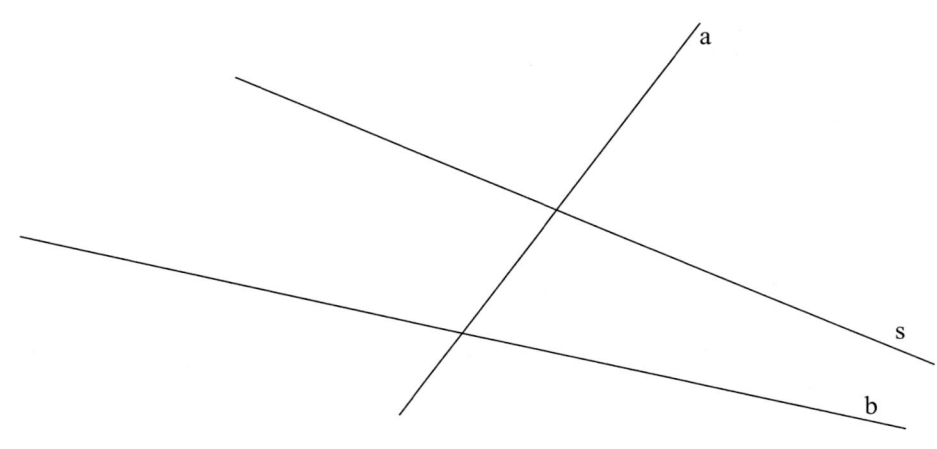

287 Dada uma reta **t** e uma circunferência **f**, construir uma circunferência que tem raio **r** tal que **f** a tangencie internamente

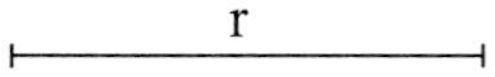

|—— r ——|

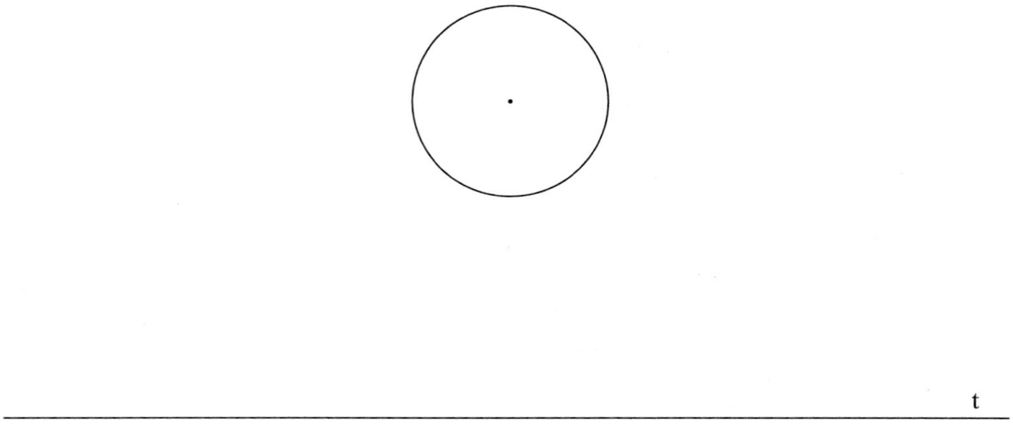

288 Dada uma reta **r** e uma circunferência **f**, construir uma circunferência de raio **r**, que seja tangente a **t** e a **f**.

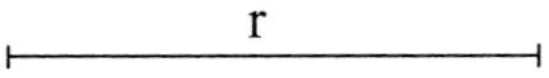

|—— r ——|

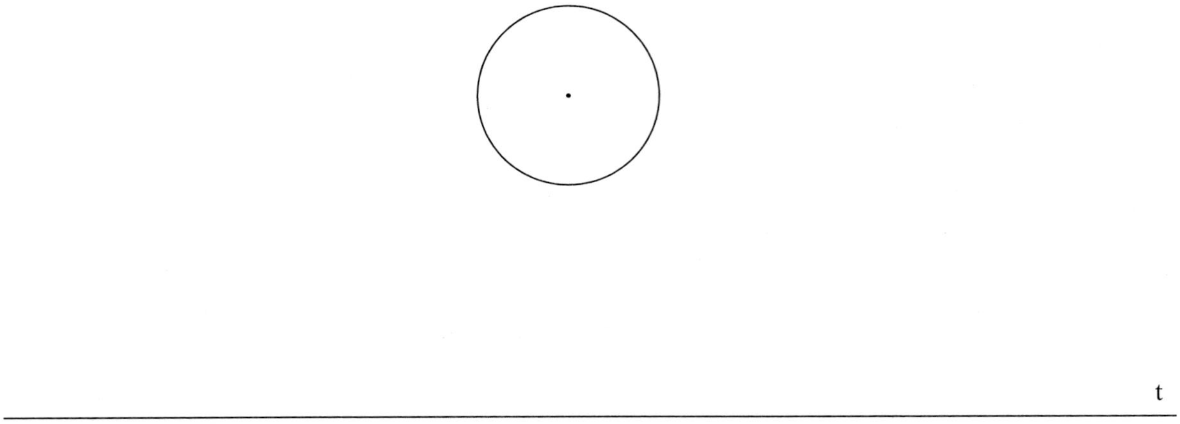

145

289 Dada uma reta s e uma circunferência f, construir uma circunferência de raio r que tangencia f e tal que s determine nela uma corda c.

r

c

s

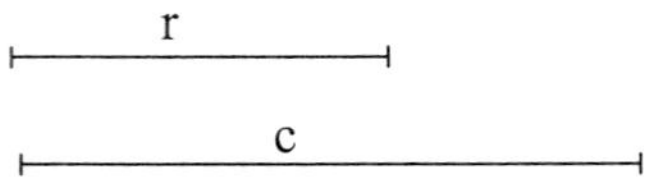

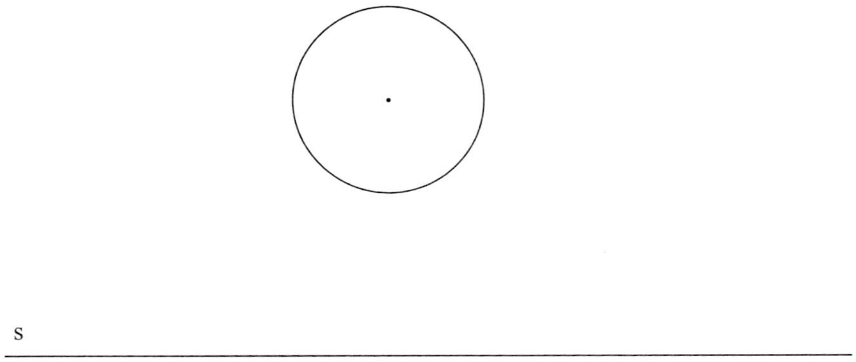

290 Dada uma reta s e uma circunferência f construir uma circunferência de raio r que f a tangencie internamente e que s determine nela uma corda c.

r

c

s

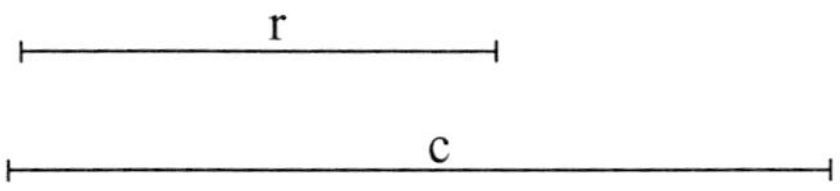

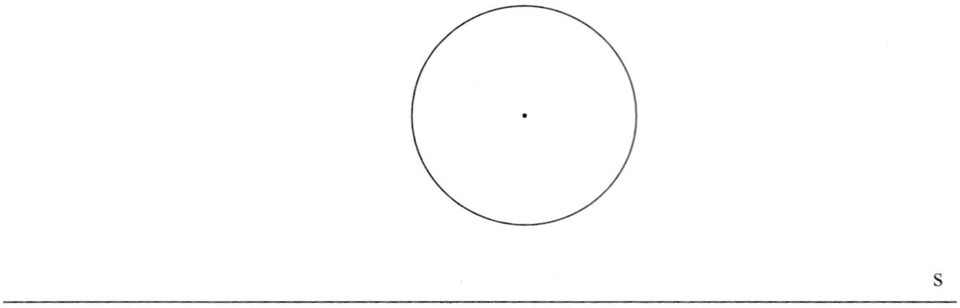

291 Dada uma circunferência f e uma reta s, construir uma circunferência de raio r que seja tangente e exterior a f de modo que s determine nela uma corda c.

r

c

s

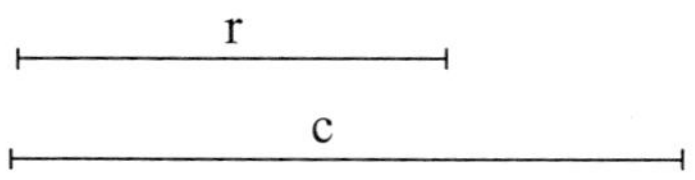

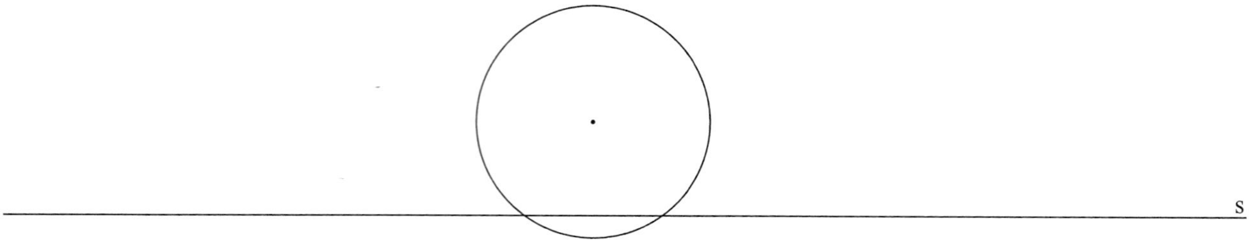

292 Construir uma circunferência que tangencie a reta t e a circunferência f dada, sendo P ponto de tangencia, nos casos:
a) f a tangencie externamente
b) f a tangencia externamente

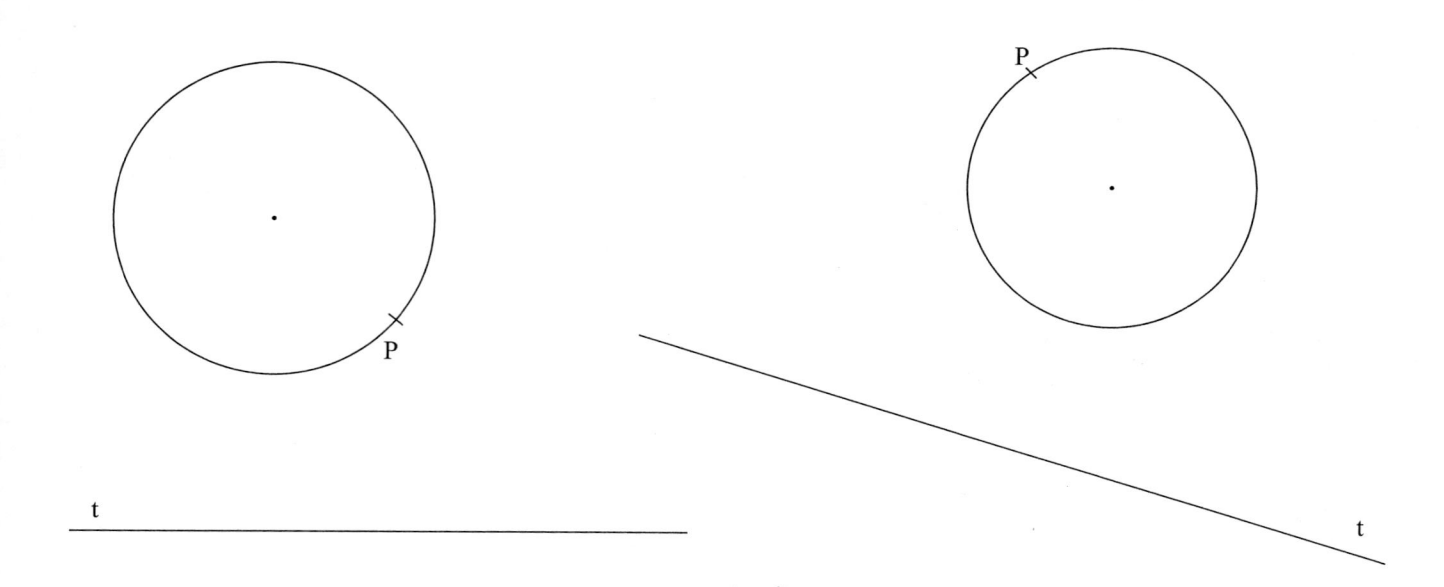

293 Construir uma circunferência que tangencie a reta t e também a circunferência f dada, sendo P ponto de contacto com f.

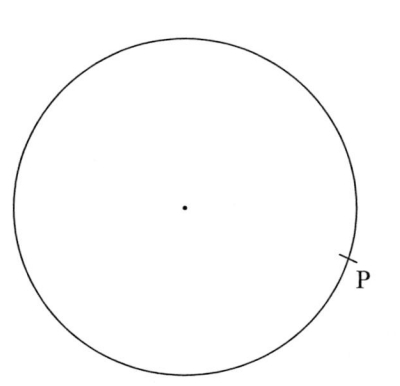

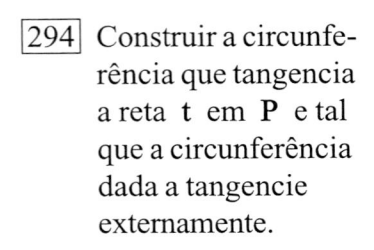

294 Construir a circunferência que tangencia a reta t em P e tal que a circunferência dada a tangencie externamente.

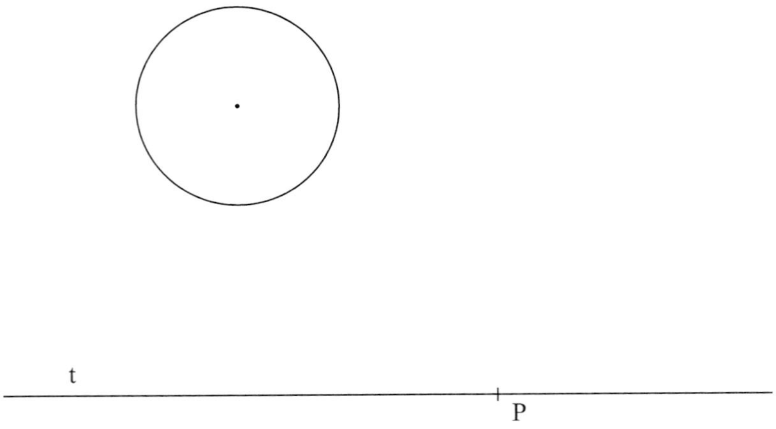

295 Construir a circunferência que tangencia a reta t em P e tal que a circunferência dada a tangencia internamente.

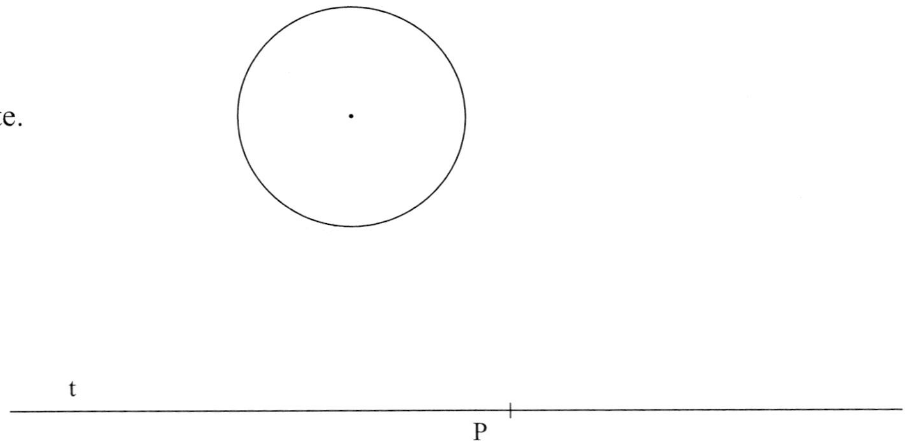

296 Construir uma circunferência que tangencia a reta t em P e tangencia também a circunferência dada.

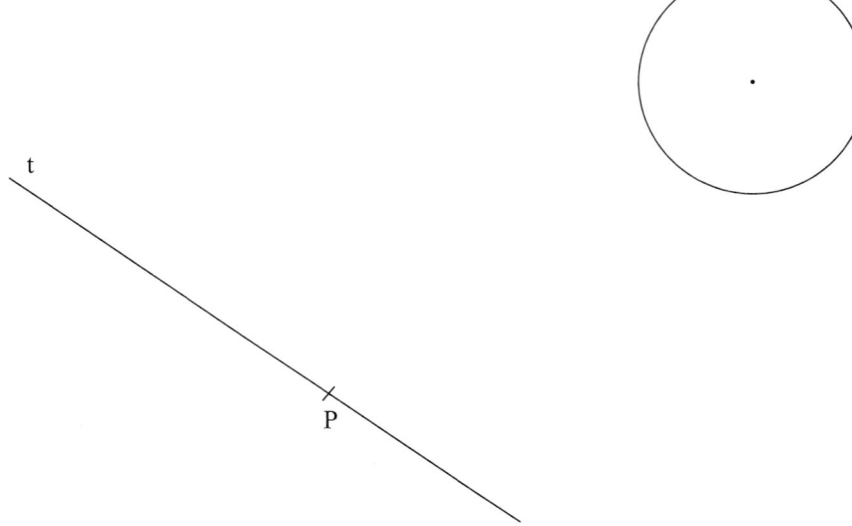

297 Construir duas circunferências com raio r e R, de modo que cada centro de uma seja exterior à outra e tenham uma corda de comprimento c em comum

|—— r ——| |—— R ——|
|———— c ————|

298 Dada uma circunferência f, construir o l.g. dos centros das circunferências de raio r, externos a f, que determinam em f cordas de comprimento c

|—— r ——| |———— c ————|

298 Dada uma circunferência f, construir o l.g. dos centros das circunferências de raio r, interiores a f, que determinam em f cordas de comprimento c

|—— r ——| |———— c ————|

300 Dada uma circunferência f e uma reta t, construir uma circunferência de raio r, com centro exterior a f, que tangencia a reta r e determina em f uma corda de comprimento c.

|—— r ——| |—— c ——|

t

301 Em cada caso é dada uma circunferência **f**, construir:

a) O l.g. dos pontos médios das cordas de **f** que têm comprimento c = 39 mm

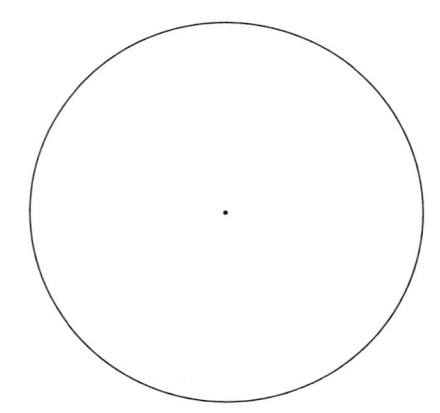

b) O l.g. dos pontos médios dos cordas de **f** que têm uma extremidade em **A**

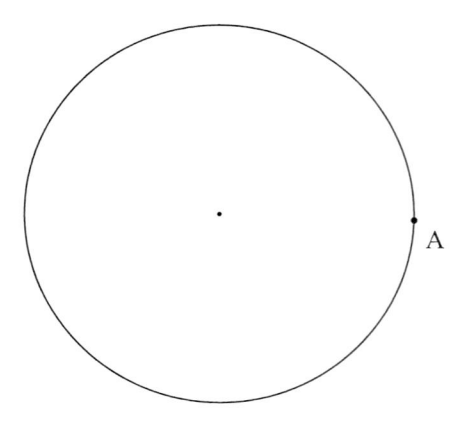

c) O l.g. dos pontos médios das cordas de **f** que contém **P**

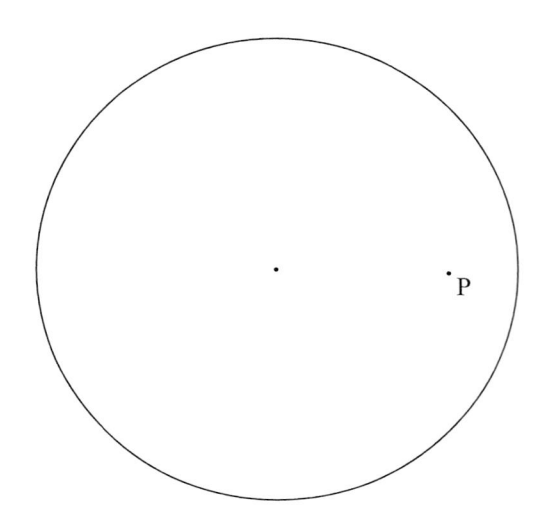

d) O l.g. dos pontos médios das cordas de **f** cujas retas passam por **P**

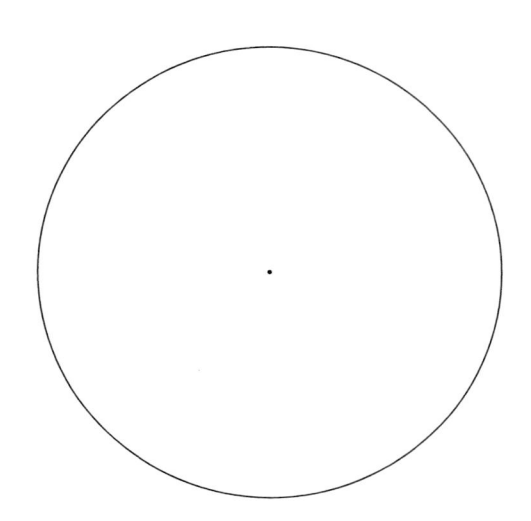

302 Dados um comprimento **c** e uma circunferência **f**, construir o l.g. dos pontos que são extremidades, fora de **f**, dos segmentos que têm comprimento **c**, têm a outra extremidade em **f** e são tangentes a **f**.

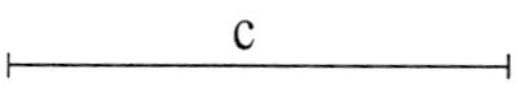

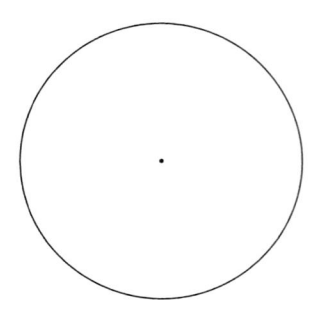

303 Em cada caso é dada uma circunferência **f** e um ângulo **α**. Construir o l.g. dos pontos que vêem **f** sob ângulo **α**.

a) α = 60°

b) α = 90°

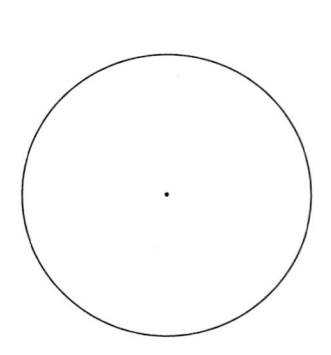

304 Em cada caso é dada um segmento AB. Construir o l.g. dos pontos que vêem o segmento AB sob ângulo reto.

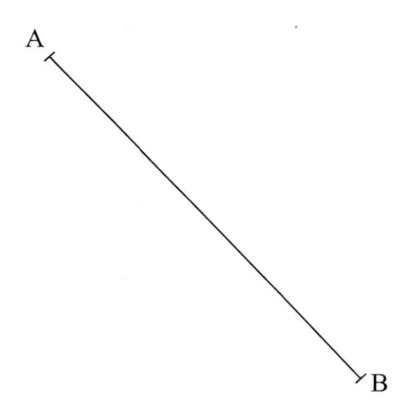

305 Dado o segmento, determine **P**, de modo que AP̂B seja reto, nos casos:
a) P está na reta **s** dada.
b) P está na circunferência dada.

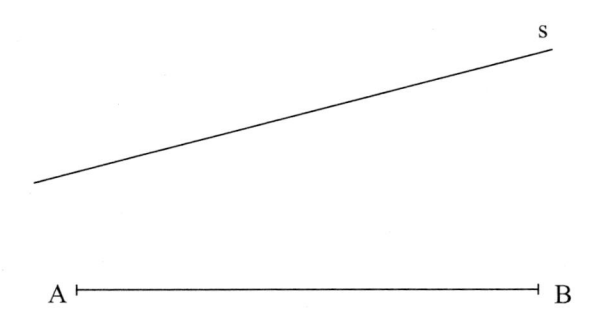

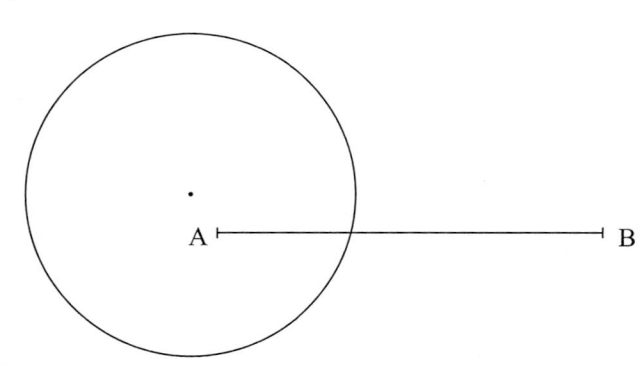

151

306 Em cada caso é dado um △ABC:

a) Determine os pontos de $\overline{AB}$ e $\overline{AC}$ que vêem BC sob ângulo reto

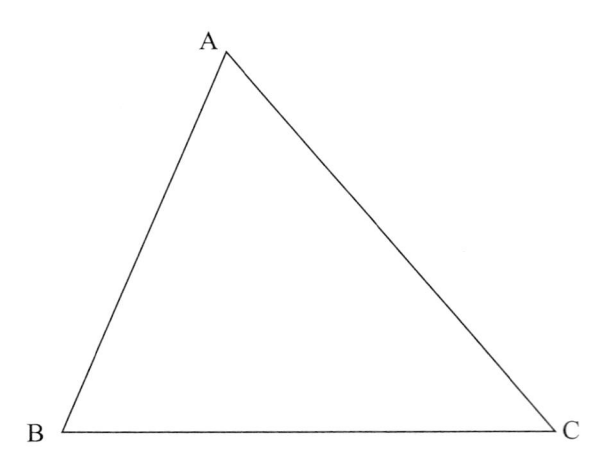

b) Usando arco capaz de 90°, traçar as alturas do triângulo.

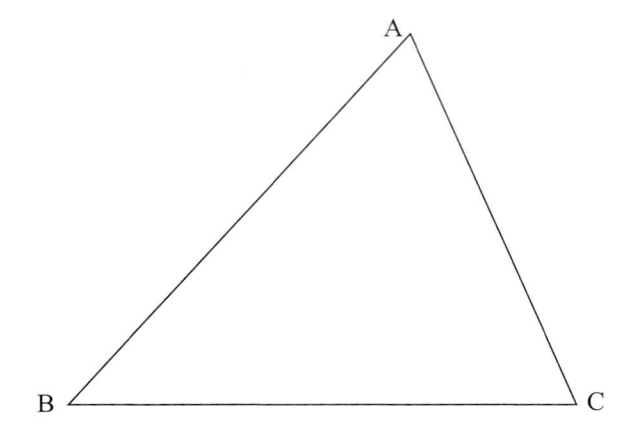

307 Construir um triângulo acutângulo ABC dados a, h_b e h_c.

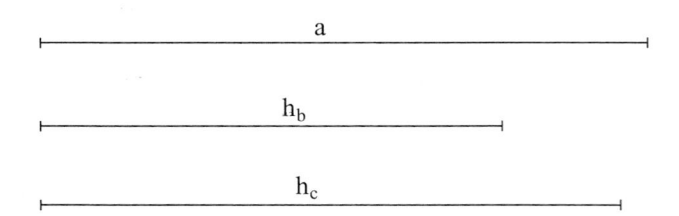

308 Em cada caso é dado um triângulo obtusângulo ABC. Usando arco capaz de 90°, traçar as alturas relativas aos vértices **B** e **C**.

a) b)

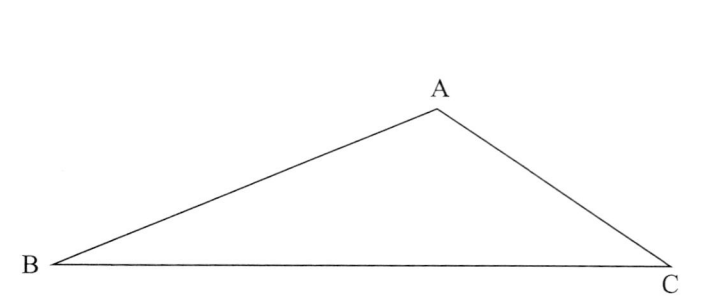

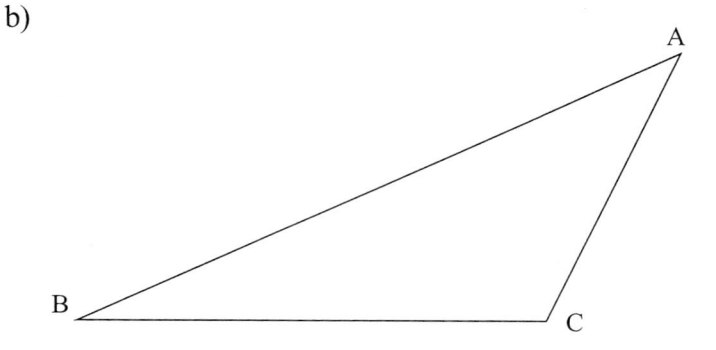

152

309 Construir um △ABC com a = 5 cm, h_b = 4,5 cm e h_c = 3,1 cm, nos casos:
a) Triângulo acutângulo
b) Triângulo obtusângulo

310 Construir um △ABC, com a = 6 cm, h_b = 4,1 cm e h_c = 2,2 cm, nos casos:
a) Â é obtuso
b) Ĉ é obtuso

311 Construir um △ABC,
com b maior que c,
dados h_a, m_a e h_b.

|————————— h_a —————————|

|————————— m_a —————————|

|————————— h_b —————————|

312 Construir um triângulo retângulo, nos casos:
(Projeção ortogonal de um cateto sobre a hipotenusa é o segmento que uma extremidade é a extremidade do cateto que está na hipotenusa e a outra é o pé da altura relativa à hipotenusa).

a) A hipotenusa mede 7 cm e a altura relativa a ela 3 cm

b) As projeções ortogonais dos catetos sobre a hipotenusa medem 2,5 cm e 4,5 cm.

c) A hipotenusa mede 12 cm e uma mediana 9,8 cm.

313 Construir um triângulo retângulo com medianas relativas aos catetos medindo 84 mm e 106 mm.

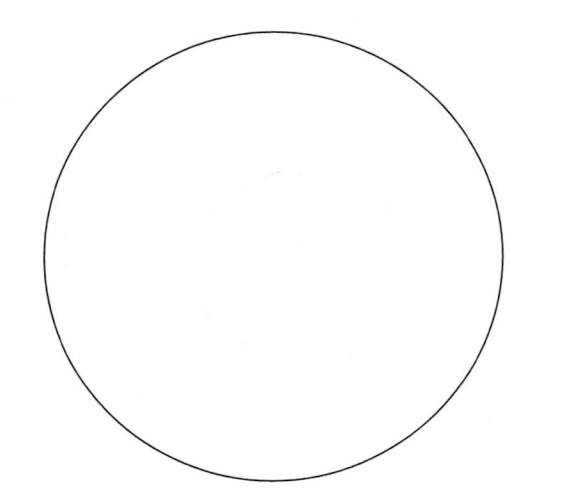

314 Traçar pelo ponto **P** uma reta tangente à circunferência dada, nos casos:
a) **O** é o centro

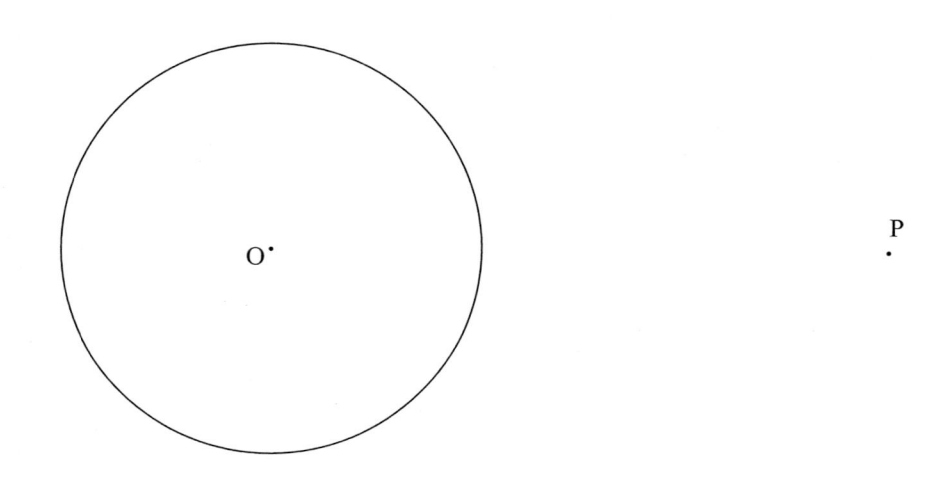

b)

155

315 Traçar pelo ponto **P** uma reta **s** que determina na circunferência dada uma corda de 4,5 cm.

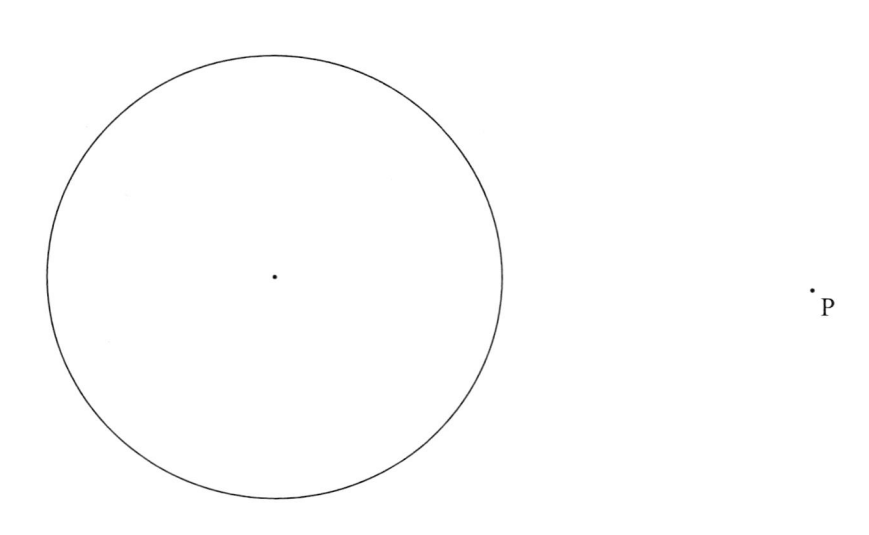

316 Traçar uma reta que é tangente às circunferências dadas e que deixa ambas num mesmo semiplano, dos que têm origem nela (reta tangente externa).

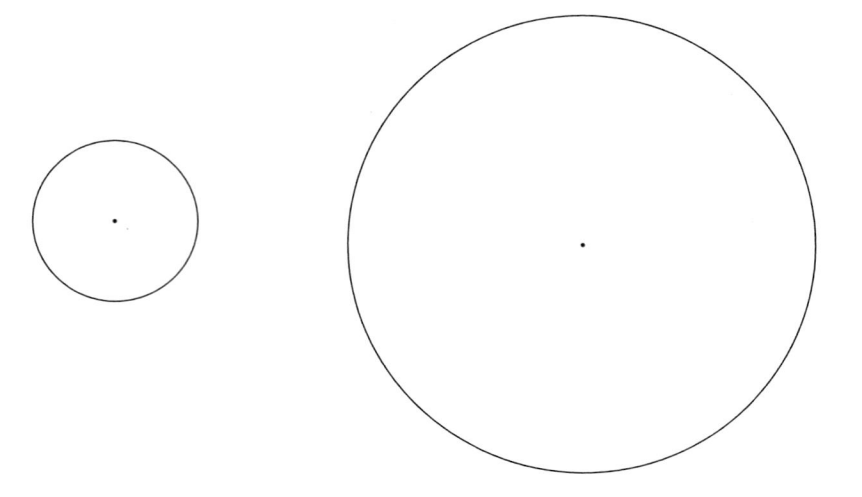

317 Traçar uma reta que é tangente às circunferências dadas e que deixa cada uma em um dos semi-planos que têm origem nela (reta tangente interna).

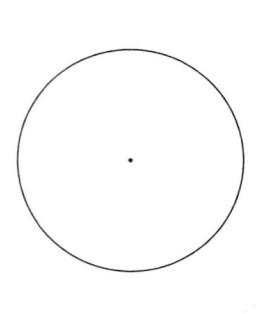

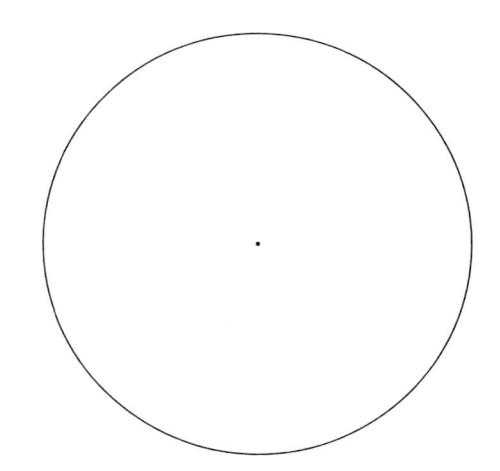

318 Dadas as retas paralelas **a** e **b** e os pontos **P** e **Q**, conduzir por **P** uma reta que intercepta a em **A** e b em **B**, de modo que QA = QB.

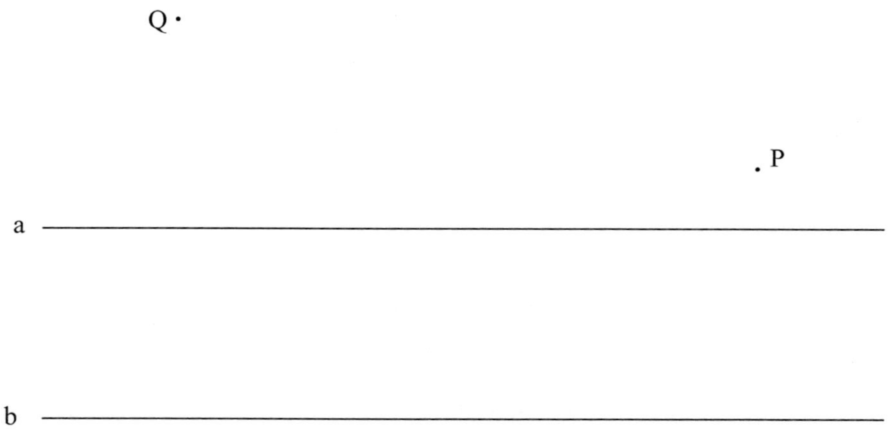

Q ·

. P

a ─────────────────────

b ─────────────────────

319 Construir um triângulo dado o raio 3,5 cm da circunferência circunscrita, um lado de 5,5 cm e a mediana, de 5,6 cm, relativa a outro lado.

320 Construir um triângulo dado o raio 4 cm da circunscrita, um lado com 7 cm e a altura de 4,3 cm, relativa a outro lado.

157

321 Em cada caso é dada uma circunferência de diâmetro AB um ponto P. Conduzir por P, usando apenas régua, uma reta que é perpendicular à reta AB.

a) b)

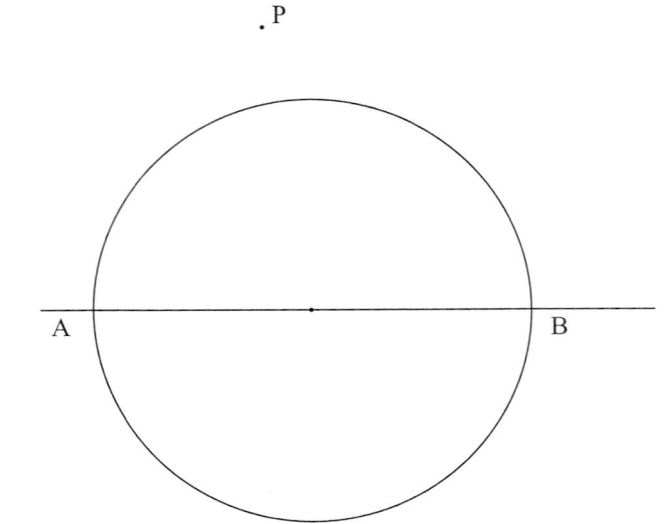

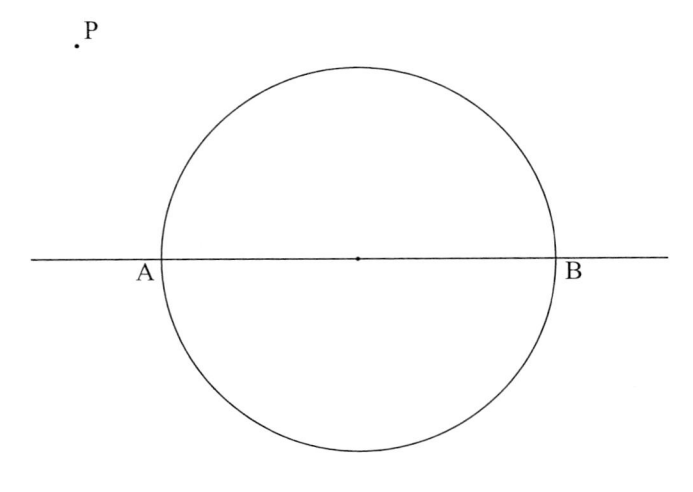

322 Construir um triângulo retângulo dados:
a) Os raios R = 9,6 cm
e r = 1,7 cm das circun-
ferências circunscrita
e inscrita.

b) O raio da inscrita
mede 2,2 cm e a
altura relativa à
hipotenusa mede
5,3 cm.

323 Em cada caso considere um segmento de reta AB qualquer:
   a) Traçar a mediatriz de AB.
   b) Desenhar o l.g. dos pontos que são equidistante de A e B.
   c) Desenhar o l.g. dos centros das circunferências que têm a corda AB.

325 Em cada caso considere três pontos A , B e C não colineares (não alinhados)
   a) Determine um ponto que seja equidistante de A , B e C
   b) Construir a circunferência circunscrita ao $\triangle ABC$.

325 Construir um $\triangle ABC$ qualquer e construa a circunferência circunscrita a ele, nos casos:
   a) Triângulo acutângulo   b) Triângulo obtusângulo   c) Triângulo retângulo

326 Construir duas circunferências quaisquer tangentes
   a) Exteriormente   b) Interiormente

327 Em cada caso traçar um segmento AB com a medida dada, construa uma circunferência f de centro A e raio 3 cm e a seguir construa as circunferências de centro B que são tangentes a f
   a) AB = 5 cm   b) AB = 2 cm

328 Em cada caso construir uma circunferência f de centro O e raio 3 cm. Desenhar o l.g. dos centros das circunferências que têm raio 1 cm e
   a) Tangenciam f externamente   b) Tangenciam f internamente
   c) Tangenciam f

329 Em cada caso construa uma circunferência f de centro O e raio 2 cm e tome um ponto P dela. Desenhar o l.g. dos centros das circunferências g que tangenciam f em P , de modo que:
   a) f e g sejam tangentes exteriores   b) f e g não sejam tangentes exteriores

330 Considere uma reta t e um ponto P dela. Traçar o l.g. dos centros das circunferências que tangenciam t em P .

331 Considere uma reta t . Traçar o l.g. dos centros das circunferências que têm raio de 2 cm e tangenciam a reta t .

332 Em cada caso considere duas retas a e b distintas e trace o l.g. dos centros das circunferências que tangenciam a e b
   a) a e b são paralelas distintas   b) a e b são concorrentes

333 Considere um segmento $\overline{BC}$ qualquer, em cada caso, e trace:
   a) O l.g. dos pontos que vêem $\overline{BC}$ sob ângulo reto.
   b) O l.g. dos vértices A dos triângulos retângulos ABC de hipotenusa $\overline{BC}$.

334 Em cada caso considere uma circunferência f de 35 mm de raio. Desenhe o l.g.
   a) Dos pontos médios das cordas de f que tem comprimento 49 mm
   b) Das outras extremidades dos segmentos que tem uma extremidade em f , medem 3,5 cm e tangenciam f .

335 Em cada caso considere uma circunferência f de raio r . Desenhe o l.g. dos pontos que vêem f sob ângulo α:
   a) r = 2,5 cm , $\alpha = 60°$ b) r = 3 cm , $\alpha = 90°$
   c) r = 3 cm , $\alpha = 75°$ d) r = 3,5 cm , $\alpha = 105°$

336 Considere uma reta s . Traçar o l.g. dos centros das circunferências f que têm raio 3 cm , de modo que s determine em f cordas de 4,4 cm.

337 Considere uma circunferência f de raio 4 cm. Desenhar o l.g. dos centros das circunferências de 2,8 cm de raio de modo que essas circunferências determinem em f cordas de 4,5 cm.

338. Em cada caso construa um ângulo de medida α e o l.g. dos centros das circunferências que estão inscritas nesse ângulo
a) α = 60°   b) α = 120°   c) α = 90°   d) α = 45°   e) α = 75°

339. Traçar uma circunferência f (A , 3,5 cm) e tome um ponto P com AP = 5,7 cm. Construir uma circunferência de raio 1,5 cm , que passa por P e tangencia f .

340. Desenhe as circunferências f e g de centros A e B. Em seguida desenhe uma circunferência h de 1,5 cm e raio que tangencia f e g , nos casos:
a) f (A , 2,5 cm) , g (B , 2 cm) , AB = 6 cm
b) f (A , 3,5 cm) , g (B , 3 cm) , AB = 5,5 cm , h tangencia f e g externamente.
c) f (A , 3 cm) , g (B , 4 cm) , AB = 5 cm , h tangencia f externamente e g internamente.
d) f (A , 6 cm) , g (B , 5 cm) , AB = 5,5 cm , h tangencia f e g internamente.

341. Considere uma circunferência f de centro A e raio 1,5 cm e outra g de centro B e raio 1,2 cm, com AB = 5 cm. Construir uma circunferência de raio 5 cm que seja tangentes a f e g . Há 8 respostas.

342. Em cada caso construir o △ABC e depois o que se pede:
a) a = 2 cm , b = 2,5 cm , c = 4 cm . A circunferência que passa por A e tangencia f (B , BC) em C.
b) a = 3,5 cm , b = 4 cm , c = 1,5 cm. A circunferência que passa por C e tangencia f (B , AB) em A.
c) a = 4 cm , b = 3 cm , c = 5 cm. A circunferência que passa por A e tangencia f (C , CB) em B.

343. Construir um △ABC e depois as circunferências com centros em A , B e C , tangentes entre si , nos casos:
a) a = b = c = 4 cm. Circunferências tangentes externamente
b) a = b = c = 4 cm. As com centros B e C são tangentes externamente e tangenciam a outra internamente.
c) a = 4 cm , b = c = 3,5 cm. Circunferências tangentes externamente.
d) a = 4 cm , b = c = 3,5 cm. As com centros B e C são tangentes externamente e tangenciam a outra internamente.
e) a = 5 cm , b = 5,5 cm , c = 4,5 cm. Circunferências tangentes externamente.
f) a = 4 cm , b = 6,5 cm , c = 5,5 cm . As com centros B e C são tangentes externamente e tangenciam a outra internamente.
g) a = 5,5 cm , b = 2,5 cm , c = 4 cm. As com centros B e C são tangentes externamente e tangenciam a outra internamente.

344. Traçar uma reta t , tomar um ponto C fora de t e traçar a circunferência que tem centro C e tangencia t .

345. Desenhar uma circunferência de 2,5 cm de raio, tomar um ponto P dela e traçar a reta por P , tangente à circunferência.

346. Construir uma circunferência de diâmetro AB = 57 mm em cada caso e traçar as retas tangentes à circunferência
a) Perpendiculares a $\overline{AB}$ b) Paralelas a $\overline{AB}$.

347. Em cada caso construir uma circunferência f de 2,5 cm de raio e considerar uma reta e exterior a ela. Traçar uma reta t tangente a f
a) t é paralela à e   b) t é perpendicular a e
c) t forma 60° com e   d) t forma 45° com e

348. Em cada caso trace uma reta a e considere um ponto P fora de a distante d de a. Construir uma circunferência f que passa por P , de raio r , de modo que:
a) d = 3 cm , r = 2,5 cm e f tangencia a.
b) d = 4 cm , r = 3,5 cm e a determine em f uma corda de 4,5 cm.

[349] Em cada caso considere duas retas paralelas **a** e **b** afastadas 5 cm uma da outra e um ponto **P** distante 1,5 cm de a . Traçar uma circunferência **f** que passa por **P** , de modo que
a) **f** tangencia a e b
b) a e b determinem em **f** cordas de 6 cm

[350] Em cada caso considere uma circunferência **f** de 2 cm de raio e uma reta **e** afastada 1,5 cm de **f** . Construir uma circunferência **g** de raio 3 cm que tangencia **f**, de modo que:
a) **g** tangencia **f** externamente e tangencia **e**
b) a reta **e** determina em **f** uma corda de 5,4 cm

[351] Construir um ângulo de medida α e inscrever nele uma circunferência **f** nos casos:
a) $\alpha = 45°$ e o ponto de contacto está 7 cm afastado do vértice do ângulo
b) $\alpha = 60°$ e o raio da circunferência mede 2,5 cm

[352] Construir um ângulo de medida α e construir a circunferência **f** de 3,5 cm de raio que se pede nos casos:
a) $\alpha = 45°$, **f** tangencia um lado do ângulo, tem centro interno ao ângulo e determina no outro lado um segmento de 6 cm
b) $\alpha = 30°$, **f** tem centro interno ao ângulo e **f** determina nos lados do ângulo segmentos de 42 mm e 64 mm

[353] Em cada caso considere uma circunferência **f** de raio 1,5 cm e uma reta **e** distante 3,8 cm do centro de **f**. Construir uma circunferência **g** de 4 cm de raio com **f** tangenciando-a internamente, de modo que
a) **g** tangencia **e**
b) **g** determina em **e** um segmento de 6,2 cm

[354] Em cada caso construir um $\triangle ABC$ com AB = 5 cm , BC = 7,7 cm e AC = 6.7 cm e construir uma circunferência **f** de centro A e raio 2 cm. Construir uma circunferência **g** com centro em $\overline{AC}$, que tangencia a reta BC , de modo que:
a) **f** tangencia **g** externamente
b) **f** tangencia **g** internamente

[355] Em cada caso construir um $\triangle ABC$ e construir a circunferência que passa por A e B e tangencia a reta BC
a) a = 4,2 cm , b = 2,5 cm , c = 4,2 cm
b) a = 4,3 cm , b = 7,4 cm , c = 3,5 cm

[356] Em cada caso considere uma circunferência **f** de raio **r** , uma reta **e** distante **d** do centro de **f** e um ponto **P** de **e** distante **a** do centro de **f** . Construir uma circunferência **g** que tangencia **e** em **P** , de modo que:
a) r = 2 cm , d = 5,2 cm , a = 6,4 cm e **g** tangencia **f** externamente
b) r = 1,5 cm , d = 3 cm , a = 4 cm e **f** tangencia **g** internamente
c) r = 2 cm , d = 4,9 cm, a = 6,1 cm e **g** tangencia **f**

[357] Construir um $\triangle ABC$ e construir a circunferência inscrita nele nos casos:
a) a = 10 cm , b = 11 cm e c = 8 cm
b) a = 15 cm , b = 17 cm e c = 8 cm

[358] Construir um $\triangle ABC$ e construir a circunferência ex-inscrita relativa ao lado AC , nos casos:
a) a = 8,2 cm , b = 5 cm e c = 7 cm
b) a = 6 cm , b = 6,5 cm e c = 11 cm

[359] Construir um $\triangle ABC$ com a = 4 cm , b = 3,5 cm e c = 3 cm e construir as circunferências que tangenciam simultaneamente as retas AB , AC e BC.

[360] Construir um $\triangle ABC$ com a = 8 cm , b = 5,5 cm e c = 3,5 cm e construir as circunferências **f** e **g** com f(B, 3,5 cm) e g(C , 2 cm). Construir um circunferência que tangencia **f** e **g** externamente, sendo A um dos pontos de contacto.

[361] Traçar as circunferências **f** e **g** tais que f(A , 2 cm), g(B , 1,5 cm) e AB = 6,5 cm. Seja **P** um ponto de **f** tal que $P\hat{A}B = 30°$. Construir uma circunferência **h** que tangencia **f** em **P** de modo que **g** tangencie **h** internamente.

362. Dados um ponto P e uma circunferência f de centro O, traçar uma reta a que passa por P, nos casos:
 a) f (O, 2,7 cm), OP = 7,1 cm e a tangencia f
 b) f (O, 3,3 cm), OP = 7,3 cm e a determina em f uma corda de comprimento 5 cm.

363. Dadas as circunferências f e g, construir a reta t tangente a ambas nos casos:
 a) f (A, 1,2 cm), g (B, 4 cm), AB = 7 cm e f e g estão de um mesmo lado de t.
 b) f (A, 1,5 cm), g (B, 2,7 cm), AB = 7 cm e f e g estão cada uma de um lado de t.

364. Construir um triângulo retângulo nos casos:
 a) A hipotenusa mede 9,9 cm e a altura relativa à ela 4,1 cm.
 b) As projeções ortogonais dos catetos sobre a hipotenusa medem 3 cm e 5,5 cm.
 c) As medianas relativas aos catetos medem 8 cm e 10 cm.

365. Construir um triângulo acutângulo ABC, nos casos
 a) a = 100 mm, h_b = 75 mm e h_c = 90 mm
 b) b > c, h_a = 85 mm, m_a = 88 mm e h_c = 110 mm

366. Construir um $\triangle ABC$, com a = 9 cm, h_b = 6 cm e h_c = 2,9 cm, nos casos:
 a) $\hat{A}$ é obtuso
 b) $\hat{C}$ é obtuso

367. Construir um $\triangle ABC$ dados a = 100 mm, h_b = 94 mm e h_c = 52 mm.

368. Dadas duas circunferência f e g, f (A, 3 cm) e g (B, 2,5 cm), com AB = 10,2 cm, traçar um segmento de 4 cm que tenha uma extremidade em f, seja tangente a f, e a outra extremidade diste 5,5 cm de g.

369. Dadas duas circunferências f e g de raios 2 cm e 2,5 cm cujos centros distam 7,8 cm, determinar um ponto do qual elas possam ser vistas sob um ângulo de 45°.

370. Um triângulo tem 94 mm, 10,7 mm e 11,7 mm. Construir uma circunferência que determina nos lados segmentos de 5,5 cm.

371. Construir um triângulo de lados 10 cm, 12 cm e 15 cm. Construir circunferências de raios 2 cm com centros nos vértices desse triângulo. Desenhar agora uma circunferência de modo que as primeiras a tangencie externamente.

372. Considere um círculo de raio 5,5 cm e um ponto P distante 4,5 cm do seu centro. Inscrever um triângulo equilátero neste círculo de modo que um de seus lados passe pelo ponto P.

373. Em cada caso são dados os lados de um $\triangle ABC$. Traçando antes a circunferência inscrita no triângulo, traçar as circunferências com centros nos vértices A, B e C tangentes entre si, externamente
 a) a = 55 mm, b = 65 mm, cs = 60 mm
 b) a = 80 mm, b = 100 mm, c = 60 mm

374. Em cada caso são dados os lados de um $\triangle ABC$. Traçando antes uma circunferência ex-inscrita, convenientemente escolhida, traçar as circunferências com centros A, B e C tangentes entre si, com os de centros B e C sendo tangentes externamente e tangenciando a de centro A internamente.
 a) a = 50 mm, b = 60 mm, c = 45 mm
 b) a = 65 mm, b = 55 mm, c = 40 mm

Capítulo – 4 QUADRILÁTEROS

A – Quadriláteros convexo e quadrilátero côncavo

A1) Definição: Considere quatro segmentos, $\overline{AB}$, $\overline{BC}$, $\overline{CD}$ e $\overline{DA}$, de modo que não haja dois que sejam colineares (de uma mesma reta) e que se eles tiverem ponto em comum, que sejam apenas extremidades. O conjunto união dos segmentos $\overline{AB}$, $\overline{BC}$, $\overline{CD}$ e $\overline{AD}$ é chamado quadrilátero ABCD.

A2) Quadrilátero côncavo

Se uma da extremidades desses segmentos for interior ao triângulo determinado pelas outras, o quadrilátero é chamado **quadrilátero côncavo**.

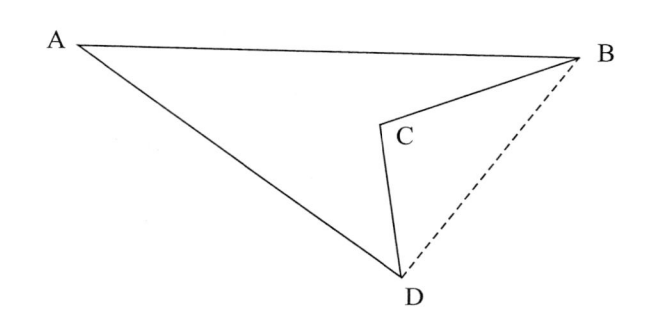

A3) Quadrilátero convexo

Se cada extremidade for externa ao triângulo determinado pelas outras, o quadrilátero é chamado **quadrilátero** convexo.

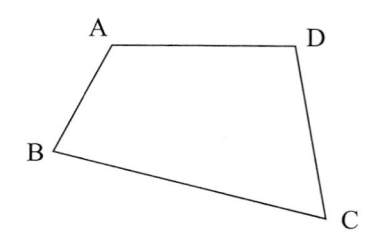

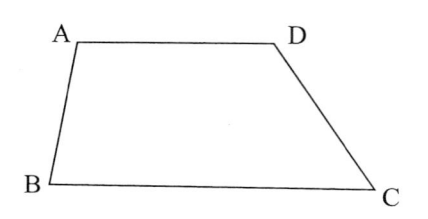

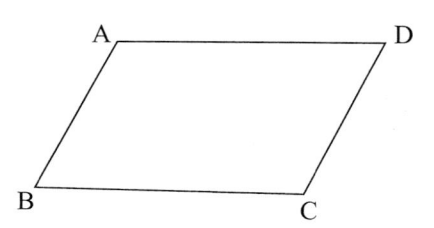

*Obs: Neste caderno quando falarmos apenas **quadrilátero**, estaremos querendo dizer quadrilátero convexo.*

B – Elemento de um quadrilátero

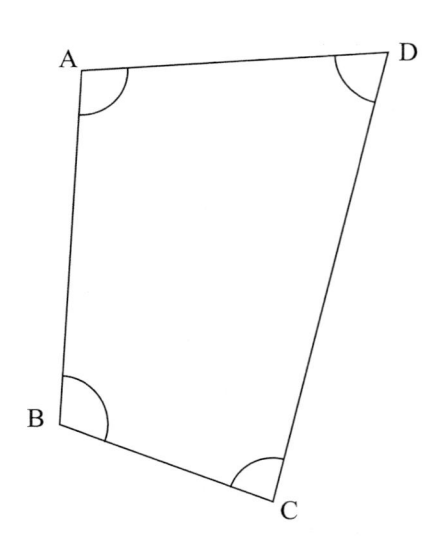

Lado: São os segmentos $\overline{AB}$, $\overline{BC}$, $\overline{CD}$ e $\overline{AD}$ da definição.

Vértices: são as extremidades dos lados: A, B, C e D.

Vértices consecutivos: São as extremidades de um lado: A e B, B e C, C e D, A e D.

Vértices oposto: São vértices que não são extremidades de um mesmo lado: A e C, B e D.

Lados consecutivos: São dois lados que têm uma extremidade em comum: $\overline{AB}$ e $\overline{BC}$, $\overline{BC}$ e $\overline{CD}$, $\overline{CD}$ e $\overline{DA}$, $\overline{DA}$ e $\overline{AB}$.

Lados opostos: São dois lados que não têm extremidade em comum: $\overline{AB}$ e $\overline{CD}$, $\overline{AD}$ e $\overline{BC}$.

Ângulos internos: São os ângulos determinados por dois lados consecutivos: $A\hat{B}C$, $B\hat{C}D$, $A\hat{D}C$, $B\hat{A}D$. Indicamos os **ângulos internos** também apenas por $\hat{A}$, $\hat{B}$, $\hat{C}$ e $\hat{D}$. Quando falarmos **ângulos do quadrilátero**, estaremos nos referindo aos ângulos internos.

Ângulos consecutivos: São ângulos do quadrilátero cujos vértices são vértices consecutivos do próprio: $\hat{A}$ e $\hat{B}$, $\hat{B}$ e $\hat{C}$, $\hat{C}$ e $\hat{D}$, $\hat{A}$ e $\hat{D}$.

Ângulos opostos: São ângulos do quadrilátero cujos vértices são vértices opostos do próprio: $\hat{A}$ e $\hat{C}$, $\hat{B}$ e $\hat{D}$.

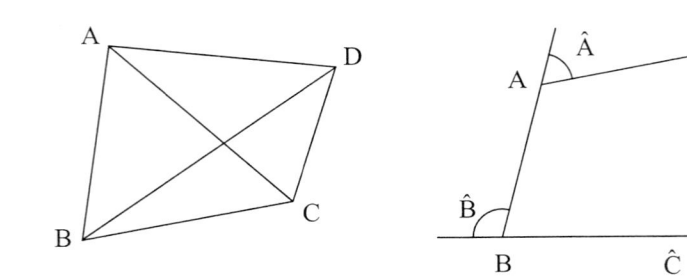

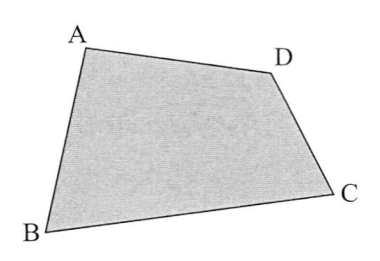

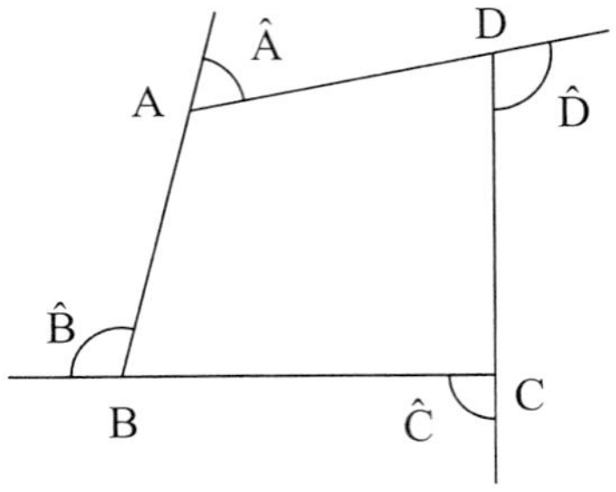

Diagonais: São os segmentos determinados por dois vértices opostos: $\overline{AC}$ e $\overline{BD}$.

Ângulos externos: São os ângulos adjacentes suplementares dos ângulos internos: $\hat{A}'$, $\hat{B}'$, $\hat{C}'$ e $\hat{D}'$.

Região quadrangular: É a união das regiões triangulares que os seus vértices determinam.

Perímetro: É a soma de lados (ou das medidas dos lados). É indicado por 2p

$$2p = \overline{AB} + \overline{BC} + \overline{CD} + \overline{AD} \quad \text{ou} \quad 2p = AB + BC + CD + AD$$

Obs:
1º) Quando falamos quadrilátero ABCD, A e C são opostos e B e D são opostos.
2º) Devemos nomear os vértices em sentido horário ou anti-horário. Neste caderno vamos adotar, igualmente como em triângulo, nos exercícios, a notação anti-horário.

C – Soma dos ângulos

Tanto a **soma dos ângulo internos** quanto à **soma dos ângulos externos** de um quadrilátero vale, em graus, 360º

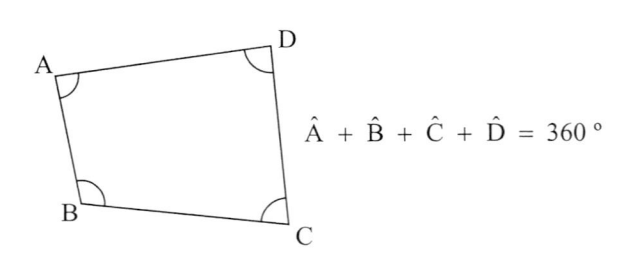

$$\hat{A} + \hat{B} + \hat{C} + \hat{D} = 360°$$

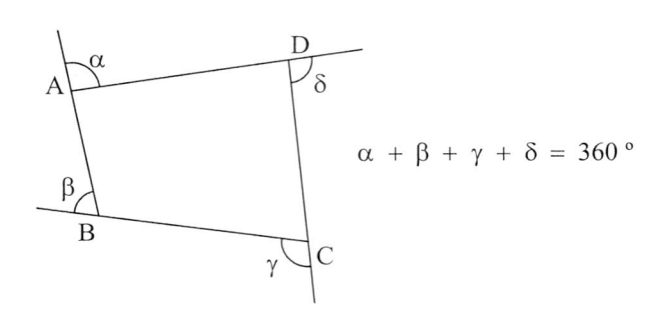

$$\alpha + \beta + \gamma + \delta = 360°$$

D – Trapézios

D1) Definição: Um quadrilátero é um trapézio se, e somente se, ele tem dois lados paralelos.

Bases: Os lados paralelos são chamados bases do trapézio: $\overline{AD}$ e $\overline{BC}$.

Ângulos da base: São ângulos consecutivos cujos vértices são extremidades de uma mesma base: $\hat{A}$ e $\hat{D}$ ou $\hat{B}$ e $\hat{C}$.

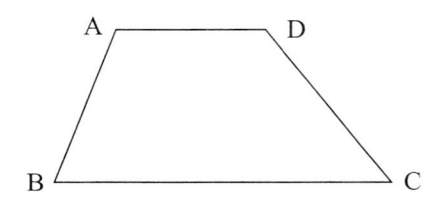

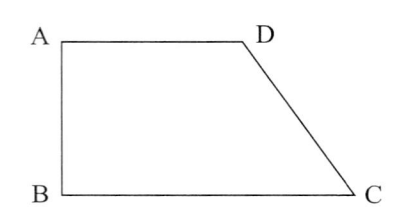

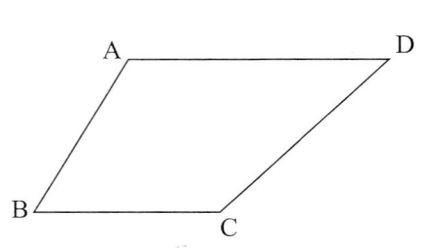

$\overline{AD}$ e $\overline{BC}$ são paralelos (estão em retas paralelas)

D2) Trapézio Isósceles:

É o trapézio cujos lados opostos que não são as bases **são** congruentes e as bases não são congruentes (Lados oblíquos as bases são congruentes).

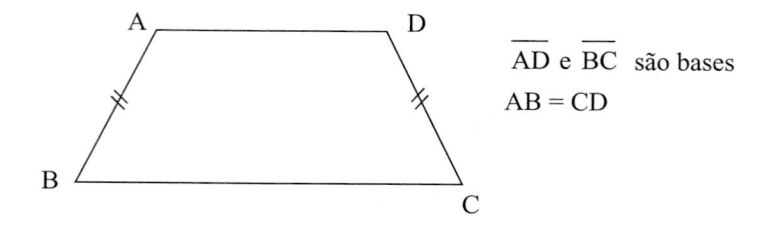

$\overline{AD}$ e $\overline{BC}$ são bases
$AB = CD$

D3) Trapézio Escaleno

É o trapézio cujos lados opostos que **não são** base não são congruentes

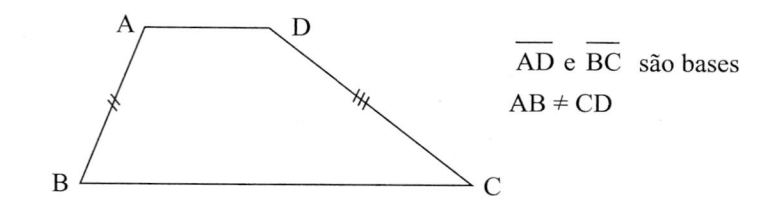

$\overline{AD}$ e $\overline{BC}$ são bases
$AB \neq CD$

D4) Trapézio Retângulo

É o trapézio cujos lados opostos não bases são um perpendicular às bases e outro oblíquo às bases. (Note que o trapézio retângulo também é escaleno).

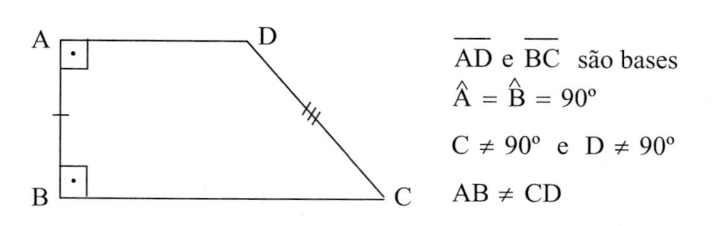

$\overline{AD}$ e $\overline{BC}$ são bases
$\hat{A} = \hat{B} = 90°$
$C \neq 90°$ e $D \neq 90°$
$AB \neq CD$

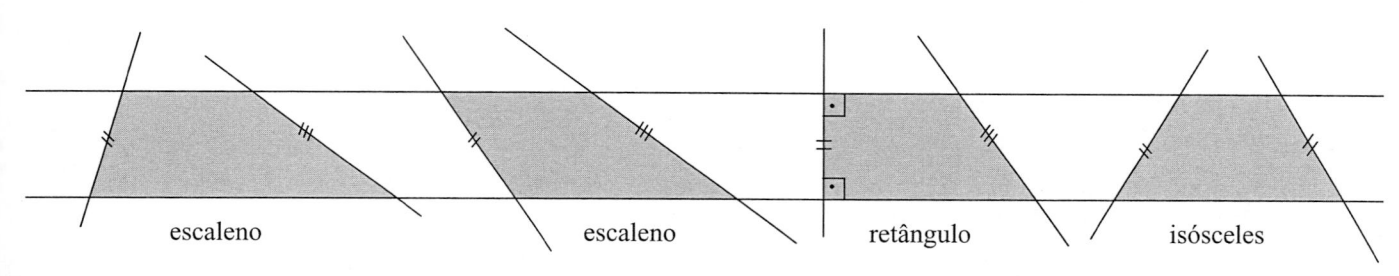

escaleno   escaleno   retângulo   isósceles

Obs: Note que em um trapézio escaleno não retângulo, os ângulos da base menor não são necessariamente obtusos e os da base maior não são necessariamente agudos. Olhar a segunda figura.

E – Paralelogramos

Já vimos no capítulo – 1 a definição e algumas propriedades dos paralelogramos. Sabemos que paralelogramo é o quadrilátero que tem lados opostos paralelos.

I – Retângulo: É o quadrilátero que tem os ângulos congruentes, isto é, ângulos retos (Prova-se que todo retângulo é também um paralelogramo).

II – Losango: É o quadrilátero que tem os lados congruentes (Prova-se que todo losango é também um paralelogramo).

III – Quadrado: É o quadrilátero que tem ângulos retos e lados congruentes. Note que por definição o quadrado é losango e retângulo (Ele é também um paralelogramo).

paralelogramo   retângulo   losango   quadrado

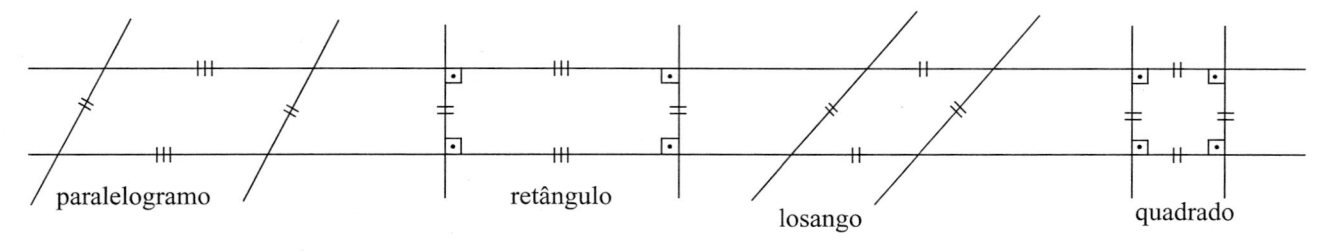

*Obs: A rigor, por definição, todo **paralelogramo** é também um **trapézio**, pois todo paralelogramo tem dois lados paralelos, mas quando falarmos em construir um trapézio, devemos pensar no trapézio não paralelogramo, ou seja, dois lados paralelos e os outro dois opostos não paralelos.*

F – Propriedades dos trapézios

F1) Trapézio qualquer (ângulos suplementares)

Em um trapézio qualquer a soma das medidas de dois ângulos consecutivos, não de uma mesma base, é 180°. Esses ângulos são suplementares.

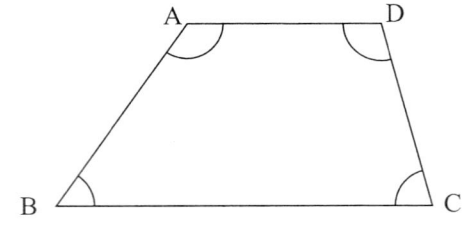

$\overline{AD}$ e $\overline{BC}$ são bases
$\hat{A} + \hat{B} = 180°$
$\hat{C} + \hat{D} = 180°$

F2) Trapézio isósceles (ângulos da base)

Os ângulos de uma mesma base de um trapézio isósceles são congruentes (E reciprocamente)

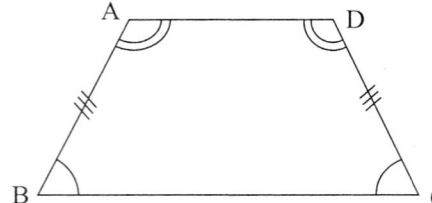

$\overline{AD}$ e $\overline{BC}$ são bases
$\hat{A} = \hat{D}$
$\hat{B} = \hat{C}$

Conseqüência 1: Em todo trapézio isósceles ângulos opostos são suplementares

$\hat{A} + \hat{C} = 180°$ e $\hat{B} + \hat{D} = 180°$.

Conseqüência 2: Todo trapézio isósceles é inscritível (Os seus vértices estão numa mesma circunferência).

F3) Trapézio isósceles (diagonais)

As diagonais de um trapézio isósceles são congruentes. (E reciprocamente).

As bases de um trapézio isósceles são bases de triângulos isósceles com vértice oposto à base sendo a intersecção das diagonais.

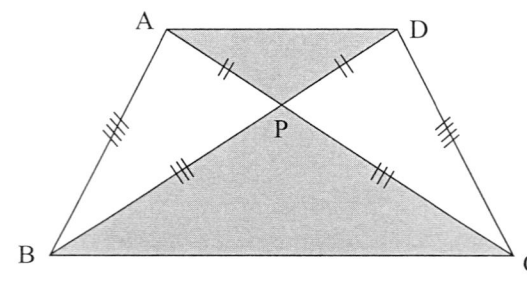

AD e BC são bases
AC = BD
ΔPAD e ΔPCB são isósceles de bases AD e BC

F4) Trapézio isósceles (Projeções dos lados oblíquos)

As projeções ortogonais dos lados oblíquos às bases sobre a base maior são congruentes

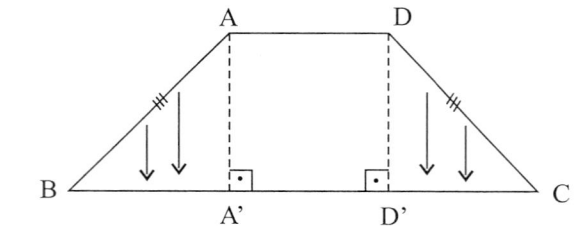

AD e BC são bases
A'B = D'C

F5) Trapézio isósceles (Diagonais bissetrizes)

Em todo trapézio isósceles, se a **base menor** é congruente aos lados **oblíquos às bases**, então as **diagonais são bissetrizes** dos ângulos da **base maior**.

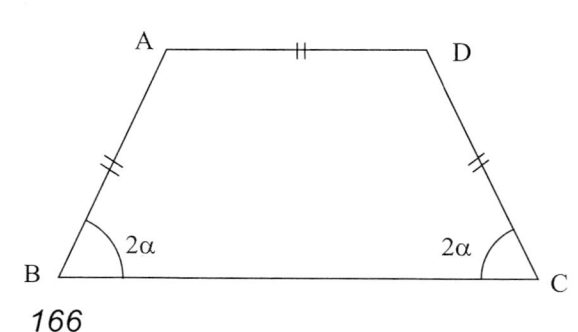

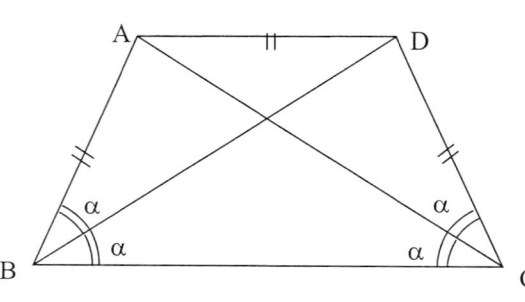

AD é base menor
AD = AB = CD
$\overline{BD}$ é bissetriz de $\hat{B}$
$\overline{CA}$ é bissetriz de C

F6) Trapézio isósceles (Diagonais bissetrizes)

Em todo trapézio isósceles, se a **base maior** é congruente aos lados **oblíquos às bases**, então as **diagonais são bissetrizes** dos ângulos da **base menor**.

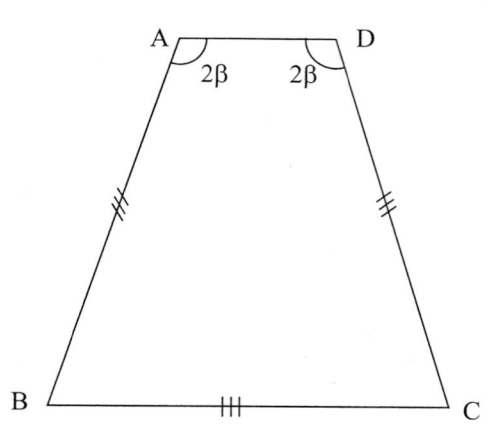

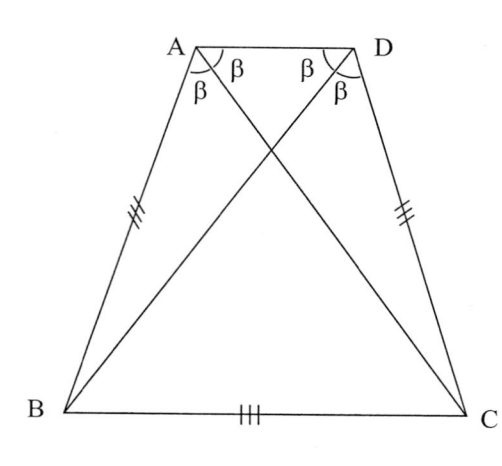

$\overline{BC}$ é base maior
$\overline{BC} = \overline{AB} = \overline{CD}$. Então:
$\overline{AC}$ é bissetriz de $\hat{A}$
$\overline{DB}$ é bissetriz de $\hat{D}$

F7) Quadrilátero circunscritível

Se existe uma circunferência que tangencia todos os lados de um quadrilátero (existe uma circunferência inscrita nele), esse quadrilátero é chamado circunscritível).

Em todo **quadrilátero circunscritível** as somas das medidas de lados opostos são iguais

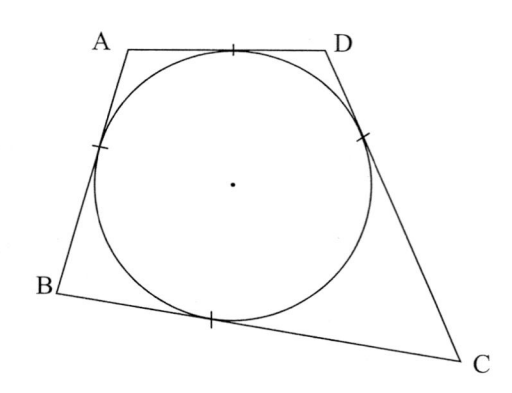

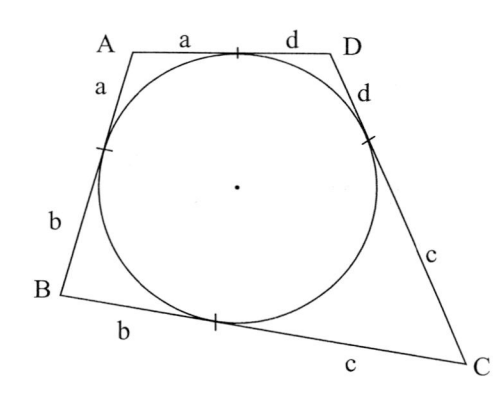

$\begin{cases} AB + CD = a + b + c + d \\ AD + BC = a + d + b + c \end{cases}$

$\boxed{AB + CD = AD + BC}$

F8) Base média de um trapézio

O segmento cujas extremidades são os pontos médios dos lados oblíquos às bases de um trapézio qualquer é chamado **base média** desse trapézio.

Em todo trapézio a sua base média é paralela às bases e mede a **semi-soma** delas (Conseqüência imediata da base média de um triângulo).

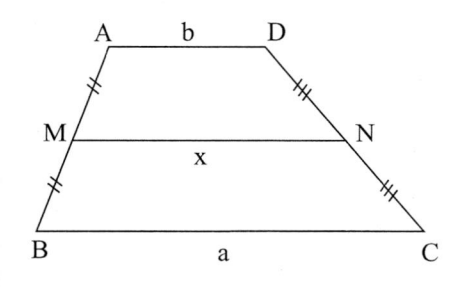

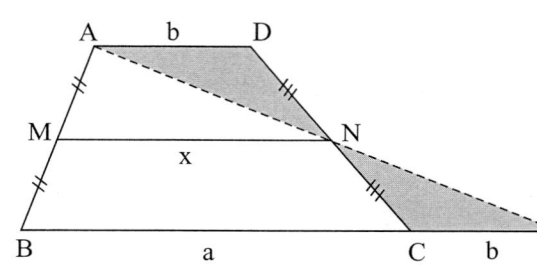

$\overline{MN}$ é paralelo a $\overline{AD}$ e $\overline{BC}$

$x = \dfrac{a + b}{2}$

F9) Pontos médios das diagonais

Em todo trapézio o segmento cujas extremidades são os pontos médios das diagonais é paralelo às bases e mede a **semi - diferença** das bases (Conseqüência imediata da base média de um triângulo). Note que ele está contido na base média do trapézio.

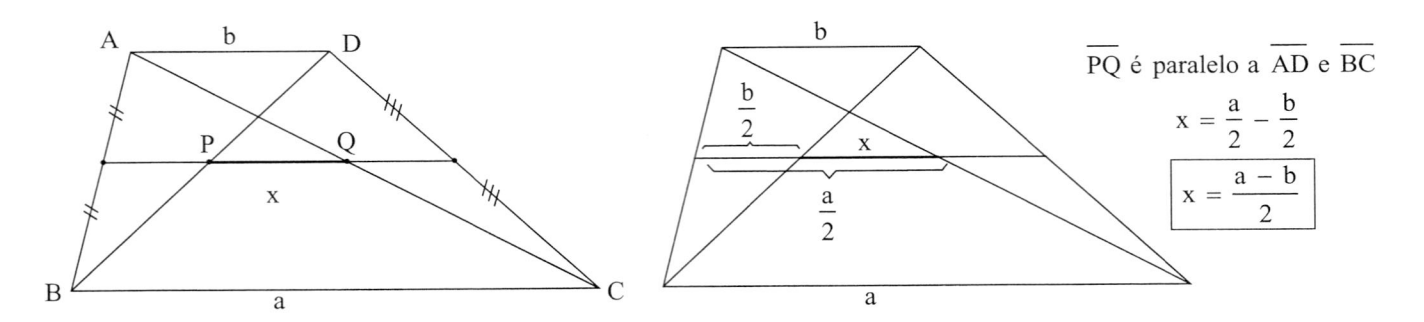

$\overline{PQ}$ é paralelo a $\overline{AD}$ e $\overline{BC}$

$$x = \frac{a}{2} - \frac{b}{2}$$

$$\boxed{x = \frac{a-b}{2}}$$

G – Alturas de quadriláteros notáveis

G1) Altura de trapézio: É a distância entre as retas que contêm as bases do trapézio. (Um trapézio não paralelogramo tem uma única altura).

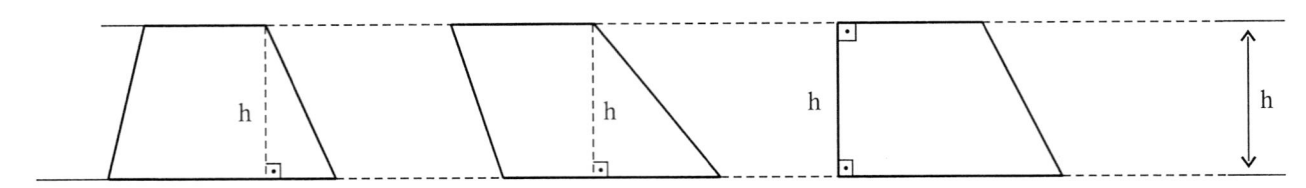

G2) Alturas de um paralelogramo: Cada distância entre as retas que contêm lados opostos de um paralelogramo é chamada altura do paralelogramo. Note que o paralelogramo tem duas alturas.

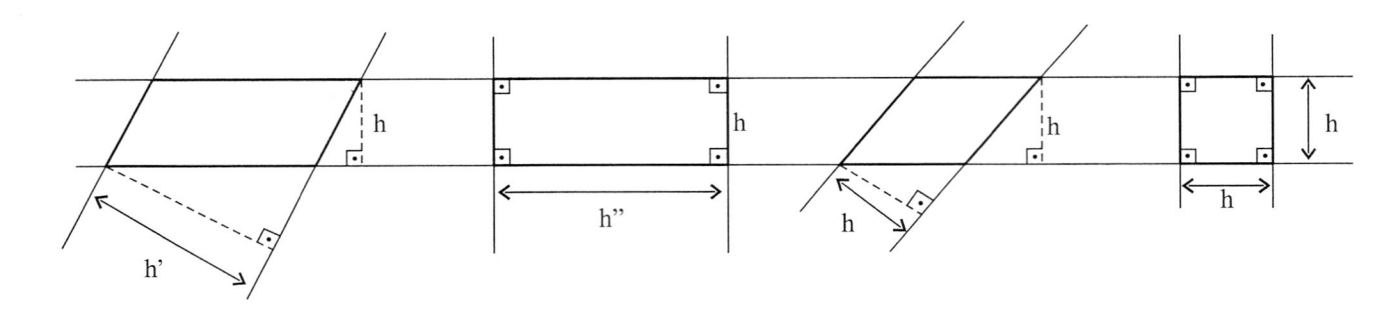

Obs:

1) *Dentro de cada contexto deve ficar claro se estamos falando em altura como uma **distância geométrica** ou como **distância métrica** (medida de um segmento).*
2) *Note que no trapézio retângulo o próprio lado perpendicular às bases é altura dele.*
3) *As alturas de um paralelogramo não têm necessariamente as mesmas medidas. Se elas tiverem medidas iguais o paralelogramo será um losango.*
4) *Os próprios lados de um retângulo são alturas do retângulo.*
5) *As alturas de um quadrado têm medidas iguais.*
6) *As alturas de um losango têm medidas iguais.*

H – Construção de quadriláteros

H1) Quadrilátero qualquer

Para construirmos um quadrilátero qualquer, basta pensarmos na decomposição dele em dois triângulos, através de uma diagonal convenientemente escolhida, e construindo esses triângulos estaremos obtendo os vértices do quadrilátero em questão.

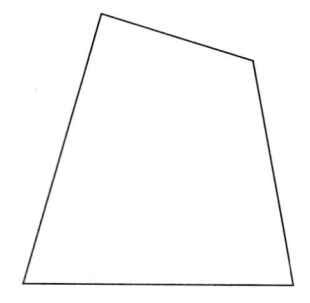

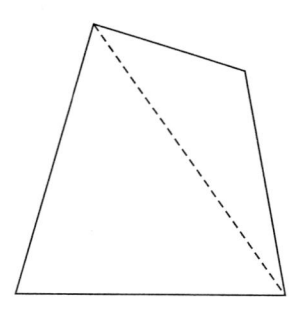

H2) Trapézios

Como já vimos no capítulo – 1 a construção de paralelogramos (paralelogramo qualquer, retângulo, losango e quadrado) e no capítulo – 2 a construção de triângulos, se decompormos um trapézio em paralelogramo e triângulo, podemos construir um trapézio construindo figuras já estudadas.

Observe algumas decomposições de trapézios. O paralelogramo sombreado é muito útil na construção dos trapézios.

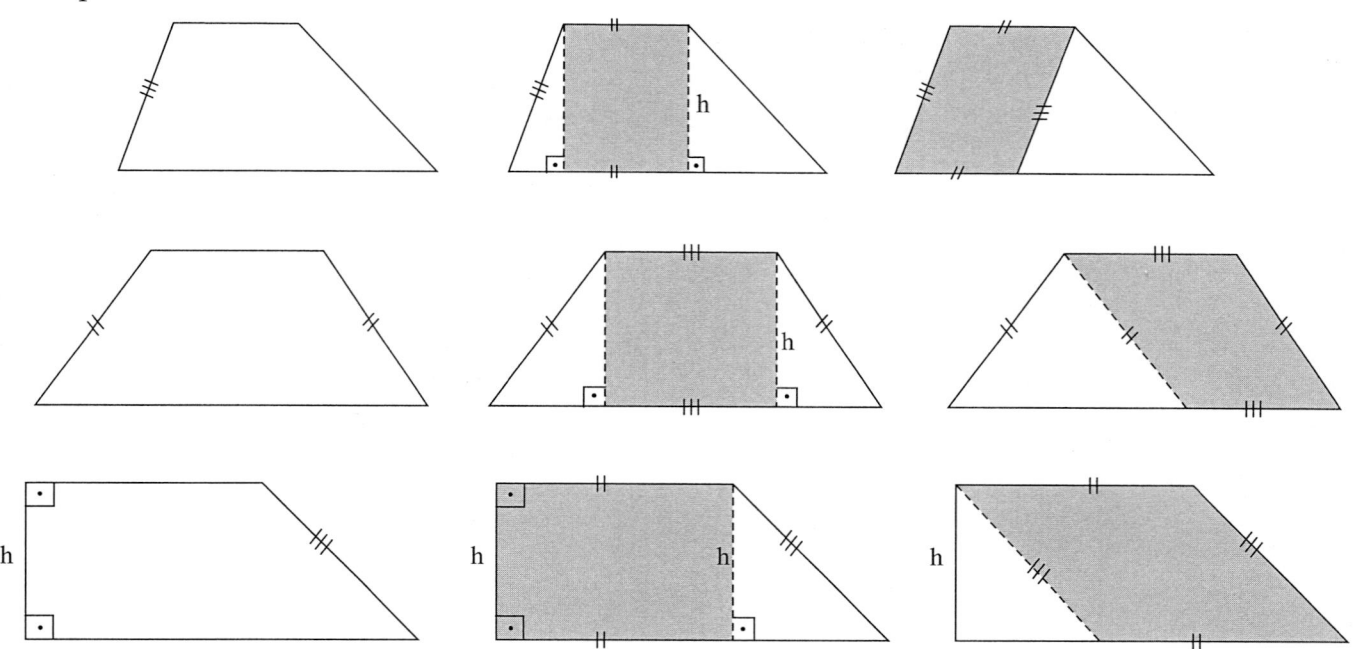

Quando são dadas as diagonais as duas figuras sombreadas podem ser úteis:

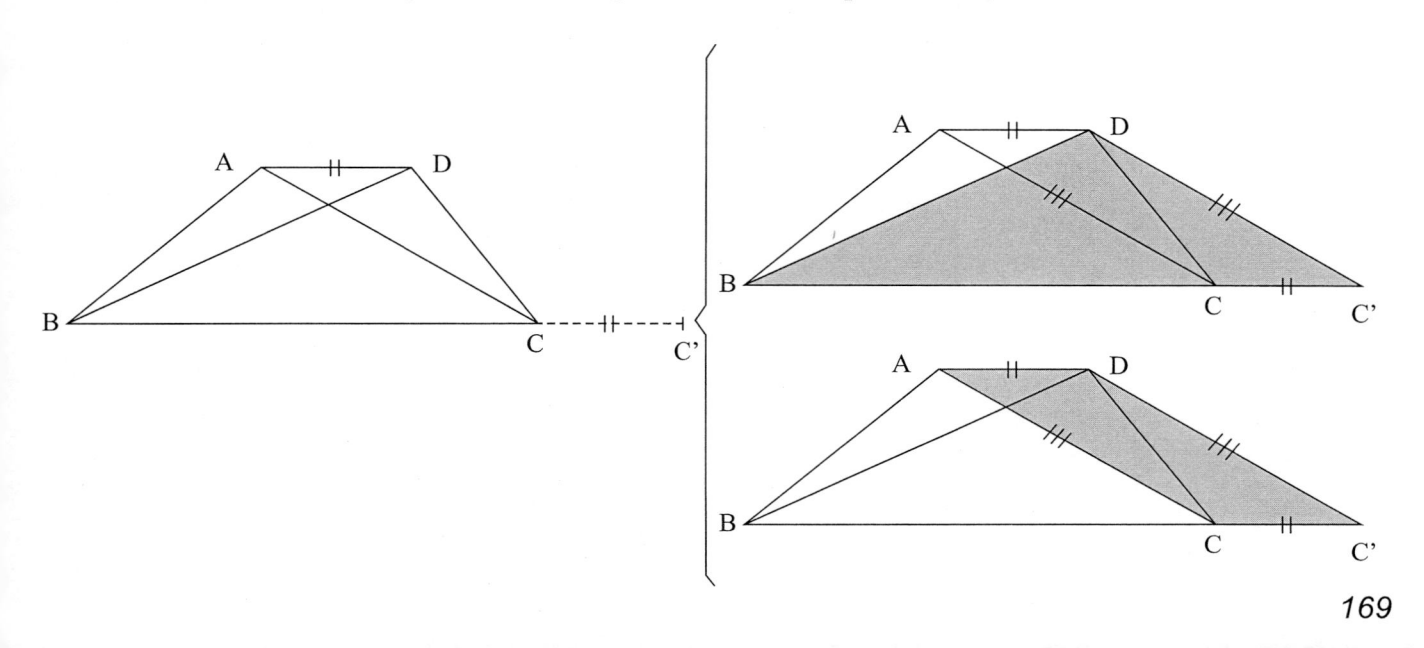

169

EXERCÍCIOS

375 Construir um quadrilátero ABCD (nado sendo dito em contrário, considere quadrilátero convexo) com B = 90° e C = 120°, nos casos:

Obs: Não é obrigatório mas coloque as letras dos vértices no sentido anti-horário, para ficar mais fácil comparar o seu desenho com os desenhos de outros alunos).

a) BC = 4,5 cm , AC = 8 cm , CD = 5 cm   b) BC = 4 cm , CD = 6 cm e $\overline{AC}$ é bissetriz de $\hat{C}$.

c) BC = 5,5 cm , BD = 8 cm , AC = 9,5 cm   d) BC = 4,5 cm , CD = 5 cm , AB = AD

376 Construir um quadrilátero ABCD, com $\hat{B} = 90$ e $\hat{C} = 120°$, nos casos:

a) BC = 4 cm, CD = 6,5 cm, AD = 7,8 cm

b) BC = 3,5 cm, CD = 7 cm, AD = AC

c) $\overline{AC}$ é bissetriz de $\hat{C}$, AC = 7 cm e AD = CD.

d) BC = 4 cm, as diagonais são perpendiculares e $\overline{AC}$ corta $\overline{BD}$ ao meio.

377 Construir um quadrilátero ABCD, nos casos:

a) $\hat{A} = 90°$, $\hat{B} = 60°$, AB = 7 cm, AC = BC e as diagonais são perpendiculares.

b) AB = 6 cm, BC = 7 cm, AD = 6,5 cm $\hat{B} = 90°$ e $\overline{BD}$ é perpendicular a $\overline{CD}$.

c) AB = 5,7 cm, BC = 9 cm, $\hat{A} = 90°$, $\hat{B} = 60°$ e $\overline{BD}$ é perpendicular a $\overline{CD}$

d) $\hat{A} = 60°$, $\hat{D} = 135°$, AB = 10 cm, AC = BC e $\overline{AD}$ e $\overline{BC}$ estão em retas perpendiculares.

378) Construir um trapézio retângulo de altura h = 3,5 cm, nos casos:
a) As bases medem 4 cm e 10 cm.
   Esboço:

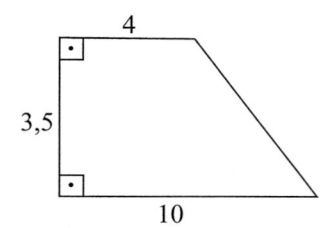

b) A base menor mede 4,5 cm e o lado oblíquo às bases 5,5 cm.
   Esboço:

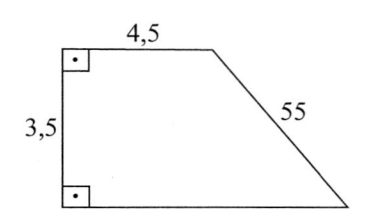

c) Uma base mede 6 cm e o lado oblíquo às bases mede 4,5 cm
   Esboço:

d) As diagonais medem 7 cm e 10 cm
   Esboço:

379. Construir um trapézio retângulo, nos casos:

a) A diagonal menor mede 5 cm, a base maior 10,5 cm e o lado oblíquo às bases 8 cm.
   Esboço:

b) As diagonais maior mede 11 cm, a base menor 5 cm e o lado oblíquo às bases 7 cm.
   Esboço:

c) A altura mede 4 cm, a diagonal menor 4,3 cm e sabendo que a base maior é congruente ao lado oblíquo às bases.
   Esboço:

d) As bases medem 3,5 cm e 9,5 cm e uma diagonal 6 cm.
   Esboço:

380 Construir um trapézio retângulo nos casos:

a) As bases medem 4 cm e 7 cm e o lado oblíquo às bases mede 5,5 cm

b) A base menor mede 3,5 cm, a diagonal menor 6,8 cm e o lado oblíquo as bases é congruente à base maior.

c) As bases medem 4,5 cm e 6,5 cm e a diagonal maior é bissetriz do ângulo agudo

d) As bases medem 3 cm e 7 cm e a diagonal menor é bissetriz do ângulo obtuso

381. Construir um trapézio retângulo, nos casos:

a) As bases medem 3 cm e 10 cm e uma diagonal é perpendicular ao lado oblíquo as bases.

b) A diagonal menor mede 6,6 cm, a soma das bases 12,5 cm e as diagonais são perpendiculares.

c) A base menor mede 4,5 cm, a altura 3,5 cm e as diagonais formam um ângulo, oposto as bases, de 120°.

382 Construir um trapézio isósceles, nos casos:
a) As bases medem 6 cm e 10 cm e a altura 5 cm.

b) As bases medem 5 cm e 9,5 cm e o lado oblíquo as bases 6 cm.

c) As bases medem 5 cm e 8 cm e a diagonal 8,5 cm.

383) Construir um trapézio isósceles com bases de 4,5 cm e 8 cm e diagonais perpendiculares.

384) Construir um trapézio escaleno nos casos:
a) A base mede 3,5 cm, a altura 4,5 cm, a diagonal menor 7 cm, a diagonal maior 10 cm e os ângulos da base maior são agudos.

b) A base menor mede 2 cm, a altura 4,6 cm, as diagonais 5,2 cm e 12 cm e a base maior com um ângulo obtuso e o outro agudo.

385 Construir um trapézio escaleno, nos casos:

a) As bases medem 4,5 cm e 12,5 cm e os lados oblíquos às bases 6 cm e 8 cm.

b) As bases medem 4 cm e 8 cm e as diagonais 6,2 cm e 11 cm.

c) Os ângulos da base maior medem 30° e 120°, a base maior mede 10 cm e a menor 5,5 cm.

386 Construir um losango, nos casos:
   a) A altura mede 4 cm e o lado 4,5 cm.
   b) A altura mede 5 cm e uma diagonal 9 cm.

387 Construir um paralelogramo, nos casos:
   a) Um lado mede 4,5 cm, a altura relativa ao outro 3,7 cm e a diagonal maior 11 cm.

   b) A alturas medem 3,5 cm e 6 cm e o maior lado 7 cm.

388 Construir um trapézio circunscritível dado o raio da circunferência inscrita r = 2,5 cm e a diferença das bases d = 3 cm, nos casos:

a) Trapézio retângulo

b) Trapézio isósceles

389 Dada uma reta e, uma circunferência f, um ponto P e um segmento c, construir uma reta s que passa por P e intercepta f nos pontos A e B, de modo que a soma das distâncias de A e B até e seja c.

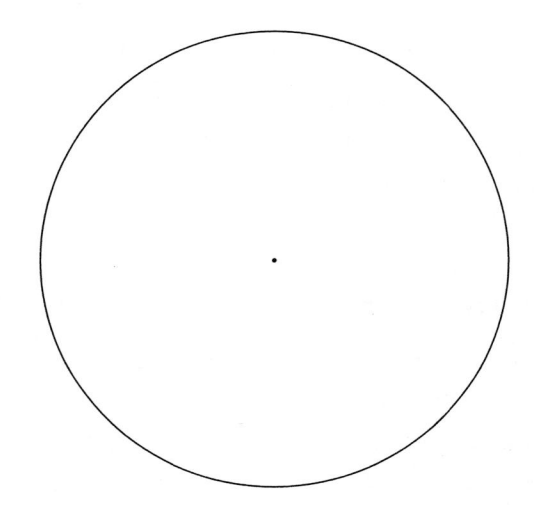

390 Construir um retângulo nos casos:
   a) Os lados medem 3 cm e 6,2 cm.
   b) Um lado e a diagonal medem 4 cm e 7,5 cm.
   c) Um lado mede 62 mm e a diagonal forma 30° com ele.
   d) A diagonal mede 86 mm e forma 22°30' com um lado.

391 Construir um retângulo nos casos:
   a) Um lado mede 4 cm e a diagonal forma 30° com o lado adjacente a ele.
   b) A diagonal mede 77 mm e o ângulo entre as diagonais é de 30°.
   c) O ângulo entre as diagonais é de 45° e o lado menor mede 4 cm.
   d) O ângulo entre as diagonais é de 60° e o lado maior mede 8 cm.

392 Construir um losango nos casos:
   a) O lado mede 6 cm e um ângulo 60°.
   b) O lado mede 6 cm e um ângulo mede 120°.
   c) O lado mede 5 cm e uma diagonal 4 cm.
   d) As diagonais medem 63 mm e 85 mm.

393 Construir um losango nos casos:
   a) Um ângulo mede 45° e a diagonal menor 5 cm.
   b) Um ângulo mede 30° e a diagonal maior 8 cm.
   c) Uma diagonal mede 8 cm e forma um ângulo de 15° com um lado.
   d) Uma diagonal mede 93 mm e a outra forma um ângulo de 67°30' com um lado.
   e) As diagonais medem 75 mm e 75 mm.

394 Construir um paralelogramo, nos casos:
   a) Os lados medem 45 mm e 67 mm e um ângulo 60°.
   b) Os lados medem 37 mm e 71 mm e um ângulo 135°.
   c) Os lados medem 3,6 cm e 7,2 cm e uma diagonal 6 cm.
   d) Os lados medem 43 mm e 80 mm e uma diagonal 11 mm.
   e) Um lado mede 6 cm, a diagonal maior 9,5 cm e um ângulo 120°.

395 Construir um paralelogramo, nos casos:
   a) Um lado mede 7 cm, a diagonal maior 10 cm e um ângulo 45°.
   b) Um lado mede 5 cm, a diagonal menor 5,5 cm e um ângulo 60°.
   c) Um lado mede 7 cm, a diagonal menor 3,5 cm e um ângulo 30°.
   d) Uma diagonal mede 9 cm e forma um ângulo de 22°30' com um lado de 5 cm.
   e) As diagonais medem 111 mm e 61 mm e um lado 77 mm.

396 Construir um paralelogramo, nos casos:
   a) Uma diagonal mede 4,5 cm e forma ângulos de 45° e 60° com os lados.
   b) As diagonais medem 4,7 cm e 10,3 cm e o ângulo entre elas é de 60°.
   c) Um ângulo mede 105° e a diagonal maior, que mede 9 cm, forma um ângulo de 30° com um lado.
   d) As diagonais são congruentes, medindo 7,5 cm cada, e um lado mede 7 cm.
   e) Os lados medem 3,5 cm e 6 cm e um ângulo é reto.

397 Construir um paralelogramo, nos casos:
   a) As diagonais medem 6,1 cm e 7,9 cm e são perpendiculares.
   b) Os lados são congruentes, medindo 6 cm cada, e uma diagonal mede 5 cm.
   c) Os lados são congruentes, medindo 6 cm cada, e um ângulo mede 90°.
   d) Um lado mede 57 mm e as diagonais são congruentes é perpendiculares.
   e) Uma diagonal mede 59 mm e os lados são congruentes entre si e uma diagonal é congruente a um lado.

398 A distância entre as retas paralelas que contêm as bases de um trapézio é chamada altura do trapézio. Construir um trapézio retângulo, nos casos:

a) A altura mede 2,7 cm e as bases 3,2 cm e 6,3 cm.

b) A altura mede 3 cm, a base menor 4,5 cm e o lado oblíquo às bases 4,3 cm.

c) A altura mede 3,5 cm, a base maior 6 m e o lado oblíquo às bases 4,5 cm.

d) A altura mede 3,5 cm, uma base 6 cm e o lado oblíquo às bases 4,5 cm.

e) A altura mede 4,5 cm, a diagonal menor 6 cm e o lado oblíquo às bases 5 cm.

399 Construir um trapézio retângulo, nos casos:

a) A altura mede 3,6 cm, a diagonal maior 8 cm e o lado oblíquo às bases 5 cm.

b) A altura mede 4,7 cm, uma diagonal 7,5 cm e o lado oblíquo às bases 5 cm.

c) A altura mede 41 mm e as diagonais 61 mm e 91 mm.

d) As bases medem 3 cm e 7 cm e o lado oblíquo às bases 5 cm.

e) A base maior, a diagonal menor e o lado oblíquo às bases medem, respectivamente, 8,1 cm, 4,4 cm e 5,9 cm.

400 Construir um trapézio retângulo nos casos:

a) A diagonal maior, a base menor e o lado oblíquo às bases medem, respectivamente, 9 cm, 4,5 cm e 5,5 cm.

b) Uma diagonal, uma base e o lado oblíquo às bases têm uma extremidade comum e medem, respectivamente, 83 mm, 77 mm e 51 mm.

c) Uma base mede 63 mm, uma diagonal 91 mm e o lado oblíquo às bases 75 cm.

d) A base maior mede 7,3 cm, a diagonal maior 8,3 cm e um ângulo 60°.

401 Construir um trapézio retângulo nos casos:

a) A base maior mede 7,2 cm, a diagonal maior 8 cm e um ângulo 135°.

b) A base maior mede 8 cm, a diagonal menor 6 cm e um ângulo 45°.

c) Uma base 7,2 cm, uma diagonal 8 cm e um ângulo 135°.

d) A altura mede 4,7 cm e uma diagonal que mede 5,5 cm é perpendicular ao lado oblíquo às bases.

402 Construir um trapézio retângulo nos casos:

a) Uma diagonal que mede 4 cm é perpendicular ao lado oblíquo às bases e um ângulo mede 30°.

b) A altura mede 5 cm, uma diagonal 6,2 cm e as diagonais são perpendiculares.

c) A altura mede 4,2 cm, uma diagonal 12,8 cm e o ângulo entre as diagonais, oposto ao lado perpendicular às bases mede 60°.

d) A altura mede 11 cm, uma diagonal 11,5 cm e o ângulo entre as diagonais, oposto a uma base, mede 45°.

403 Construir um trapézio retângulo nos casos:

a) A altura mede 3,3 cm, a base menor 4,5 cm e a diagonal maior é bissetriz do ângulo agudo.

b) A altura mede 5,7 cm, a base maior 7,1 cm e a diagonal menor é bissetriz do ângulo obtuso.

c) A altura mede 5 cm, o lado oblíquo às bases 6 cm e a diagonal menor é bissetriz do ângulo reto.

d) A altura mede 6 cm, o lado oblíquo às bases 6,7 cm e a diagonal maior é bissetriz do ângulo reto.

e) A altura mede 6,4 cm, a base menor 4,1 cm e a diagonal menor é bissetriz do ângulo obtuso.

404 Construir um trapézio retângulo nos casos:

a) A altura mede 4 cm, a base maior 8 cm e a diagonal maior é bissetriz do ângulo agudo.

b) A altura mede 77 mm e uma diagonal que mede 80 mm é bissetriz do ângulo obtuso.

c) A altura mede 44 mm e uma diagonal que mede 86 mm é bissetriz do ângulo agudo.

d) Uma diagonal mede 6 cm, é bissetriz do ângulo reto e é perpendicular ao lado oblíquo.

e) Uma diagonal mede 10 cm, é bissetriz do ângulo reto e forma um ângulo de 30° com o lado oblíquo às bases.

[405] Construir um trapézio isósceles, nos casos:
   a) A base maior mede 7,5 cm, o lado oblíquo às bases, 3,5 cm e um ângulo 60°.
   b) A base menor mede 5 cm, o lado oblíquo às bases 4 cm e um ângulo 60°.
   c) Uma base mede 6 cm, o lado oblíquo às bases 3,5 cm e um ângulo 60°.
   d) O lado oblíquo às bases mede 4 cm, uma diagonal 7 cm e um ângulo 45°.

[406] Construir um trapézio isósceles, nos casos:
   a) A base maior mede 9 cm e a diagonal, que mede 6 cm, forma um ângulo de 30° com as bases.
   b) A base menor mede 3,5 cm e a diagonal, que mede 7 cm, forma um ângulo de 45° com as bases.
   c) Uma base mede 4,3 cm, a diagonal 7,6 cm e o lado oblíquo às bases 4,5 cm.
   d) Uma base mede 8 cm, a diagonal 7,3 cm e o lado oblíquo às bases 5,6 cm.

[407] Construir um trapézio isósceles, nos casos:
   a) As bases medem 8 cm e 3,3 cm e o lado oblíquo às bases 4,2 cm.
   b) As bases medem 4,7 cm e 9,9 cm e a diagonal 9,1 cm.
   c) As bases medem 9,3 cm e 4,1 cm e as diagonais são bissetrizes dos ângulos da base maior.
   d) As bases medem 8 cm e 3,1 cm e as diagonais são bissetrizes dos ângulos da base menor.

[408] Construir um trapézio isósceles nos casos:
   a) A altura mede 3,5 cm, a base maior 10 cm e o lado oblíquo às bases 5 cm.
   b) A altura mede 3 cm, a base menor 3,5 cm e o lado oblíquo às bases 4,5 cm.
   c) A altura mede 4,5 cm e as bases 3,7 cm e 9,3 cm.
   d) A altura mede 5 cm, a diagonal 8 cm e o lado oblíquo às bases 5,7 cm.

[409] Construir um trapézio isósceles nos casos:
   a) A altura mede 5,2 cm, a diagonal 8,5 cm e uma base 4,7 cm.
   b) A altura mede 3,6 cm, a diagonal 7,2 cm e a uma base 10,1 cm.
   c) A altura mede 3,3 cm, a base menor 5,2 cm e a diagonal é bissetriz do ângulo agudo.
   d) A altura mede 6,6 cm, a base maior 7 cm e a diagonal é bissetriz do ângulo obtuso.

[410] Construir um trapézio isósceles nos casos:
   a) As bases medem 4,6 cm e 10,7 cm e as diagonais formam um ângulo de 120°, oposto às bases do trapézio.
   b) As diagonais são perpendiculares, medem 9,5 cm cada uma e um ângulo mede 75°.
   c) A altura mede 4,2 cm e a diagonal mede 8,5 cm e é bissetriz do ângulo agudo.
   d) A altura mede 8,2 cm e a diagonal mede 10,2 cm e é bissetriz do ângulo obtuso.

[411] Construir um trapézio escaleno, nos casos:
   a) Os lados oblíquos às bases medem 4,5 cm e 6,5 cm e a base maior, que mede 10,5 cm, forma 60° com o lado de 4,5 cm.
   b) Os lados oblíquos às bases medem 5 cm e 7 cm e a base menor, que mede 4,5 cm, forma 135° com o lado de 5 cm.
   c) As bases medem 10,7 cm e 5,6 cm e os ângulos da base maior 120° e 30°.
   d) Dois ângulos opostos medem 135° e 150°, a base menor mede 5,7 cm e o lado oblíquo maior 9 cm.
   e) A base menor mede 5,5 cm, um lado oblíquo às bases, que forma um ângulo de 135° com a base menor, mede 5 cm e o outro lado oblíquo às bases 4 cm.

[412] Construir um trapézio escaleno, nos casos:
   a) Uma base, uma diagonal e um lado oblíquo às bases, que não têm, os três, uma extremidade em comum, medem, respectivamente, 3,5 cm, 7 cm e 4,2 cm e a outra base 11 cm.
   b) Uma base, uma diagonal e um lado oblíquo às base, que não têm, os três, uma extremidade em comum, medem, respectivamente, 4 cm, 3,4 cm e 4,5 cm e a outra base 9 cm.
   c) As bases medem 4,2 cm e 10 cm e os lados oblíquos às bases 3,9 cm e 5,4 cm.

d) As bases medem 3,7 cm e 8,5 cm e os lados oblíquos às bases 4 cm e 8 cm.

e) As bases medem 3,8 cm e 10,5 cm e as diagonais 7,4 cm e 9 cm.

413 Construir um trapézio escaleno cuja altura mede 3,4 cm e os lados oblíquos às bases 4 cm e 5,5 cm, nos casos:

a) A base maior mede 9 cm e os ângulos dela são agudos.

b) A base maior mede 9 cm e um ângulo dela é obtuso.

c) A base menor mede 3 cm.

d) A diagonal menor mede 8,5 cm.

e) Os ângulos da base maior são agudos e a diagonal menor é bissetriz de um ângulo agudo.

414 Construir um trapézio escaleno cuja altura mede 3,4 cm e os lados oblíquos às bases 4 cm e 5,5 cm, nos casos:

a) Os ângulos da base maior são agudos e a diagonal maior é bissetriz de um ângulo agudo.

b) A diagonal menor é bissetriz do menor ângulo obtuso.

c) A diagonal menor é bissetriz do maior ângulo obtuso.

d) A diagonal maior é bissetriz do ângulo agudo maior.

e) A diagonal maior é bissetriz do ângulo agudo menor.

415 Construir um trapézio escaleno, nos casos:

a) A altura mede 4,1 cm, uma base 4,2 cm e as diagonais 7,2 cm e 9,6 cm.

b) A altura mede 5,1 cm, uma base 10 cm e as diagonais 7,5 cm e 9,5 cm.

c) A altura mede 4,5 cm, uma base 3,2 cm e as diagonais 4,9 cm e 10,5 cm.

d) A altura mede 2,6 cm, as bases medem 3,5 cm e 11 cm, um lado oblíquo às bases 4 cm e os ângulos da base maior são agudos.

e) A altura mede 3,6 cm, dois ângulos opostos são agudos, as bases medem 3 cm e 7 cm e um lado oblíquo às bases 4,3 cm.

416 Construir um trapézio escaleno, nos casos:

a) A altura mede 5 cm, os ângulos de uma base medem 60° e 45° e a diagonal maior mede 10 cm.

b) A altura mede 3,6 cm, dois ângulos opostos medem 30° e 60° e uma diagonal mede 4,9 cm.

c) A altura mede 3,5 cm, dois ângulo opostos medem 30° e 45° e a diagonal menor é bissetriz do ângulo obtuso menor.

d) A altura mede 52 mm, dois ângulos opostos 60° e 45° e a diagonal menor é bissetriz do ângulo obtuso maior.

e) A altura mede 4,3 cm, uma diagonal 4,7 cm e um ângulo mede 30°

417 A distância entre as retas paralelas que contêm lados opostos de um paralelogramo é chamada altura do paralelogramo. Como o paralelogramo tem dois pares de lados paralelos, ele tem **duas** alturas.

I) No quadrado as duas alturas têm medidas iguais.

II) No losango as duas alturas têm medidas iguais.

III) No retângulo não quadrado as duas alturas têm medidas diferentes.

IV) No paralelogramo não losango as duas alturas têm medidas diferentes.

Construir

a) Um quadrado cuja altura mede 53 mm.

b) Um retângulo cujas alturas medem 32 mm e 70 mm.

c) Um retângulo no qual uma altura mede 32 m e um lado 62 mm.

d) Um retângulo cuja diagonal mede 75 mm e uma altura 30 mm.

e) Um retângulo cujas diagonais formam um ângulo de 45° e a menor altura mede 4 cm.

f) Um retângulo cujas diagonais formam um ângulo de 60° e o maior altura mede 8 cm.

g) Um retângulo cujas alturas têm medidas iguais, medindo 5 cm cada uma.

418 Construir um losango, nos casos:
   a) O lado mede 6 cm e a altura 3,7 cm
   b) A altura mede 4 cm e um ângulo mede 45°.
   c) A altura mede 5 cm e forma um ângulo de 22°30' com um lado.
   d) A altura mede 43 mm e uma diagonal 48 mm.
   e) A altura mede 36 mm e uma diagonal 105 mm.

419 Construir um losango, nos casos:
   a) A altura mede 39 mm e o ângulo entre as alturas é de 45°.
   b) A altura mede 48 mm e forma um ângulo de 30° com uma diagonal.
   c) A altura mede 53 mm e o ângulo entre as alturas é reto.
   d) A altura mede 49 mm e as diagonais são congruentes.
   e) A altura mede 5 cm e o lado é congruente a uma diagonal.

420 Construir um paralelogramo, nos casos:
   a) Os lados medem 4 cm e 8 cm e a menor altura 3 cm.
   b) Os lados medem 5,5 cm e 7 cm e altura 5,8 cm.
   c) Os lados medem 4 cm e 6 cm e uma altura 3,5 cm.
   d) Um lado mede 6 cm , a altura relativa a ele 4 cm e a diagonal maior 9,9 cm.
   e) O maior lado mede 8,5 cm , a menor altura 3,4 cm e uma diagonal 6,7 cm.

421 Construir um paralelogramo, nos casos:
   a) Um lado mede 3,4 cm , a altura relativa a ele 2,9 cm e a menor diagonal 5 cm.
   b) Um lado mede 5,5 cm , a altura relativa a ele 3,3 cm e a diagonal menor 5 cm.
   c) Um lado mede 5,5 cm , a altura não relativa a ele mede 3,6 cm e uma diagonal 4,5 cm.
   d) Um lado mede 4,5 cm ,a altura não relativa a ele mede 3,7 cm e a diagonal maior mede 10 cm.
   e) Um lado mede 3,5 cm , a altura não relativa a ele mede 3 cm e uma diagonal 6 cm.

422 Construir um paralelogramo, nos caso:
   a) Uma altura mede 4,4 cm , um ângulo 60° e a diagonal maior 10 cm.
   b) Uma altura mede 3,5 cm , um ângulo 45° e a diagonal menor 5,5 cm.
   c) Uma altura mede 3,8 cm , um ângulo 30° e uma diagonal 4,5 cm.
   d) Uma altura mede 4 cm , um ângulo 60° e uma diagonal 8 cm.
   e) Um lado mede 5,3 cm , a altura relativa a ele 5 cm e a outra altura 4,5 cm.

423 Construir um paralelogramo, nos caso:
   a) Um lado mede 4,9 cm e as alturas 4 cm e 5 cm.
   b) As alturas medem 3,9 cm e 6,5 cm e um lado 5 cm.
   c) As alturas medem 4,3 cm e 5 cm e um lado 7 cm.
   d) As alturas medem 5,8 cm e 6,5 cm e um ângulo 60°.
   e) As alturas, que medem 5,2 cm e 6,3 cm , formam um ângulo de 45°.

424 Construir um paralelogramo, nos caso:
   a) Cada lado mede 5 cm e um ângulo mede 45°.
   b) As diagonais são perpendiculares, um lado mede 6 cm e uma altura 4 cm.
   c) Uma diagonal é bissetriz de um ângulo, um lado mede 5,5 cm e uma diagonal 9,5 cm.
   d) Um ângulo interno mede 90° e as alturas 5,5 cm e 3 cm.

425 Construir um paralelogramo, nos caso:
   a) As diagonais são congruentes e os lados medem 32 mm e 61 mm.
   b) Cada diagonal mede 7 cm e uma altura 3,4 cm.
   c) As diagonais são perpendiculares e congruentes e uma altura mede 4 cm.
   d) As diagonais são perpendiculares e medem 63 mm cada uma.

e) Uma diagonal é bissetriz de um ângulo e cada diagonal mede 67 mm.

426 Construir um **paralelogramo**, nos caso:
a) As alturas medem 4,5 cm e 5,9 cm e uma diagonal 6,3 cm.
b) As alturas medem 4,5 cm e 6,8 cm e uma diagonal 13 cm.
c) As diagonais medem 6 cm e 10,6 cm e uma delas é altura do paralelogramo.

427 Construir um trapézio retângulo circunscritível, sendo 3,5 cm o raio da circunferência inscrita nele, nos casos:
a) Uma base mede 5,5 cm.
b) O lado oblíquo às bases mede 7,3 cm.
c) Uma diagonal mede 13 cm.
d) O seu perímetro tem 30 cm.

428 Construir um trapézio isósceles circunscritível, sendo 3,5 cm o raio da circunferência inscrita nele, nos casos:
a) Uma base mede 5 cm.
b) O lado oblíquo às bases mede 8 cm.
c) A diagonal mede 10,1 cm.
d) O seu perímetro 37,4 cm.

429 Construir um trapézio escaleno circunscritível, sendo r o raio da circunferência inscrita, nos casos:
a) r = 3,5 cm, um ângulo mede 60° e uma diagonal 8,5 cm.
b) r = 4 cm, um ângulo mede 60° e uma diagonal 13 cm.
c) r = 4,5 cm, um ângulo mede 60° e a base menor 8 cm.
d) r = 3,5 cm, um ângulo mede 60° e o ângulo entre os lados oblíquos às bases seja de 15°.

430 Construir um paralelogramo circunscritível, sendo 3 cm o raio da circunferência inscrita, nos casos:
a) Um ângulo dele mede 45°.
b) Um lado dele mede 7 cm.
c) Um lado dele mede 6 cm.
d) Uma diagonal dele mede 11 cm.
e) Um ângulo dele mede 90°.

431 Na figura as retas paralelas **r** e **s** representam as margens paralelas de um rio e os pontos **A** e **B** duas cidades. Desenhar a localização de uma estrada, ligando as cidades A e B, atravessando o rio através de uma ponte perpendicular às margens, de modo que esta estrada tenha o menor comprimento possível.

A·

RIO

r

s

·B